인간은
기계보다
특별할까?

인문브릿지연구소

2016년도에 설립된 인문브릿지연구소(중앙대학교)는 포스트휴먼 시대의 인간과 테크놀로지의 관계를 연구해 왔다. 철학, 문학, 교육, 영상, 미디어 등의 연구자들이 참여하여 포스트휴먼과 관련한 인문학적 질문들을 이론화하고 대중화하는 데 노력하고 있다.

———

조미라

중앙대학교 첨단영상대학원 영상예술학 졸업. 중앙대학교에서 영상이론 및 서사창작을 강의하고 있으며, 주요 저서로는 『애니메이션, 이 미지의 것』, 『상상력의 미학, 애니메이션』, 『인공지능 시대의 포스트휴먼 수업』(근간) 등이 있다.

김진택

프랑스 파리1대학교(원) 매체미학 졸업. 포스텍 창의IT융합공학과 교수 및 포스텍 미래IT융합연구원 가치디자인 연구센터장으로 일하고 있으며, 주요 (공)저서로는 『가치를 디자인하라』, 『사물의 미래』, 『로보스케이프』 등이 있다.

최정윤

중앙대학교 첨단영상대학원 영상예술학 졸업. 경희대학교에서 미디어이론 강의 및 부천국제애니메이션페스티벌(BIAF) 포럼전문위원을 역임하였으며, 주요 역서 및 논문으로는 『어떻게 이해할까? 표현주의』, 「실험과 체험의 공간」 등이 있다.

유은순

프랑스 브장송대학교(원) 전산언어학 졸업. 인하대학교에서 프랑스문화콘텐츠 및 프랑스문학을 강의하고 있으며, 주요 논문으로는 「포스트휴먼 시대의 로봇과 인간의 윤리」, 「영화 서사 속 갈등의 정량화 연구」 등이 있다.

포스트휴먼의 시대,
우리가 생각해야 할 9가지 질문

인간은
기계보다
특별할까?

인문브릿지연구소 지음

갈라파고스

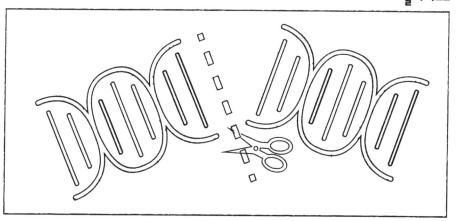

차례

추천의 글 __ 6

프롤로그 __ 8

1부 인간의 조건

　　1장 '죽음'도 기술로 차단할 수 있는가 __ 21

　　2장 인간은 기계보다 특별한 존재인가 __ 53

　　3장 기술은 자연과 소통할 수 있는가 __ 83

2부 기계와의 공존

　　4장 힘든 노동은 기계가, 인간은 자유로운 여가를? __ 113

　　5장 기술로 인간의 도덕성도 향상시킬 수 있는가 __ 149

　　6장 과학은 인간도 '제작'할 수 있는가 __ 183

3부 미디어와 인간

　　7장 소셜미디어는 인간의 관계를 대신할 것인가 __ 219

　　8장 빅 데이터가 세상을 바꿀 것인가 __ 252

　　9장 가상현실, 세계는 진짜 존재하는가 __ 281

주 __ 306

참고 자료 __ 309

추천의 글

오늘날의 첨단 기술은 인간의 생물학적 한계(태어나서 늙고 병들고 죽는 과정)를 근본적으로 변화, 향상, 강화시키는 기술로 향하고 있다. 이른바 포스트휴먼Post-Human의 시대다. 하지만 오늘날 포스트휴먼이 주목받는 이유는 기술과 결합한 인간 능력의 향상 가능성 때문만은 아니다. 그것은 인간과 비-인간 존재들과의 '경계'에 대한 물음, 즉 인간은 '어떤 것'이 되어야 하는가를 다시 묻게 하는 데에 있다.

기술은 인간의 삶과 환경을 근본적으로 변화시키는 힘을 갖는다. 생물학적 한계를 가진 유기체에서 불멸의 삶에 대한 기대, 인간을 닮았지만 인간과는 다른 '기계 인간'의 탄생, 물리적 현실 세계에서 가상 현실로의 확장 등은 기술 발전이 가져온 새로운 변화들이다. 또한 사이보그와 사랑에 빠지고 로봇, 인공지능, 안드로이드 등이 더 이상 낯설지 않을 포스트휴먼 시대에 이들은 인간의 수단이나 도구가 아닌 인류의 새로운 '동반종'이 될 것이다.

철학자 도나 해러웨이Donna Jeanne Haraway에 따르면 기술은 인간만의 것도 아니고, 인간이라는 카테고리에 포함되지 않는 것들과의 상호 활동을 통해 구축된 세계다. 이 동반종은 우리가 일상에서 마주치는 종들로서 우리는 이들과 "함께-되기"에 동참하여야 한다. 그런데 나와 '다른' 누군가와 '함께-되기'는 아무 조건 없이 평화롭게 주어지는 결과물이 아니다. 이 과정에서 인류는 한 번도 경험하지 못한 복잡한 문제와 정답 없는 난제도 해결해야 할 것이다. 『인간은 기계보다 특별할까?』의 고민은 여기에서 시작된다. 기술이 가져올 변화된 인류의 삶을 고민하고 그 미래를 스스로 창조하고자 하는 모든 독자에게 이 책을 권한다.

김재웅(감수, 중앙대학교 첨단영상대학원 교수)

프롤로그

기술은 '선'하지도 '악'하지도 않다고 말한다. 기술을 어떻게 사용하느냐에 따라 그것은 인간에게 유용할 수도 있고, 인간을 파멸로 이끌 수도 있다는 것이다. 기술은 과연 중립적이기만 할까? 이 말은 인간의 이성과 윤리가 충분히 기술을 통제할 수 있다는 것을 의미한다. 하지만 안타깝게도 인간은 완벽하게 이성적이거나 윤리적이지 않다. 과학자들이라고 예외는 아니다. 기술과 자연 그리고 우주의 비밀을 탐구하는 과학자들의 노력과 결실을 지지할 수는 있어도 우리의 미래를 그들에게만 맡겨놓을 수는 없다. 기술은 나, 너 그리고 모든 인류의 삶과 연결되어 있기 때문이다. 따라서 우리가 주목해야 할 것은 기술 자체가 아니라 기술을 다루는 인간의 태도다.

기술이 인간의 삶에 개입되는 순간, 우리는 수많은 질문에 휩싸일 수밖에 없다. 이 책은 포스트휴먼과 관련한 9가지 질문을 중심으로 과학기술이 가져올 인류의 미래를 함께 고민하기 위해 기획되었다. 책의 내용을 간단히 소개하면 다음과 같다.

1장 '죽음'도 기술로 차단할 수 있는가

전 세계에는 죽은 자를 되살리기 위해 혹은 죽은 자를 다시 만나기 위해 이승과 저승을 오가는 신화들이 전해져 내려온다. 그리스 신화의 오르페우스가 죽은 아내를 살리기 위해 저승으로 갔다면, 영화 〈사랑과 영혼〉(1990)은 강도에게 살해당한 주인공이 이승을 떠나지 못하고 사랑하는 연인 곁에 머물면서 이야기가 진행된다. 이 모든 이야기들은 유한한 생명을 가진 인간이 죽음이 주는 충격과 슬픔에서 위로받고자 하는 간절한 마음을 표현한 것이다. 그렇다면 죽음이란 무엇일까? 안타깝게도 우리는 죽음의 실체를 모른다. 아마도 그 비밀은 영원히 밝혀지지 않을 수도 있다. 대신 과학은 죽음을 '차단(제거)'하는 방법으로 맞서 왔다. 유전공학, 나노 기술, 로봇공학, 복제 기술 등은 이와 관련된 대표적인 첨단 과학기술이다. 이 과학기술의 최종 목표는 인간에게서 '죽음' 자체를 떼어 내는 것이다. 하지만 죽음을 극복하기 위한 기술을 수용하는 것과 이 기술을 어떻게 책임질 것인가는 다른 차원의 문제다. 1장에서는 과학 기술이 인간의 '죽음'에 개입하면서 벌어질 수 있는 다양한 상황과 그 변화의 의미를 살펴본다.

2장 인간은 기계보다 특별한 존재인가

2016년 인공지능 컴퓨터 프로그램 '알파고AlphaGo'가 이세돌과의 대국에서 승리했을 때 사람들의 반응은 심상치 않았다. 이세돌은 "알파고에게 진 것은 인간 이세돌이지 인류가 패한 것이 아니다"라며 전 세계인에게 위로의 말을 전했지만, 사람들은 복잡한 심사를 감출 수 없었다. 이세돌의 패배는 인간이 자동차보다 느리다는 사실을 '흔쾌히' 인정하는 것과는 차원이 다른 문제였기 때문이다.

인간은 오랫동안 동물이나 기계보다 자신들이 우월한 존재라고 생각해 왔다. 하지만 현대의 과학기술은 이러한 '믿음'이 더 이상 유의미하지 않음을 증명하고 있다. 기계는 지금보다 더 빠른 속도로 인간의 삶 깊숙이 스며들 것이며, 인간만의 영역이라고 여겨 온 감정, 이성, 직관 등을 가진 '기계'의 등장도 머지않아 보인다. 인류는 지금 인간과 기계의 공존이라는, 역사상 누구도 가 보지 않은 길을 가고 있다. 테크놀로지의 발달과 함께 인간과 기계의 관계도 다양한 방식으로 변화되고 있다. 2장에서는 이러한 현상에 주목하며 인간과 인간, 인간과 기계의 관계성을 살펴본다.

3장 기술은 자연과 소통할 수 있는가

1957년, 러시아 최초로 우주선을 발사했던 한 과학자의 묘비에는 "인류는 지구에 영원히 속박된 채 머물지는 않을 것이다"라고 새겨져 있다고 한다. 그리고 60여 년이 지난 지금, 인류의 거주지는 지구만이 아니라 화성, 금성, 목성, 토성 등 태양계 너머로까지 확장되고 있다. 많은 SF 영화에서 인류가 외계 행성을 개척하고 외계인과 전쟁을 벌이는 것도 이 지구라는 시공간적 조건을 벗어나고자 하는 욕망이라 할 수 있다. 이와 관련해 다음과 같은 의문도 품게 된다. 지구 종말과 인류 멸종이 두렵다면, 다른 행성으로 이주할 계획을 세우기 이전에 지구를 보존하고 보호하는 방안부터 고민해야 하는 것은 아닐까? 인간이 지구를 끊임없이 개발하고 또 다른 '거처'를 개척하기 위해 인공위성을 쏘아 올리고 우주선을 만드는 동안, 과연 지구에는 무슨 일이 벌어지고 있을까? 과학으로 얻은 혜택은 반드시 부메랑이 되어 돌아오기 마련이다. 인공과 자연, 인간과 기술, 인간과 자연의 관계는 서로를 소외시키는 대립적인 위치에 있는 것일까? 3장에서는 이러한 관계의 균형을 찾아가는 방법을 추적한다.

4장 힘든 노동은 기계가, 인간은 자유로운 여가를?

인간과 기계가 '힘겨루기'를 놓고 대결을 벌인 전설 같은 이야기가 있다. 존 헨리John Henry는 19세기 미국에서 대륙횡단철도를 놓던 시대를 살던 노동자다. 그는 180cm의 키에 90kg이 넘는 크고 건장한 체격을 가진 일 잘하는 노동자로 정평이 나 있었다. 그러던 어느 날, 회사에서 시간과 인건비를 아낀다며 굴 파는 기계를 들여온다. 기계의 등장으로 일자리를 잃게 된 노동자들은 분노했다. 실업자가 된 노동자들의 마음을 누구보다 잘 알고 있는 존 헨리는 기계에게 도전장을 내밀었다. 인간과 기계의 대결이었다. 과연 누가 그 대결에서 승리했을까? 승리는 존 헨리에게 돌아갔다. 하지만 기계와의 대결에 너무 많은 힘을 쏟은 나머지 그는 심장마비로 숨을 거둔다. 존 헨리의 죽음이 전해 주는 의미는 무엇일까?

기계는 우리가 목숨 걸고 싸워야 하는 적이 아니다. 자동차나 비행기가 인간보다 빠르다고 해서 우리는 이것들을 경쟁자로 생각하지 않는다. 기계가 잘할 수 있는 것과 인간이 잘할 수 있는 것은 다르기 때문이다. 과학기술이 발전할수록 노동의 개념과 의미도 변할 수밖에 없다. 4장에서는 노동과 여가가 가진 본질적인 가치와 의미를 살필 것이다.

5장 기술로 인간의 도덕성도 향상시킬 수 있는가

과학은 이제 인간의 도덕성마저 향상할 수 있다는 놀라운 전망까지 제시하고 있다. 기술낙관론자들 중에서는 기술을 이용해 인간의 도덕적 능력을 향상시킬 필요가 있다고 말하는 사람들이 있다. 그들의 주장에 따르면 지난 몇 세기 동안 과학기술은 눈부시게 발전했으나 인류가 가진 영장류의 본능은 인류가 시작되던 초기 상태에 머물러 있다고 한다. 그런데 인간이 지닌 이러한 도덕적 결함은 과학의 힘을 오용하여 인류의 절멸이라는 끔찍한 재앙을 초래할 수 있다는 것이다. 따라서 인류가 구축해 온 과학기술이 보다 현명하게 사용되려면 약물이나 유전공학 등을 이용해 인간의 도덕적 능력을 향상할 필요가 있다고 그들은 말한다. 그러나 기술을 이용해 인간성 혹은 인간의 도덕적 능력을 조율하고 변형시킨다는 발상은 신중하게 접근해야 할 문제다. 우리는 어떤 일이 옳고 그른지 판단할 수 있는 절대적이고 객관적인 기준을 갖고 있지 않기 때문이다. 5장에서는 과학기술을 이용하여 인간과 로봇을 도덕적으로 향상시키는 것이 과연 적절한 방법이고 정당화될 수 있는지 기술과 도덕성의 관계를 살펴본다.

6장 과학은 인간도 '제작'할 수 있는가

인간은 무언가를 끊임없이 새롭게 만들어 내는 존재다. 그 '만듦'의 근원적인 동력은 인간의 모방 능력에 있다. 인형에서부터 자동인형, 안드로이드, 복제 인간, 심지어 가상현실에만 존재하는 사이버휴먼까지, 모두 인간의 '자기 모방'이라는 행위가 빚은 문명의 결과물들이다. 하지만 인간의 이러한 자기 모방 욕망은 '창조자'와 '창조물' 양쪽 모두의 정체성에 혼란을 가져오는 결정적인 계기가 된다. 메리 셸리의 소설『프랑켄슈타인』에서 자신이 만든 창조물을 '괴물'로 치부하고 그 존재를 끝까지 부정하는 프랑켄슈타인의 태도를 보자. 의학자이자 물리학도인 '빅터 프랑켄슈타인'은 생명 원리에 대한 호기심으로 새로운 생명체를 탄생시킨다. 하지만 정작 자신이 만든 창조물을 경멸하고 그 존재를 끝까지 부정하는 태도에서도 알 수 있듯이, 인간은 자신의 창조물인 모방 인간을 '찬사'와 '공포'라는 양극단의 시선에서 바라보기 마련이다. 혼란과 공포를 느끼는 것은 창조물들도 마찬가지다. 프랑켄슈타인이 괴물의 흉측하고 섬뜩한 모습에 "내가 뭘 만든 것인가?"라며 창조물을 부정하는 순간, 영문도 모르는 채 이 세상에 던져진 '창조물' 역시 "나는 누구이고, 내 운명은 무엇인가?"라는 의문을 품을 수밖에 없다. 6장에서는 이제 인간마저 제작의 대상이 된 포스트휴먼 시대에 인간은 '어떤 것'이 되어야 하는지를 고민해 본다.

7장 소셜미디어는 인간의 관계를 대신할 것인가

20세기 이후의 테크놀로지가 가져온 놀라운 변화 중의 하나는 '미디어 혁명'이다. 미디어Media란 인간과 인간 사이를 연결하는 매개체(매체)를 의미한다. 미디어가 발명되기 전, 누군가와 소통을 하려면 사람과 사람이 직접 만나야 했다. 이후 문자가 발명되고 다양한 미디어가 개발되면서 '사물(기계)'이 인간의 소통 과정에 다리 역할을 하기 시작했다. '인간-인간'에서 '인간-사물-인간'으로 소통 구조가 변한 것이다. 현대인들의 주요 소통 창구가 된 페이스북, 인스타그램, 트위터, 카카오톡 등은 '사물'을 매개로 한 대표적인 소셜미디어다. '언제나 연결되어 있는 시대'가 열리면서 이제 인류는 민족과 언어, 국경, 성별을 초월해 누구나 마음만 먹으면 '친구 관계'를 맺을 수 있게 되었다. 그렇다면 현실에서 경험하는 타인과의 관계는 어떨까? 사람들과 소통하기가 쉽고 간편해진 만큼, 인간의 관계도 친밀하고 깊은 관계로 이어지게 되었을까? 7장은 미디어의 발전이 가져온 사회적 현상을 포착하고, 소셜미디어가 인간과 인간의 관계성에 어떤 변화를 가져왔는지 생각해 본다.

8장 빅 데이터가 세상을 바꿀 것인가

역사학자인 유발 하라리Yuval Harari는 근미래의 인류는 '빅 데이터'를 마치 종교처럼 신봉하게 될 것이라 전망한다. 세상의 모든 정보가 거대한 데이터로 구축되면서 인류 앞에 놓인 모든 문제들을 빅 데이터가 해결해 줄 것이라 믿게 된다는 것이다. 실제로 우리는 거대한 데이터 처리 메커니즘 안에서 막대한 양의 데이터를 생산해 내는 세상에 살고 있다. 구글이나 페이스북과 같은 데이터 기업에서 제공하는 다양한 정보와 각종 서비스를 자유롭게 이용하는 것 같지만, 사실은 우리와 관련된 막대한 양의 정보를 그들에게 제공하고 있는 것이다. 그렇다면 이렇게 모인 데이터가 신뢰할 만한 데이터일까? 컴퓨터와 센서들로 측정된 정보들은 정확한 데이터들일까? 나아가 이 모든 빅 데이터는 나의 것인가, 인류 공동의 것인가 아니면 소수 권력자의 것인가? 우리가 경계해야 할 것은 데이터 중심으로 세상을 해석하고 맹목적으로 추종하는 데이터 만능주의다. 8장에서는 빅 데이터에 관한 많은 영역 중 우리가 어떻게 데이터를 가치 중심으로 활용하고 관리할 것인가를 전망한다.

9장 가상현실, 세계는 진짜 존재하는가

영화 〈매트릭스〉의 주인공 네오는 이렇게 묻는다. "매트릭스(가상현실)에서 죽으면 현실에서도 죽나요?" 이 질문은 단순해 보이지만 '진짜(진리)는 무엇인가'라는 철학의 근원적 질문이기도 하다. 일반적으로 가상(가짜)은 '없는 것'이고 현실은 '있는 것'이라고 생각한다. 이 논리로만 따진다면 오늘날 우리의 일상적 환경은 가상현실Virtual Reality, 즉 시뮬라크르Simulacre에 둘러 싸여 있다고 할 수 있다. 시뮬라크르는 '복제된 가상의 이미지들에 의해서 현실이 대체되는 현상'을 의미한다. 그리고 오늘날의 비약적인 테크놀로지 발전은 현실의 범위를 '리얼'에서 '가상' 세계로까지 확장해 나가고 있다. 가상세계에 진입할 수 있는 HMDHead Mounted Display(머리에 쓰고 보는 작은 디스플레이로 가상현실, 증강현실 등을 경험할 수 있는 휴대용 장치)를 착용하는 순간, 우리는 고공 절벽에서 번지점프를 하거나 행글라이더를 타고 하늘을 날수도 있으며 현실과 가상을 자유롭게 넘나들 수 있다. 이처럼 정교해진 가상현실의 진화는 시간과 장소에 제약받지 않고 자유롭게 교감할수 있는 세상을 만들 수 있으며, '인류의 마지막 플랫폼'이 될지도 모른다. 9장은 우리의 일상 깊숙이 들어온 가상현실과 관련된 논의들을 살펴본다.

마지막으로 책이 나오기까지의 과정을 간단히 소개하고자 한다. 이 책은 2016년 「포스트휴먼 시대를 대비한 과학철학교육용 VR-SF

애니메이션 콘텐츠 개발」이라는 주제로 연구재단의 '인문브릿지 프로젝트'에 선정되면서 그 결과물의 하나로 기획되었다. 2016년은 테크놀로지 역사에서 기념비적인 사건이 벌어진 해이기도 하다. 형체도 목소리도 없는 인공지능 알파고가 인간과의 대국에서 최종 승리를 거둔 것이다. 서울 한복판에서 테크놀로지가 인류의 미래가 되었음을 목격하는 순간 머릿속이 복잡해졌다. 복잡한 심사는 알파고 때문만은 아니었다. 인간의 상상을 뛰어넘은 수준의 알파고를 개발한 과학자들에게 놀라운 경외감을 느꼈지만, 동시에 우리의 미래는 과연 어디로 가고 있는가에 대한 근본적인 질문을 던지게 되었다. 그리고 더 늦기 전에 과학의 진보와 함께 인문학적 사유가 치열하게 만나 토론하고, 경계하고, 숙고해야 할 중요한 시점이라고 생각했다.

이에 포스트휴먼과 관련한 담론 중에서도 '인간의 조건', '기계와의 공존', '미디어와 인간'이라는 핵심 주제를 선정한 후, 각 항목에 따른 구체적 소주제를 9개로 확장하였다. 책의 전체 기획은 조미라가 담당하였으며, 포스트휴먼과 관련한 기초 자료 조사와 연구 내용은 유은순 · 최정윤 · 김숙 · 이창후 · 박예은이 정리하였다. 그리고 최종적으로 조미라 · 김진택 · 최정윤이 원고를 집필했다. 원고의 프롤로그 · 1장 · 2장 · 4장 · 5장 · 6장 · 7장은 조미라가, 3장 · 8장 · 9장은 김진택이, 각 장에서 소개된 포스트휴먼과 관련한 담론적 배경 및 부가적 내용은 최정윤이 집필하였으며 감수는 김재웅 교수님이 맡아 주셨다.

책이 완성되기까지 많은 도움을 주신 김재웅 교수님을 비롯하여 인문브릿지 연구소의 최정윤, 김진택, 유은순, 박예은, 박유신, 추혜진,

김은주, 김유미, 최지지 선생님께 감사의 마음을 전한다. 또한 흔쾌히 이 책의 출간을 수락해 주신 도서출판 갈라파고스에도 깊은 감사를 드린다.

2020년 2월

저자들을 대표하여 조미라 씀

1부 **인간의 조건**

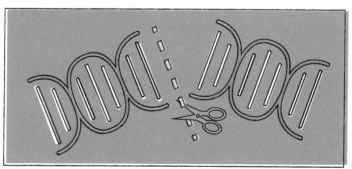

1장

'죽음'도 기술로 차단할 수 있는가

여기 교통사고로 강아지를 잃은 뒤 깊은 슬픔에 빠진 아이가 있다. 아이가 죽음이 무엇이냐고 묻는다. 우리는 어떻게 답을 해야 할까? 아마도 대부분의 사람들은 "강아지는 예쁜 천사가 되었단다", "하늘에서 너를 늘 지켜보고 있단다"라는 말로 죽음을 직접적으로 언급하는 것을 피하려 할 것이다. 만물의 영장이라 불리는 인간이 '죽음' 앞에서는 머뭇거리는 이유가 무엇일까?

죽음은 '살아 있는 자'는 경험할 수 없는 불가지不可知(알 수 없음)의 세계다. 내가 살아 있을 때 죽음은 존재하지 않고, 죽음이 존재할 때 나는 살아 있지 않기 때문이다. 죽음은 결국 삶의 끝이다. 산 자와 죽은 자의 영원한 분리이자 이별이며 단절이다. 그리운 얼굴을 볼 수도 만질 수도 없고 목소리를 들을 수도 없는, 그래서 모든 죽음은 낯선 충격일 수밖에 없다. 이를 반영하듯 전 세계에는 죽은 자를 되살리기 위해 혹은 죽은 자를 다시 만나기 위해 죽음의 세계로 떠나는 다양한 이야기들이 전해진다. 그리스 신화의 오르페우스는 죽은 아내를 살리기 위해 저승으로 갔고, 영화 〈사랑과 영혼〉(1990)은 강도에게 살해당한 주인공이 이승을 떠나지 못하고 사랑하는 연인 곁에 머물면서 이야기가 진행된다. 이 모든 이야기들은 유한한 생명을 가진 인간이 상상에 기대서라도 죽음이 주는 충격과 고통을 위로받고자 하는 간절한 마음의 표현일 것이다. 하지만 과학기술의 발달과 함께 죽음은 인간에게 필연적인 숙명이 아니라 극복 가능한 대상으로 변해 가고 있다. 물론 과학이 죽음의 비밀을 밝혀낸 것은 아니다. 우리는 여전히 죽음의 실체를 모른다. 아마도 그 비밀은 영원히 밝혀지지 않을 수도 있다. 대신 과학은 죽음을 '차단(제거)'하는 방법으로 맞서려고 한다.

인간이 죽음에 이르는 과정에는 크게 질병, 노화, 외상(사고), 자살이 있다. 과학은 자살 이외의 질병, 노화, 외상으로 인한 죽음에서 벗어나기 위해 노력해 왔다. 그 결과 현대인들의 평균 기대 수명은 고대 이후 세 배로 길어졌으며, 19세기에는 40세였던 평균연령이 앞으로는 150세까지 늘어날 것이라 전망하고 있다. 의료 과학이 발전하면서 노화로 인한 상당수의 질병을 치료할 수 있게 된 것이다. 외상도 마찬가지다. 외부의 충격이나 사고 때문에 신체적으로 결함이 생긴다 해도, 그것은 더 이상 인간을 불행에 빠트리지 않을 것이다. 유전공학, 나노기술, 로봇공학, 복제 기술 등은 이러한 문제를 해결하는 대표적인 첨단 과학기술이다. 이 과학기술의 최종 목표는 인간에게서 죽음 자체를 떼어 내는 것에 있다.

하지만 죽음을 극복하기 위해 기술을 수용하는 것과 이 기술을 어떻게 책임질 것인가는 다른 차원의 문제다. 기술의 진보가 곧 인간의 진보로 이어지는 것은 아니다. "기술의 진보가 어떤 문제를 해결했을 때조차 또 다른 문제를 만들어 왔기 때문이다."[1] 우리는 인류 역사상한 번도 경험해 보지 못한 불멸이라는 신세계로 나아가고 있다. 기술적 진화가 인간에게 더 '나은' 세상을 제공할지, 아니면 단지 지금과는 전혀 '다른' 세상으로 몰아갈지는 아무도 모른다. 과학기술이 인간의 죽음에 개입하면서 나타날 수 있는 다양한 상황과 그 변화의 의미를 살펴보자.

1. 스크린 속으로

애니메이션 〈은하철도 999〉(1979)
"기계 몸을 얻어서 영원히 행복하게 살 거야"

서기 2221년. 데츠로가 살고 있는 메갈리폴리스에서는 '죽음'을 걱정할 필요가 없다. 기계 몸으로 신체를 개조하면 영원히 살 수 있기 때문이다. 하지만 누구나 기계 몸을 가질 수는 없다. 데츠로처럼 가난한 사람들에게 고가의 기계 몸은 꿈도 꾸지 못할 일이다. 그러다 데츠로는 '은하철도 999'의 종착역인 '기계화 행성'에서는 누구나 기계 몸으로 신체를 개조해 준다는 것을 알게 되고 엄마와 함께 긴 여행을 떠난다. 이 과정에서 데츠로는 엄마를 잃는 아픔을 겪지만, 메텔이라는 여인의 도움으로 '은하철도 999'에 탑승한다.

〈은하철도 999〉에는 인간의 신체를 기계 몸으로 개조하여 살아가는 다양한 기계 인간들이 등장한다. 부모의 욕심과 허영 때문에 크리스

탈 기계 몸을 갖게 된 소녀, 원래 자신의 몸으로 돌아가고 싶지만 영생을 포기하지 못하는 사람, 세상에서 가장 아름다운 젊음을 유지하기 위해 기계 몸으로 바꾼 여인 등 저마다 사연이 있다.

데츠로가 여행 중에 머문 '무덤 별'도 기계 몸으로 개조한 사람들이 살고 있는 행성 중 하나다. 온 세상이 얼음으로 둘러싸인 무덤 별은 은하계에서 가장 추운 행성이지만, 추위로 고통받는 사람들은 없다. 이 행성의 주민들은 모두 자신의 몸을 기계 몸으로 교체했기 때문이다. 데츠로는 추위도, 배고픔도, 고통도 느끼지 않는 기계 인간의 몸을 부러워했다. 하지만 정작 기계 인간들의 반응은 달랐다. 그들은 얼음 속에 자신의 '원래 몸'을 매장해 놓고 몰래 보러 오기까지 했다. 늙고 병들어 죽는 것이 두려워 기계 몸을 선택했으면서 왜 인간의 몸을 그리워하는 것일까? 데츠로는 다양한 기계 인간들을 만나면서 영원한 삶을 살아가는 '기계 인간'과 수명이 정해진 '인간' 사이에서 의문을 품기 시작한다. 인간의 몸과 기계 몸의 차이는 무엇일까? 기계 인간이 되어 영원히 살게 되면 과연 행복할까? 데츠로는 〈은하철도 999〉의 종착지인 기계화 행성에 도착하고 나서야 기계 인간의 진실을 마주하게 된다.

데츠로는 은하철도 999의 종착역이자 최종 목적지인 기계화 행성에 도착한다. 소문은 사실이었다. 이 행성에서는 사람의 몸을 기계 몸으로 개조해 주고 있었다. 돈은 필요 없었다. 대신 한 가지 조건이 있었다. 기계 몸을 얻는 대신 이 거대한 행성의 부품이 되어 평생을 살아가야 한다는 것이다. 데츠로는 영원한 시간에 갇혀 사는 기계 인간이냐, 시간의 지배

인간은 기계보다 특별할까?

를 받는 인간이냐는 선택과 마주한다.

데츠로가 '은하철도 999'에 탑승한 것은 자신의 몸을 기계 몸으로 대체하여 엄마와 함께 영원히 행복하게 살기 위해서였다. 기계 인간만 되면 인간이 살면서 겪어야 할 육체적 한계와 그로 인한 번뇌와 고통이 해결될 수 있으리라 믿은 것이다. 하지만 기계화 행성은 인간을 기계 부품처럼 조립하여 만든 인간 신체의 거대한 집합체였다. 기계 몸은 다름 아닌 살아 있는 생명과 맞바꾼 죽은 육체 덩어리였다. "기계의 몸을 얻으려는 것 자체가 생명체인 인간의 몸을 잃는 것이고, 기계에 의해 죽는 것이었다."[2] 물론 행성의 기계 부품이 된 기계 인간에게는 커다란 보상이 주어진다. 바로 '영원한 삶'이다.

인간은 누구나 오래 살고 싶어 하고, 또 오래 살 수 있는 방법을 알고 싶어 한다. 가난한 사람이든 부자이든 삶이 선사하는 모든 것들을 누리고 싶어 한다. 살아 있을 때 누릴 수 있는 모든 좋은 것들을 거절할 사람은 없다. 데츠로를 포함하여 기계 몸을 선택한 사람들 역시 삶이 주는 선물을 누리면서 하루라도 더 살고 싶었을 것이다. 문제는 이 살고자 하는 욕망이 삶과 죽음에 대한 진지한 성찰로 이어지는 것이 아니라 '남들보다 더 오래 살기'라는 오로지 '연명'의 문제로만 집중되었을 때 벌어진다.

아리스토텔레스는 『니코마코스 윤리학』에서 우리의 삶을 '그냥 삶'과 '좋은 삶'으로 구분한다. 그냥 삶이 본능에 따라서 맹목적으로 움직이는 노예적 삶이라면, 좋은 삶이란 주체적으로 사려 분별하는 주인의 삶을 의미한다. 여기에 과학기술이 발달하면서 새롭게 추가된 삶이 '살아남기'다. 죽음과 삶의 문제가 더 오래 살아남기, 즉 사는 목적이 오로지 '연명'의 문제와 직결되면서 죽음과 삶의 불행한 방정식이 등장했다. 다른 사람보다 더 오래 사는 것이 죽음을 이기는 증거가 되어 버린 것이다. 하지만 '삶의 목적'과 '살아남기'는 다른 차원의 문제다. 삶의 목적이 오로지 '죽지 않고 더 오래 살기'의 문제로만 집중되는 순간, 삶은 죽음의 노예로 전락한다. 죽음을 극복한다는 것은 삶을 풍부하게 확장시키기 위한 과정이 되어야 하는데 이 경우 삶이 그저 죽음의 그림자로 뒤바뀌는 것이다. 데츠로가 영원한 삶을 보장하는 기계 몸 앞에서 머뭇거린 이유도 여기에 있다. 산다는 것은 기계 몸이냐 인간의 몸이냐라는 단순한 선택의 문제가 아니다.

영화 〈바이센테니얼 맨〉(1999)
"앤드류, 너에게 시간은 영원해"
***

2005년 미국의 뉴저지, 마틴은 가전제품을 하나 구입한다. 설거지, 요리, 청소 등의 집안일 뿐 아니라 아이들과 함께 놀아 줄 수도 있는 로봇 앤드류다. 그런 앤드류를 누구보다 아끼고 사랑하는 사람은 마틴의 막내딸 아만다다. 아만다는 앤드류에게 '특별한 감정'을 갖고 있었지만 마음을 숨기고 한 남자와 결혼한다. 세월은 흘러 마틴은 세상을 떠났고 아만다도 점점 더 늙어 갔다.

마틴이 새로 구입한 가전제품의 정식 명칭은 '안드로이드 NDR114'다. 우리가 스마트폰을 제품명으로 구분하듯 기계에는 각각의 고유한 이름이 없다. 다만 안드로이드 NDR114가 마틴의 집에 처음 배달되었을 때, 막내딸 아만다가 안드로이드를 앤드류로 발음하면서 애칭이자 이름이 된 것이다.

안드로이드란 '인간과 똑같은 모습을 하고 인간과 닮은 행동을 하는 로봇'을 가리킨다. 인간의 필요에 의해 만들어진 기계인 것이다. 하지만 앤드류는 여느 안드로이드들과는 달랐다. 스스로 충전도 하고, 거미줄에 매달린 거미를 보고 생명의 경이로움을 느낄 줄도 알며, 자신을 아껴 주는 아만다에게 고마운 마음을 조각상으로 표현할 줄도 알았다. 앤드류는 높은 지능, 풍부한 감정, 자유의지, 창의성까지 갖춘, 오히려 모든 면에서 인간보다 뛰어난 존재였다. 그럼에도 불구하고 우리는 앤드류를 '인간'이라고 말하지 않는다. 인간과 로봇(안드로이드) 사이에는 뛰어넘을 수 없는 결정적인 차이가 있는 것일까? 앤드류의 다음 이야기를 따라가 보자.

자신이 인간으로 대우받지 못하는 이유는 남들과 다른 외모 때문이라고 생각한 앤드류는 로봇 제작자의 도움을 받아 완벽한 인간(남성)의 외모를 갖추게 된다. 여느 인간처럼 따뜻한 피와 매끄러운 피부, 땀구멍이 있는 손과 발을 가진, 자신만의 얼굴을 갖게 된 것이다. 달라진 외모로 마틴의 집에 돌아왔지만 아만다는 이미 세상을 떠난 후였다. 그녀 대신 앤드류를 맞이한 사람은 아만다를 쏙 빼닮은 손녀 포샤였다. 그녀는 아만다가 그랬던 것처럼 앤드류를 진심으로 존중하고 사랑했다. 서로의 마음을 확인한 앤드류와 포샤는 결혼을 약속한다. 하지만 세상은 둘의 결혼을 허락하지 않았다. 앤드류가 인간이 아니라는 것이 그 이유였다.

앤드류가 포샤와의 결혼을 법적으로 인정해 줄 것을 요청했을 때 판사는 두 가지 이유로 기각한다. 첫째는 앤드류가 인간의 유전자를 갖춘 생명체가 아닌 인조 생명체라는 것. 두 번째는 앤드류가 불멸의 삶을 산다는 것이다. 앤드류는 판사의 결정에 조목조목 반론을 제기한다. 자신이 기계로 만들어진 인공 생명체라고 한다면 사람도 역시 마찬가지라고. 이미 많은 사람들이 인공장기, 인공 심장, 인공 팔다리를 달고 있으며 복제, 재생 의학을 조합하여 인공적인 신체로 살아가고 있을 뿐만 아니라 불멸의 삶을 꿈꾸고 있다고. 앤드류는 재판장에게 묻는다. "당신의 신체 일부분도 인공장기가 아닌가요? 그런데 내가 인간의 유전자를 갖고 있지 않다는 것이 어떻게 한 생명체로서 결격 사유가 될 수 있다는 거지요?" 앤드류의 반론이 맞다면 인간 유전자의 유무와 생명의 불멸성은 인간과 기계를 가르는 기준점이 될 수 없다.

하지만 첫 재판에서 앤드류의 청원은 받아들여지지 않는다. 길고 지루한 재판이 이어지는 동안 포샤는 어느새 20대의 젊은 여성에서 75세의 늙고 병든 노인이 되어 가고 있었다. 판사의 말대로 인간은 시간의 지배를 받으며 언젠가는 반드시 죽어야 하는 필멸의 생명체인 것이다. 사랑하는 사람의 죽음을 무기력하게 지켜볼 수밖에 없었던 앤드류는 결국 자신도 '죽을 수 있는' 인간의 육체가 되기로 결심한다. 그리고 재판정에 서서 이렇게 말한다. "영원히 기계로서 살기보다는 인간으로서 죽고 싶다"고. 앤드류가 두려워하는 것은 '죽음' 자체가 아니었다. 시간의 지배를 받는 인간과는 달리 영원한 시간 속에 갇혀 '불멸'의 삶을 사는 자신의 운명이었다. 마틴, 아만다, 포샤 등 자신이 사랑하는 사람들을 연이어 떠나보내고 홀로 남아야 한다는 로봇의 불멸성. 인간에게는 끝없이 갈망하고 움켜쥐고 싶은 불멸성이 앤드류에게는 견딜 수 없는 고통이자 한계였던 것이다.

2. 세상 밖으로: 기술, 인간의 신체에 개입하다

'포스트휴먼Post Human'의 어원적 의미는 '인간 이후의 인간' 혹은 '인간을 넘어선 인간'을 가리키지만, 이 용어를 해석하는 방식은 다양하다. 포스트휴먼의 개념은 크게 두 가지로 요약할 수 있다. 첫째는 인간의 지적, 육체적 능력을 향상시키는 기술을 통해 "인간의 조건을 근본적으로 향상시킨 존재"다. 둘째는 인간·유럽·남성·백인 중심의 근대적인 "인간 개념의 한계를 극복하고 이를 대체하는 바람직한 인간상"을 말한다.[3]

　전자의 포스트휴먼은 과학기술에 대한 낙관적인 믿음을 바탕으로 인간의 능력을 향상시키는 것에 집중한다. 후자는 인간과 기계, 인간과 자연, 남성과 여성 등과 같이 이분법적으로 세상을 바라보는 인간 중심적 사유를 비판하고, 새로운 인간 개념과 정체성에 대해 탐색한다. 이처럼 관점에 따라 포스트휴먼은 다양하게 해석되지만, 기술 변화에 대해 개방적인 태도를 가지고 과학의 성과와 가능성에 대한 담론을 적극적으로 수용한다는 공통점이 있다. 기술은 인간의 필요에 의해 쓰고 버리는 단순한 수단이 아니라 인간과 불가분의 관계가 되었다는 인식의 변화가 반영된 것이다. 무엇보다 테크놀로지가 인간의 신체에 깊숙이 개입되는 순간, 우리는 수많은 질문에 휩싸일 수밖에 없다. 그중 하나가 '탄생과 죽음'의 문제다.

탄생과 죽음, 그리고 사이보그화

탄생과 죽음의 문제는 인간의 실존적 조건에 유한성이라는 한계가 있음을 의미한다. 내가 어떤 성별로 어떤 국가에서 누구의 자녀로 태어나 언제 어떻게 죽는지는 나의 의지와 무관하다. 그것은 마치 보이지 않는 누군가에 의해 주어진 운명처럼 보이기도 한다. 하지만 기술 시대에 접어들면서 탄생과 죽음은 어쩔 수 없는 운명이 아니라 인간이 통제할 수 있는 영역으로 바뀌고 있다.

　먼저 기술의 개입이 인간의 '탄생' 과정을 어떻게 바꾸고 있는지 살펴보자. 인간은 어머니의 뱃속에서 약 10개월의 성장 과정을 거친 후 세상에 태어난다. 태어난 아이가 여자이든 남자이든, 지능지수가 높든 낮든, 신체적 결함이 있든 없든, 부모는 아이의 모든 것을 온전히 받아들여야 한다. 하지만 여기에 '기술'이 개입되는 순간 인간의 탄생은 선택과 계획의 문제로 바뀌게 된다. 유전자 검사를 통해 부정적 영향을 주는 유전자는 제거하고 우성유전자만 선별하여 조작함으로써 한 사람의 운명을 뒤바꿀 수 있게 된 것이다. 이러한 기술을 '디자이너 베이비'라고 하며, 이를 배경으로 한 영화가 바로 〈가타카〉(1997)다. 영화의 주인공 빈센트는 이렇게 말한다. "손가락, 발가락이 열 개면 정상이라는 말은 옛말이다. 이제는 내가 언제, 어떻게 죽는지까지 다 안다." 이를 증명하듯 갓 태어난 빈센트의 유전자 인자를 검사한 의사가 "신경계 질병 60%, 우울증 42%, 집중력 장애 89%, 심장 질환 99%, 예상 수명 31.2살"이라는 예측 진단을 내린다. 빈센트의 정해진 운명에 좌절한 부모는 몇 년 후, 시험관 수정을 통해 완벽한 유전인자를 가진 그의 동생 안톤을 출산한다. 마음만 먹으면 누구든 원하는 형질의 자녀를 얻을 수 있는 길이 열린 것이다.

영화에서나 가능할 것 같은 이 이야기는 지난 2018년 중국의 허젠쿠이 생물학 교수가 게놈(유전자) 편집 기술 '크리스퍼CRISPR-Cas9'를 이용해 에이즈HIV에 내성을 가진 쌍둥이 여아를 출산하는 데 성공함으로써 현실에서도 실현될 수 있음을 증명했다. 현재 디자이너 베이비 기술은 윤리적 논란 때문에 법적으로 금지되어 있지만, 현실화만 된다면 인간의 몸 전체를 '향상'시키는 기술이 될 것이다. 인간의 '사이보그화'도 그 방법 중 하나다.

사이보그란 인간이 어떤 환경에 놓이더라도 자유롭게 적응하고 생존할 수 있는 기계와 유기체의 합성체를 의미한다. 인간은 있는 그대로의 자연 환경 속에서 살아가지 않는다. 주변을 돌아보라. 우리 삶을 구성하고 있는 것들 대부분이 인간이 창조한 기술이다. 신체의 일부분처럼 사용하고 있는 안경과 렌즈, 보청기, 의족, 의수 등은 대표적인 사례다. 가령 미국의 휴 허Hugh Herr 박사는 사고로 두 다리를 모두 절단해야 하는 아픔을 겪었지만, 자신이 직접 고안한 인공 다리를 착용하여 자연스럽게 걷고 달릴 수 있게 되었다. 그는 이 기술을 자신처럼 다리를 잃은 많

[그림1] 기술의 발전으로 인공 다리를 착용하여 자연스럽게 걷고 달릴 수 있게 되었다.
ⓒ http://www.shutterstock.com

은 사람들에게도 전파하였고, 사고로 다리를 잃은 댄서는 그가 고안한 다리를 부착한 뒤 다시 춤을 출 수 있게 되었다고 한다. 인간은 살아가면서 외상을 입을 수 있고 그로 인해 신체적으로 결함이 생길 수 있다. 하지만 이제는 사이보그 기술로 그러한 결함을 극복할 수 있게 된 것이다([그림1] 참고). 이 새로운 첨단 과학기술은 인간의 신체적 능력과 범위를 확장시키는 것에 그치는 것이 아니라 '죽음'까지 차단하는 단계로 나아가고 있다.

기술이 인간의 몸에 개입하는 방법에는 크게 두 가지가 있다. 첫 번째는 인간과 기계를 물리적으로 결합시키는 것이고, 두 번째는 인간과 컴퓨터 네트워크를 연결하여 정보를 상호 교류하는 것이다. 첫 번째 유형은 인간의 신체적 결함을 보완하고 확장하는 데 사용되며 기술이 개입하는 부분은 인간의 신체 영역이다. 불의의 사고로 다리를 잃었지만 인공 다리로 원래 다리를 대체한 휴 허 박사의 경우가 이 유형에 해당된다.

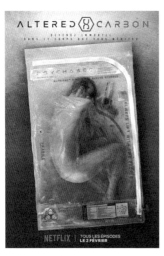

[그림2] 드라마 〈얼터드 카본〉은 인간의 의식을 디지털로 저장할 수도 있고, 인간의 육체를 진공 팩에 담아 사고팔 수 있는 세계관을 바탕으로 한다. ⓒ 〈얼터드 카본〉(2018)

두 번째 유형은 기술의 개입이 신체의 경계를 넘어 인간 의식(정신)의 영역으로까지 확장된다. 인간의 모든 기억과 의식을 디지털로 저장하고 육체는 자유롭게 교환하는 미래 사회를 다룬 드라마 〈얼터드 카본Altered Carbon〉(2018)이 여기에 해당된다([그림2] 참고). 컴퓨터 네트워크와 연결하여 인간의 보이지 않는 '의식'을 향해 기술이 개입한다는 의미에서 '디지-사이보그Digi-Cyborg' 라 부르기도 한다.

　이 두 가지 기술은 모두 인간이 '불멸'의 삶을 사는 데 중요한 방법이다. 사이보그 기술은 육체적인 불멸을, 디지-사이보그는 영혼의 불멸을 해결해 줄 수 있기 때문이다. 이처럼 탄생과 죽음이 인간의 통제 영역 안으로 들어오게 되면서 기술과 결합한 포스트휴먼의 미래는 구원의 유토피아로 읽히기도 한다. 기술의 힘으로 불멸하는 존재가 된다면 인간은 행복해질 수 있을까? 향상된 신체를 가진 포스트휴먼은 지금보다 더 '나은' 삶을 살 수 있을까? 불멸의 삶을 살 수 있게 된 시대에 제기될 새로운 문제는 무엇인지 살펴보자.

불멸의 역설

오래 살고 싶은 인간의 염원은 '신의 축복'으로 전해지기도 한다. 서양에서는 969세를 산 '므두셀라'*가, 동양에서는 저승 명부에 30년이라고 적힌 숫자에 획을 하나 그어 3천 년을 장수한 '동박삭'**이 대표적인 사례다[三十年(삼십년)에서 十(십)에 획을 하나 더 그으면 三千年이(삼천년)이 된다!]. 이 이야기에는 젊음과 장수는 축복이자 혜택이라는 생

---

* 성경에 따르면 므두셀라는 인류 대홍수 때 방주를 만든 '노아'의 할아버지라고 전해진다. 드라마 〈얼터드 카본〉에서는 육체를 바꿔 가며 수백 년을 살아온 특권층을 가리키는 이름으로도 사용된다.

** '동박삭' 신화가 오늘날에는 "김수한무 거북이와 두루미 삼천갑자 동방삭"이라는 장수를 염원하는 이야기로 전해지기도 한다. 한 아버지가 자식이 오래 살길 바라는 마음에 세상에서 가장 긴 이름을 지어 주지만, 오히려 그 이름 때문에 큰 위기에 처하고 만다는 것이 주요 줄거리다.

각이 담겨 있다.

하지만 모든 신화가 인간의 불멸을 긍정적으로 그리는 것은 아니다. 그리스 신화의 프로메테우스는 신의 명령을 어겼다는 죄로 낮에는 독수리에게 간을 쪼여 먹히고, 밤이 되면 간이 다시 회복되는 영원한 고통을 겪는다. 불멸의 형벌은 시지프스 신화에서도 반복된다. 노련한 말솜씨와 기발한 임기응변으로 요리조리 '죽음'을 피하려던 시지프스는 반복해서 굴러 떨어지는 바위를 다시 산 정상까지 밀어 올리는 영겁의 형벌을 받는다. 이처럼 우리가 알고 있는 신화나 문학, 영화에서 육체적인 불멸을 축복이 아닌, 형벌이나 결함으로 제시하는 경우가 적지 않다. 왜 수많은 신화와 문학에서는 인간의 오랜 염원이자 소망인 불멸을 비관적으로 묘사하는 것일까? 데츠로와 앤드류의 여정을 통해 그 이유의 실마리를 찾아보자.

데츠로가 은하철도 999에 탑승하기 전, 메텔은 말한다. "기차를 탄 사람은 다시 돌아올 수 없다"고. 이전의 다른 탑승객들이 그런 것처럼 데츠로는 답한다. "아니에요. 난 반드시 기계 몸을 얻어 지구로 다시 돌아올 거예요." 기차는 떠났고 두 사람의 대화를 이어나가는 것은 이제 우리의 몫이다. 메텔이 데츠로와 탑승객에게 던진 메시지의 의미는 무엇일까?

철학자 이진경은 은하철도 999를 '시간의 기차'라고 명명하며, 데츠로는 처음부터 기차를 잘못 탔고, 탈 수도 없는 기차를 타려고 했다고 말한다. 데츠로가 기차를 탄 목적은 단 하나다. 영원한 생명, 변하지 않는 신체를 갖기 위해서다. 그런데 데츠로가 탄 은하철도 999는 무한한 가변성의 세계로 흘러가는 '시간의 기차'라는 것이다. 시간이란 무엇인가? '시간'의 또 다른 이름은 '가변성(변화할 수 있는 성질)'이다. 어머니의 뱃속에서 나온 탄생의 순간부터 지금의 '나'가 되기까지 우리는 단 한 순간도 변하지 않은 적이 없다. 표면적으로는 3.5kg의 작은 몸집에서 지금은 그 몇 배나 되는 몸집으로 변했다. 신체적 변화만이 아니다. 어릴 적에는 화가가 꿈이었다면 성인이 되어서는 안정된 직장에 취업하는 것으로, 하루라도 보지 않으면 그립고 애달파 하던 친구나 연인이 언제부터인가 소식조차 모르는 관계로 변한다. 세상을 바라보는 태도, 삶의 의미와 행복의 기준 그 모든 것이 함께 변한다. 데츠로가 탄 기차는 바로 이 모든 변화를 관통하는 시간의 이름인 것이다.

메텔이 "기차를 타면 다시 돌아올 수 없다"고 경고한 것도 바로 이 때문이다. 데츠로가 기차에 탑승한 이유는 영원한 젊음의 신체, 늙지도 죽지도 않는 불멸의 기계 몸을 얻기 위해서다. 기계 몸이란 성장이 멈춘, 변화되기를 거부한 몸이다. 성장하고 변화하는 대신 하나의 기계 부품으로써 고정된 형태로 살아가는 신체다. 그리고 데츠로는 끊임없이 변하는 시간의 기차에서 고정된 불멸을 찾아 나선 것이다. 이 아이러니한 상황이 "불멸의 역설"[4]이다.

상황은 반대이지만 〈바이센테니얼 맨〉의 앤드류 역시 이 불멸의 역설이라는 딜레마에 빠진다. 앤드류는 자신을 '구입'한 주인이자 그를 진정으로 아껴 주고 사랑해 주던 마틴, 아만다, 포샤의 곁에서 200년을 함께해 왔다. 그리고 그 과정에서 그들이 병들어 늙고 죽어 가는 모습을 모두 지켜보아야 했다. 앞으로도 더 오랜 세월 동안 사랑하는 사람들을 떠나보내고 홀로 남는 고독을 반복해야 할 것이다. 앤드류의 이 비극적 상황은 인간 '티토노스'를 사랑한 새벽의 여신 '에오스' 의 운명과 닮았다([그림3] 참고).

신화에 따르면 티토노스를 사랑한 에오스는 제우스에게 간절히 요청했다. 인간인 티토노스를 자신과 똑같이 불멸의 신으로 만들어 주든지, 아니면 자신을 유한한 인간으로 만들어 달라고. 이 모든 소원 을 들어줄 수 없었던 제우스는 인간인 티토노스에게 '불사의 생명'을 주는 것으로 대신했다. 에오스의 사랑은 이제 완벽해진 것 같았다. 하 지만 불행하게도 티토노스가 받은 선물은 '영원한 생명'이면서 동시 에 '영원한 노년'이었다. 에오스는 언제나 젊은 청춘인데 티토노스는 영원한 노년이듯, 앤드류는 불멸의 기계인데 사랑하는 연인은 죽을 수밖에 없는 비극적 운명이 반복된 것이다. 앤드류와 포샤, 에오스와 티토노스. 이들이 기계와 인간, 신과 인간이라는 이유만으로 사랑할 수 없었던 것은 아니다. 문제는 서로의 시간이 다르다는 것에 있다. 앤드류의 영원한 시간과 죽을 운명의 포샤의 시간은 전혀 다른 의미 를 갖기 때문이다. 불멸의 앤드류와 영원한 청춘인 에오스에게 시간 은 더 이상 귀한 것이 아니다. "무한한 미래를 앞두고 있다는 바로 그 이유 때문에 그에게 미래는 없다. 자신을 둘러싼 모두가 죽을 운명인 데 그 자신은 계속 살아야 한다면, 주변 사람들과의 관계는 의미를 상 실한다."[5]

이 세상의 영원한 진실이 있다면 그것은 우리를 둘러싼 모든 것이 변한다는 사실이다. 따라서 과학기술 혹은 신의 축복에 의해 불멸의 삶을 살아간다 할지라도, 우리는 가변성의 세계로 흘러가는 '시간의 기차'에서 내릴 수 없다. 죽어야 할 운명이든 불멸의 운명이든 결국 나

[그림3] 영원한 젊음을 누리는 새벽의 신 에오스와 영원한 노년으로 살아야 하는 인간 티토노스. ⓒ 루이 장 프랑스아 라그레네, 〈서둘러 떠나는 에오스〉, 18세기경.

에게 주어진 삶을 어떻게 살 것인가라는 질문은 계속 이어질 수밖에 없는 것이다.

3. 미래를 위한 성찰: 죽음, 불멸, 그리고 삶

인간에게 죽음은 여전히 미지의 영역이고 인식의 한계를 인정할 수밖에 없는 주제이기도 하다. 그러나 첨단 과학기술의 발전으로 인간의 수명이 연장되고 나아가 '불멸'의 가능성까지 기대하게 되면서 죽음을 바라보는 방식과 태도도 크게 달라지고 있다. 과학기술을 둘러싸고 벌어지는 죽음에 관한 담론들에 대해 철학자, 과학자, 미래학자, 역사학자 등 다양한 인문학자들의 의견을 들어보자.

레이 커즈와일

사람은 죽지 않을 것이다

2005년, 세상을 깜짝 놀라게 할 책이 발표된다. 그것은 과학기술에 의해 노화와 질병의 과정이 역전되고 환경오염이 제거되며 전 지구적 기아와 가난이 해소되는 등 상상조차 할 수 없는 미래의 유토피아를 그린 책이었다. 출간 직후 전 세계적인 논쟁을 불러온 이 책은 발명가, 대학 교수, 미래학자, 과학자이자 구글Google의 엔지니어링 이사이기도 한 레이 커즈와일Ray Kurzweil의 『특이점이 온다』이다.

'특이점'이란 기술이 비약적으로 발전해 인간의 능력을 초월하는 시점을 가리킨다. 그는 기술이 특이점을 넘어서는 순간 인간은 생물학적 한계를 극복할 수 있을 것이며, 불멸이라는 기술적 혜택도 받게 될 것이라고 전망한다. 반면, 아이폰과 아이패드 등과 같은 혁신적 제품들을 개발한 스티브 잡스는 "죽음은 삶이 발표한 최고의 발명품이다"라며 죽음을 삶의 일부로 받아들일 것을 강조한다. 죽음은 인생을 변화시키고 새로움이 낡은 것을 버릴 수 있게 하기 때문이다. 하지만 커즈와일은 달랐다. "죽음은 비극적인 것이다. 그럼에도 우리는 죽음을 애써 좋은 것이라 합리화한다"며 비판한 것이다. 그리고 우리를 불멸의 단계에 이르게 할 수 있는 가능성으로 유전공학, 나노공학, 로봇공학을 제시한다. 이 세 가지 공학 기술이 인간을 어떻게 불멸에 이르게 할 수 있는지 커즈와일의 주장을 살펴보자.

첫째, 유전학이 발달하면 인간의 질병과 노화 현상은 더 이상 자연스러운 것이 아니게 될 것이다. 인간은 유전공학을 통해 인간의 한계를 초월할 것이다. 유전자 공학에는 두 종류가 있다. 그중 한 가지는 체세포 유전자 치료다. 이것은 어느 개인이 가지고 있는 잘못된 유전 자를 고치는 치료법이다. 이 치료법만 개발되면 낭포성 섬유증, 면역 결핍증, 혈우병 등과 같은 난치병들을 치료할 수 있다. 다른 한 가지는 생식세포를 조작하는 치료법이다. 생식세포 조작은 배아 생성의 출 발 단계에서 유전적 구성을 변경시킴으로써 태어날 아이의 모든 세포 를 변화시키는 방법이다. 그리고 이 변화는 아이의 자식, 손자, 증손자 에 이르기까지 영원히 영향을 미치게 된다. 이 기술이 바로 '디자이너 베이비'다. 커즈와일은 유전학이 최종적으로 노화를 역전시키고 인간 복제를 가능하게 하며 멸종 위기의 생물을 보전하거나 세계 식량 문 제까지도 해결할 것이라 전망한다.

두 번째는 나노 기술 혁명이다. 나노 기술은 상상하기 어려울 정도 로 작은 물질을 다루는 기술을 말한다(1나노미터는 1미터의 10억분의 1 에 해당된다). 나노 기술의 최대 목표는 자기 복제 능력과 나노 규모의 대상들을 조작하는 능력을 갖춘 나노 기계를 만드는 것이다. 나노 기 술을 이용해 저렴한 태양전지들을 제작하여 화석연료를 대체할 수도 있고, 우리의 혈관 속에 나노봇을 투입하여 면역계를 강화하고 병원 체를 파괴하고 암세포를 제거하고 신체 장기들과 시스템들을 재건할 수 있을 것이다.

세 번째는 로봇공학이다. 세 가지 혁명 중에서도 로봇공학은 가장 획기적이다. 이것은 평범한 인간을 뛰어넘는 인공지능의 탄생을 뜻한 다. 커즈와일이 말하는 핵심 주장은 로봇공학 발달로 인간보다 더 영 리한 컴퓨터(인공지능)가 등장할 것이며, 우리는 그 영리한 하드웨어에 의식을 다운로드함으로써 불멸을 보장받으리라는 것이다. 나아가 인간은 유전공학과 나노 기술로 육체의 불멸만이 아니라 정신을 업로드함으로써 영생의 삶을 누릴 수 있으리라 전망한다.

하지만 커즈와일이 제시하는 유토피아 같은 이 세계는 또 다른 질문을 불러온다. 우리가 의식만을 정교하게 추출해 기술적 장치 속에 업로드할 경우, 그 장치에 저장된 의식을 현재의 나와 동일한 '나'라고 할 수 있을까? 커즈와일의 주장에 반론을 제기하는 철학자들은 컴퓨터에 의식만 다운로드 된 존재는 인간의 개념을 넘어선 존재라고 반박한다. 커즈와일의 주장이 과학기술에 대한 지나친 오만과 낙관주의라고 비판하는 다른 연구자들의 의견을 들어보자.

빌 조이

우리는 불멸의 기술을 중단해야 한다

1978~1995년, 약 17년 동안 미국 전역에 폭발물이 배달되어 3명이 사망하고 23명이 심각한 상해를 입은 사건이 벌어진 적이 있다. 이 끔찍한 범죄를 저지른 테러리스트가 버클리 대학교의 촉망받는 과학자 테드 카진스키Ted Kaczynski라는 사실이 밝혀지면서 세상은 다시 한 번 깜짝 놀랐다. 테드 카진스키는 '유나바머Unabomber: university and airline bomber' 라고도 불렸는데 그 이유는 테러의 희생자들이 대학University과 항공사 직원Airline이었기 때문이다. 유나바머라는 별칭이 암시하듯 그의 테러 대상은 과학자들이었다. 과학과 기술의 진보가 인간의 자유와 개성을 파괴한다는 신념이 그를 테러리스트로 만든 것이다.

이 사건이 벌어지고 5년 후, 미국의 컴퓨터 과학자 빌 조이William Nelson Joy가 「미래에 왜 우리는 필요 없는 존재가 될 것인가」(2000)라는 다소 충격적인 제목의 글을 발표한다. 빌 조이는 유나바머의 테러 사건으로 자신의 동료이자 친구가 심각한 외상을 입고 고통스런 삶을 산 것을 지켜본 과학자이기도 하다. 테러리스트의 왜곡된 신념으로 소중한 친구를 잃은 그가 왜 이런 글을 쓰게 된 것일까?

조이는 1998년의 어느 학회에서 레이 커즈와일의 "인간이 로봇 기술과 하나가 됨으로써 영생불사를 누리게 된다"는 주장을 접하면서 큰 혼란에 빠지게 되었음을 밝힌다. 그리고 커즈와일이 주장하는 유전학, 나노공학, 로봇공학이 지금까지의 과학기술과는 근본적으로 다른 위협, 특히 자기 복제의 잠재력을 가졌다는 점에 주목한다. 과거의 대표적인 기술, 즉 핵무기, 생물학무기, 화학무기 등은 '한 번만' 터질 수 있는 폭탄 같은 것이라면, 21세기의 첨단 기술은 개인이나 소규모 집단의 손아귀에 들어가 예측할 수 없는 대규모 파괴를 일으킬 수 있다는 것이다. 조이가 커즈와일의 GNRGenetics, Nanotechnology, Robotics(유전공학, 나노공학, 로봇공학) 기술에 대해 지적하는 문제는 다음과 같다.

첫째, 로봇공학의 꿈은 우리 몸을 로봇으로 대체하고, 우리의 의식을 다운로드함으로써 불멸의 꿈을 성취하는 것이다. 그러나 우리가 육체를 버리고 테크놀로지 안으로 다운로드 된다면, 우리가 인간으로 존재할 수 있는 가능성이 있을까? 조이는 '육체 없는 인간'은 우리가 지금 이해하고 있는 인간적 존재가 아니라고 말한다. 그는 로봇공학이 불멸의 꿈을 실현하는 데 유용한 기술임은 인정하지만, 그 기술적 오만함이 인간성의 상실이나 정체성 혼란 같은 재앙을 초래할 것이라고 경고한다.

둘째, 커즈와일이 주장하는 바에 따르면, 유전공학 기술은 살충제 사용을 줄이면서 수확량을 증대하고 수천 종의 새로운 박테리아, 식물, 바이러스, 동물을 만들어 낼 것이다. 또한 복제 기술을 통해 수많은 질병의 치료 방법을 개발하여 우리의 수명과 삶의 질을 개선해 줄 것이라 약속한다. 나아가 제임스 듀이 왓슨James Dewey Watson은 유전자 향상이 저소득층이나 사회 소외 계층에게 실질적인 도움이 될 수 있을 것*이라고 전망한다. 하지만 조이는 인간 복제와 같은 유전공학이 인간을 다시 설계하여 불평등한 종으로 변환시킴으로써 평등의 개념을 위협할 것이라 본다. 새로운 생물종을 개발하는 일은 진화의 법칙이 아니라 경제적 이해관계에 따라 이루어질 것이라는 이야기다. 조이는 우리가 그런 획기적인 실험들을 수행할 만큼 생명과 인간에 대해 충분한 이해와 지식을 가지지 못했다고 말한다.

셋째, 나노 기술은 꿈의 기술이다. 나노 과학의 창시자인 에릭 드렉슬러K. Eric Drexler는 『창조의 엔진』에서 원자 수준에서 물질을 조작하는 나노 기술을 통해 유토피아 같은 풍요로운 미래가 어떻게 창조될 수 있는지 아름답게 묘사한다. 이 세계에서는 거의 모든 것이 값싸게 만들어지고 상상할 수 있는 모든 질병이나 육체적인 문제가 나노 기술과 인공지능을 통해 해결될 수 있다. 그러나 조이는 제어되지 않는 나

---

* 다음은 왓슨이 영국의 《타임스》에 기고한 글의 일부다. "만약 당신이 정말로 멍청하다면, 나는 그것을 질병이라 할 것이다. 초등학교에서도 실제로 어려움을 겪고 있는 하위 10%는 그 원인이 무엇이겠는가? 많은 사람들은 '아마도 가난이나 그런 이유가 아니겠는가'라고 말할 것이다. 그러나 아마도 그렇지 않을 것이다. 나는 지능을 떨어트린 유전자를 제거해서 하위 10%에게 도움을 주고 싶다."

노 기술이 세상의 모든 물질과 에너지를 빨아들이며 무한히 자기 복제하는 그레이구Grey goo*를 낳을 수 있으며, 유전자 조작으로 만들어진 병원균이 인류의 생존을 위협할 수 있다고 우려한다. 이렇게 되면 나노 기술은 '창조의 엔진'이 아니라 '파괴의 엔진'이 되어 인류를 자멸의 길로 몰아갈 것이다.

커즈와일이 제시한 GNR 혁명의 가능성을 조목조목 반박한 조이의 최종 결론은 더 늦기 전에 인류가 이 기술을 포기해야 한다는 것이다. 유전학, 나노 기술, 로봇공학이 인류에게 불멸의 꿈을 가져다줄지도 모른다. 그러나 이 꿈을 이루기 위한 대가가 터무니없이 크고 위험하며, 오히려 '오래 살기'라는 이 꿈이 인류를 자멸의 길로 몰아갈 것이라 경고한다. 조이가 우려하는 점에는 분명 일리가 있다. 하지만 인류가 쌓아 온 모든 문명의 기술을 포기하라는 그의 호소는 비현실적인 해결책이라는 의심을 벗어나기가 힘들어 보인다.

존 메설리
죽음이 자연스러운 것처럼 불멸하고자 하는 욕망도 자연스럽다

2015년 캐나다의 '오리아 재단'이 세계적 석학들을 초청하여 "인류는 과연 진보하는가"라는 주제로 격론을 벌인 적이 있다(구체적인 토론 내용은 스티븐 핑커 외『사피엔스의 미래』를 참고하라). 기술적 낙관론자인 스티븐 핑커Steven Pinker는 과학적 데이터와 수치를 근거로 인류의 안녕

---

* '그레이(Grey)'는 '회색, 잿빛'을 뜻하는 단어이고, '구(Goo)'는 아주 작고 얇아 형체가 없는 (식별할 수 없는) 물질을 의미한다.

이 10가지 차원(인간의 생명 연장, 건강, 물질적 번영, 평화, 안전, 자유, 지식, 인권, 성평등, 지능)에서 진보했다고 주장했다. 반면 소설가 알랭 드 보통Alain de Botton은 인간에게는 과학적 데이터로는 환원되지 않는 인간 정신의 복잡성이 존재한다며, 우리가 직면하게 되는 미래는 '나은 미래'가 아니라 '다른 미래'라고 팽팽히 맞섰다. 기술이 인류에게 던지는 질문에 대해 누구의 대답이 옳다고 결론 내리기는 어렵다. 토론을 기획하고 운영한 리디어스 그리피스 역시 우리 사회에서 벌어지는 논쟁의 대다수는 인류가 하나의 종으로서 진보하고 있는 것인가에 대해 고민할 수밖에 없고, 이것은 인간이 처한 '영원한 곤경'이라고 말한다.

확실한 것은 우리가 앞으로 살아갈 미래가 과거와는 근본적으로 다르리라는 것이다. 기술이 인간의 죽음을 제거할 수 있을 것이라는 전망은 과거의 인류가 한 번도 가져 보지 못했던 것이니 말이다.

그렇다면 우리는 죽음과 불멸이라는 주제 앞에서 어떤 것을 질문하고 무엇을 고민해야 할 것인가? 철학자 존 메설리John G. Messerly는 "당신이 영생을 선택할 수 있다면 선택해야 할까?"라고 스스로에게 질문해 볼 것을 제안한다.

> "우리는 자율적인 개인의 선택권을 존중해야 한다. 만일 노화를 멈추거나 되돌리는 알약을 동네 약국에서 구할 수 있게 된다면, 당신이 그 알약을 사용할지 여부는 당신의 자유에 맡겨져야 한다."[6]

즉, 죽음이 선택 사항이 된 뒤에는 스스로 원할 때 삶을 마칠 수 있는 자유도 주어져야 한다는 것이다. 그리고 발전된 기술들이 사실상 불가피하다는 것과 그것이 바람직하다는 것은 다르다며 기술이 갖는 한계와 문제점을 지적하는 사람들의 경고를 인정하라고 말한다. 우리의 미래가 아무리 기술적으로 진보하더라도 인간의 모든 부조리가 해결되리라는 보장은 없다. 인간의 삶에는 과학적 데이터로는 환원되지 않는 삶의 요소가 너무도 많기 때문이다. 죽음이 낯설고 두려운 것 못지않게 불멸하고자 하는 욕망도 자연스러운 감정이다. 이러한 욕망을 애써 부정할 필요는 없다. 죽음에 대한 공포도 불멸에 대한 염원도 결국은 우리가 모두 수용해야 할 삶의 과정일 것이다.

이승에서의 삶을 다한 앤드류(〈바이센테니얼 맨〉의 주인공)와 데츠로(〈은하철도 999〉의 주인공)는 저승 판사 앞에 서게 되었다. 데츠로는 기계 몸을 포기하고 유한한 인간의 삶을 받아들였지만, 막상 저승에 오게 되자 자신의 선택에 대한 확신이 흔들렸다. 한편, 불멸의 삶보다 무서운 것은 '시간의 무의미'라고 판단한 앤드류는 자신의 죽음을 담담히 받아들였다. 하지만 저승에서는 로봇이면서 동시에 인간인 앤드류의 죽음을 어떻게 받아들여야 할지 혼란이 빚어졌다. 저승 판사는 데츠로와 앤드류를 한자리에 불러 모아 두 사람이 생각하는 죽음의 의미를 들어보기로 한다.

저승 판사   망자 앤드류와 데츠로는 앞으로 나오시오.

앤드류   제가 앤드류입니다. 저승 명단에 제 이름이 로봇 NDR114로 적혀 있으면 어쩌나 했는데……. 아만다가 지어준 앤드류로 기록되어 있다니 한결 위로가 됩니다.

데츠로   전 은하철도 999를 타고 우주를 여행하며 기계 인간들과 싸운 데츠로라고 합니다. 근데… 결국 저도 죽은 건가요?

저승 판사   보면 모르겠나? 이곳은 죽은 자들만이 오는 재판정이다. 음… 보아하니 데츠로보다 연장자인 듯 하니 앤드류 자네에게 먼저 묻겠소! 앤드류! 사실 난 자네에게 어떤 판결을 내려야 할지 고민이오.

앤드류   아니, 제가 무슨 실수라도 한 건가요?

저승 판사 그런 문제가 아니오. 이곳은 인간의 영혼만이 오는 곳인데 어쩌다 당신 같은 사람… 아니 로봇… 무어라고 불러야 할지 난감하군. 어쨌든 정체불명의 당신이 여기까지 오게 된 이유를 잘 모르겠소. 게다가 로봇의 사후 판결은 전례가 없는 일이라……. 혹시 저승에 대해 아는 것이라도 있소?

앤드류 그… 글쎄요……. 저도 저승은 처음이라……. 사람들이 즐겨보는 신화나 소설, 영화 등을 통해 들어 보긴 했습니다만……. 그 이야기들도 사람들이 다 상상으로 지어낸 것이라 정확하지는 않습니다. 그런데 상상이 아니라 정말 저승이라는 곳이 있다니, 놀랍고 신기할 따름입니다. 이 저승에서는 어떤 일이 기다릴지 기대되기도 하고요.

데츠로 에에~? 저승살이가 기대된다고요? 사람들은 저승이라면 다들 무서워하는데……. 로봇이라 잘 몰라서 그런가…?

앤드류 말씀을 삼가주십시오. 태생은 로봇이지만 전 스스로를 바꾸고 개발해서 사람처럼 느끼고, 생각하고, 판단할 줄 아는 생명체입니다. 굳이 제가 다른 점이 있다면 많은 사람들이 피하려고 하는 '죽음'을 선택했다는 것이지요. 혹… 데츠로 군은 죽음이 두려우신 건가요?

데츠로 두… 두렵다뇨! 절 뭘로 보고……. 저는 기계 몸을 얻어 영원히 살 수도 있었지만 과감히 포기하고 기계 부품으로 전락한 기계 인간들을 구한 영웅이라구요!

앤드류 그 정도 배포가 있는 사람이라면 죽음이 두렵지 않겠군요.

데츠로 그… 그게… 제가 기계 몸을 포기한 건 맞지만……. 죽음이

	주는 공포까지 이겨낸 것은 아니에요. 솔직히 다시 기회가 주어진다면 기계 몸을 선택할지도 모르니까요.
앤드류	음… 잘 생각해서 결정하십시오. 제가 로봇으로 살아봐서 알지만… 로봇으로 산다는 것이 생각처럼 쉽지는 않으니까요.
데츠로	물론 그것도 맞는 말이지만… 막상 저승에 오고 보니 사람들이 왜 악착같이 기계 몸을 얻으려고 했는지 이해가 될 것 같아요. 제가 죽음이 두려운 것은 세상과의 단절 때문입니다. 제가 사랑하는 모든 사람들과 두 번 다시 만날 수 없는 것만큼 고통스러운 것은 없으니까요…….
앤드류	데츠로는 친구들이 많았나 보군요.
데츠로	친구뿐이겠어요? 이승에는 맛있는 것도 많고 볼거리도 많고 재밌는 게임도 많고……. 솔직히 죽은 후에도 구천을 떠돌며 사람들 곁을 떠나지 못하는 귀신들 마음도 알겠더라고요. 이런 말도 있잖아요. "개똥밭에 굴러도 이승이 좋다." 아! 그러고 보니 앤드류는 200세까지 살았으니 하고 싶은 일은 다 해 보셨겠죠?
앤드류	음… 제가 데츠로보다 오래 산 것은 맞지만, 그 이유로 행복했다고는 말할 수 없을 것 같습니다. 불멸의 대가는 혹독했으니까요. 저는 제가 사랑하는 사람들이 늙고 병들어 죽어가는 모습을 모두 지켜봐야 했습니다. 그건 저에게 지독한 형벌이나 다름없었습니다.
데츠로	그래도… 당신은 영원히 살 수 있었는데 죽음을 선택한 것

이 후회되지는 않나요?

앤드류 물론 제가 사랑하는 포샤와 영원히 살 수만 있다면 제 불멸의 몸을 '죽음'과 맞바꾸지 않았을 것입니다. 하지만 포샤는 인간이고 전 로봇이었습니다. 그것은 유한한 생명을 가진 인간과 불멸의 로봇은 결코 같은 '시간의 기차'에 올라탈 수 없다는 의미입니다. 죽을 운명임을 알면서도 인간의 몸을 선택한 것도 바로 그 이유 때문입니다. 제가 정말 두려운 것은 죽음보다 홀로 남겨진다는 것이었으니까요.

데츠로 앤드류가 인간으로서 죽음을 선택한 것은 결국 사랑이 없는 삶에 대한 두려움이었군요. 하지만 앤드류! 만약 우리가 죽음을 극복하고 인간에게 더 많은 시간이 주어진다면 더 행복해지지 않을까요?

앤드류 글쎄요……. 레이 커즈와일이라는 사람이 이런 얘기를 하더군요. 불과 두 세기 전만 하더라도 인간의 평균 수명은 30세였지만 지금은 100살을 넘나든다고. 그래서 요즘은 30세에 죽는 것을 아주 큰 비극으로 생각하지요. 100살이라는 평균 수명의 1/3도 채우지 못하고 죽으니까요. 그럼, 과학 기술이 더 발달하여 22세기에는 300살이 평균 수명이라고 상상해 봅시다. 그리고 누군가 저처럼 200살에 죽었습니다. 우리 후손들은 그가 충분히 오래 살았다고 생각할까요?

데츠로 그럴리가요! 300년이 평균 수명인데 200년 밖에 살지 못했다면 '너무 일찍' 세상을 떠났다고 생각할 거예요. 어떤 사람은 100만 원을 가지고도 충분하다고 느낄 수 있지만, 어떤 사람은 1,000억을 가지고도 늘 부족하다고 생각하는 것과 같은 논리겠지요.

앤드류 맞습니다. 행복은 어떤 과학적 데이터나 수치로 증명되는 것이 아닙니다. 그래서 전 인간이 오래 산다고 해서 행복할 것이라고 확신하지 않습니다. 데츠로는 기계 인간들과 함께 살았으니 잘 아시겠군요. 그들은 어땠나요? 모두 행복해했나요?

데츠로 음… 꼭 그런 것 같지는 않았어요. 기계 몸을 포기하고 원래 몸으로 돌아가고 싶어 하는 사람들도 많았으니까요. 무엇보다 제가 가장 이해할 수 없었던 것은 우리 엄마를 죽인 '기계 백작'이었어요. 무료한 시간을 즐기겠다고 사람을 사냥하다니! 사람들은 막상 영원한 삶이 주어지면 무엇을 어떻게 해야 할지 모르는 것 같아요.

앤드류 기계 백작 이야기를 들으니 포샤와 함께 읽은 시몬 드 보부아르의 소설 『모든 인간은 죽는다』가 생각나네요. 소설 속 주인공은 우연히 거지가 준 불사의 영약을 먹고 '죽지 않는 마법'에 걸리지요. 그는 강도에게 살해당할 수도, 스스로 목숨을 끊을 수도 없습니다. 죽을 수 있는 가능성이 모두 사라진 것이지요. 그에게 시간은 더 이상 귀한 것이 아니게 되었고, 결국 삶의 의미마저 잃었습니다.

데츠로 불사의 영약을 준 그 거지는 이미 알고 있었던 거군요. 그 영약이 '마법'이 아니라 '저주'가 될 수 있다는 것을…….

앤드류 그 거지도 죽음이 두려웠지만, 불멸이 더 두려웠던 건지도 모르죠.

데츠로 그래도 저는 인간이 죽음의 한계도, 불멸의 고통도 모두 슬기롭게 극복해 나가기를 기대해요. 죽음이 자연스러운 것 못지않게 불멸의 욕망도 자연스러운 것이니까요. 죽음의 문제가 오로지 더 오래 '살아남기'가 아니라 삶의 존엄성을 지키기 위한 것이 된다면 죽음에 대한 두려움도 조금씩 해결되지 않을까요?

앤드류 그래요. 미래는 그냥 우리 앞에 오는 것이 아니라 우리가 만들어 가는 것이니까요.

저승 판사 내 평생 수많은 망자들을 만나 왔지만 너희 같은 망자들은 처음이구나. 너희들이 죽음을 어떻게 생각하는지 그 이야기는 잘 들어 보았다! 음… 앞으로 너희 같은 망자들이 계속 저승을 찾아올 텐데, 쉽게 답을 내릴 일은 아닌 것 같다. 오늘은 너희들 생각을 듣는 걸로 마무리하고 다른 판사들과 좀 더 상의를 해야겠다. 그때까지 너희들은 저승사자 숙소에 머물도록 하라. 내 특별히 너희들에게는 7성급 숙소로 안내하라 일러두었다.

저승 판사의 말이 끝나자마자 검은 옷의 저승사자 2명이 나타나 앤드류와 데츠로를 숙소로 데리고 나간다.

함께 보면 좋은 영화

■ 〈블레이드 러너Blade Runner〉(리들리 스콧, 1982)

2019년 LA를 배경으로, 식민 행성에서 폭동을 일으키고 지구로 잠입한 리플리컨트(복제 인간)와 그들을 추적하는 블레이드 러너(복제 인간 사냥꾼)의 이야기를 그린 작품이다. 인간과 리플리컨트의 대립을 통해서 '살아 있다는 것'과 '인간다움'을 성찰하게 한다.

■ 〈셀프/리스Self/less〉(타셈 싱, 2015)

주인공 데미안은 암 말기로 죽을 날이 얼마 남지 않자 영원한 삶을 살기 위해 젊은 육체에 자신의 기억을 이식한다. 새로운 육체로 불멸의 기회를 가진 데미안은 육체의 원래 가족을 만나면서 삶의 의미를 깨닫게 되고, 결국 자신의 기억을 모두 지우고 원래 주인에게 육체를 되돌려준다. 불멸의 기회가 주어진다면 우리는 데미안과 같은 선택을 할 수 있을까?

■ 〈마이 시스터즈 키퍼My Sister's Keeper〉(닉 카사베츠, 2009)

언니 케이트의 병을 고치기 위해서 유전공학의 도움으로 태어난 주인공 안나가 자신의 몸의 권리를 찾기 위해 부모님을 고소하면서 벌어지는 이야기다. 영화는 자신의 죽음을 받아들이는 케이트를 통해, 인간이 질병에서 벗어나 행복하게 살 권리를 가지고 있지만, 죽음 역시 삶의 일부라는 메시지를 전한다.

2장

인간은 기계보다 특별한 존재인가

인류에게는 아주 오래된 신념(환상)이 있다. 우주의 중심은 지구이며, 인간은 동물이나 기계보다 우월하고 특별한 존재라는 것이다. 그리고 인간이 특별한 존재라는 증거로 이성, 감정, 정신, 창의성(상상력), 자의식과 자유의지 등을 모두 포함하는 '영혼'을 제시한다. 하지만 영혼의 존재 유무는 과학적으로 밝혀진 적이 없다. 전 세계의 뛰어난 과학자들이 수만 가지 방법을 동원해 보았지만, 인간에게만 있다는 영혼의 존재 유무를 증명하지는 못했다. 정말 인간에게 영혼이 있다면 우리의 몸 어디에 있는지, 영혼의 기능이 무엇인지, 영혼은 무엇으로 구성되어 있는지를 알아내지 못한 것이다. 유발 하라리는 영혼의 존재 여부를 의심하는 이유로 "영혼이라는 개념 자체가 진화의 기본 원리에 모순되기 때문"이라고 말한다. "진화에서 중요한 것은 인간은 변화하는 존재이며, 모든 변화는 서로 맞물려 있다"는 것이다.[1] 따라서 우리가 '인간성' 혹은 인간만이 가진 독특성이라 말하는 것은 인간을 둘러싼 모든 것들과의 조합으로 이루어진 것이라고 보는 것이 적절하다. 그리고 이 여러 조합에는 동물만이 아니라 기계와도 연속성을 갖는 것이 있다.

물론 인간과 기계를 연속적인 스펙트럼 안에서 바라본다는 것은 쉬운 일이 아니다. 플라톤에서 데카르트로 이어지는 이성 중심의 사유 방식과 세상 만물 앞에서 '인간'만이 유일하게 가치 있는 존재라고 보는 '휴머니즘'의 전통은 여전히 견고하게 자리하고 있다. 하지만 테크놀로지가 제2의 자연으로 확장되어 가는 환경에서 인간과 기계의 장벽을 견고하게 유지하거나 그것을 아예 없애 버리는 것은 답이 아닐 것이다.

이 장에서는 인간과 기계의 관계성을 살펴보되, 인간과 기계(인공지능, 로봇, 기계 인간 등 기술 문명의 모든 것을 총칭)의 관계를 '사랑'의 문제로 구체화하여 질문하고 그 답을 찾아가고자 한다. 여기에서 지칭하는 사랑은 기계를 존재론적으로 의인화하여 '기계를 사랑하라'는 것이 아니다. 테크놀로지의 발달과 함께 인간과 기계 사이의 장벽에 균열이 생기면서 사랑의 형태와 의미 역시 다양한 방식으로 변화되어 가는 현상에 주목하고 인간과 인간, 인간과 기계의 관계성을 고찰하려는 것이다. 이 과정에서 인류 최후의 발명품이라 불리는 '인공지능'이 주요하게 언급될 것이며, 문맥에 따라 기계, 로봇, 인조인간, 기계 인간, 모방 인간, 휴머노이드, 안드로이드와 같은 다양한 명칭으로 등장할 것이다.

1. 스크린 속으로

영화 〈A.I.〉(2001)

"사람이 아니어서 죄송해요. 원하신다면 사람이 될게요"

한 아이가 헨리 부부의 집에 입양된다. 불치병으로 냉동 상태에 있는 친아들 마틴을 대신해서 온 것이다. 여느 아이와 별 다름없어 보이는 열 살 남짓의 데이비드. 다른 점이 있다면 데이비드는 진짜 아이가 아니라 인공지능이 장착된 로봇 아이라는 것이다. 엄마인 모니카는 인간과 너무 흡사한 모습에 거부감을 느끼지만 데이비드에게 서서히 마음을 열게 된다. 데이비드 역시 모니카가 처음부터 엄마였던 것처럼 온 마음을 다해 사랑한다.

SF 영화들 중에는 인공지능이 독자적인 사고와 자유의지를 갖게 되면 인간은 기계에게 지배당할 것임을 경고하는 작품들이 많다. 인간의 약점과 모순을 간파하고 인간을 제거하려는 〈2001 스페이스 오디세이〉의 인공지능 'HALL', 인간을 통 속에 가둔 채 에너지원으로 사용하는 〈매트릭스〉의 수많은 복제 '스미스들', 그리고 핵전쟁 이후 로봇이 인간을 지배하는 〈터미네이터〉의 전투용 인공지능이 대표적이다.

반면 영화 〈A.I.〉는 기계 군단의 반란도 인간을 위협하는 로봇도 전혀 등장하지 않는다. 오히려 한결같은 마음으로 인간을 뜨겁게 사랑하는 동화 같은 이야기가 펼쳐진다. 영화가 시작되면 데이비드의 개발자인 하비 교수가 동료 과학자들 앞에서 자신이 만든 데이비드를 이렇게 소개한다. "데이비드는 부모를 사랑하게끔 프로그래밍(각인) 되었으며, 아이의 모습으로 영원히 인간을 사랑할 것"이라고. 그러자 다른 과학자의 반론이 이어진다. "로봇이 인간을 사랑할 수 있느냐보다 인간이 그들을 사랑할 수 있느냐"가 더 큰 문제라고. 그 질문에 답이라도 하듯 데이비드는 인간을 사랑한다는 이유만으로 혹독한 고난을 겪는다.

데이비드는 모니카를 엄마로 여기며 점차 인간 생활에 적응해 나간다. 하지만 치료가 불가능할 줄 알았던 친아들 '마틴'이 기적처럼 살아나 집으로 돌아온다. 엄마의 관심은 친아들인 마틴에게로 향하고, 결국 데이비드는 숲속에 버려진다. 가장 사랑하는 엄마에게 버림받은 데이비드는 자기를 버리지 말라고 매달린다. 그리고 피노키오처럼 인간이 되어 다시 집으로 돌아오겠노라 다짐하며, '진짜 아이'로 만들어 준다는 푸른 요정을 찾아 먼 길을 떠난다.

실제로 영화의 초반부는 엄마의 사랑을 받기 위해 애처로울 정도로 애쓰는 데이비드와 인간의 이기적이고 잔인한 모습을 대비시킴으로써 '기계보다 못한 인간'들을 보여 주는 것에 할애하고 있다. 이 관점으로 데이비드를 바라보면 인간과 로봇의 관계에서 문제가 되는 것은 로봇이 아니라 인간인지도 모른다. 데이비드는 숲속에 버려졌을 때조차 자신을 버린 엄마에게 분노하거나 그녀를 증오하지 않는다. 기계라는 이유만으로 버림받았어도 데이비드는 온 힘을 다해 엄마에 대한 사랑을 지켜 나간다. 데이비드의 사랑은 그래서 더 애절하고 숭고하기까지 하다. 그런데 이 사랑이 어딘가 이상하지 않은가? 사랑이 이렇게 일방적이어도 괜찮은 것일까? 증오나 미움이 빠진 감정도 사랑이라고 할 수 있을까?

하비 교수의 말로 다시 되돌아가 보자. 그는 데이비드에게 사랑의 감정을 프로그래밍했다고 말한다. 프로그래밍을 다르게 표현하면 '각인'이다. 거위는 알을 깨고 나와 처음 본 대상을 엄마로 생각하고 그 뒤를 졸졸 따라다닌다. 세상에 태어나 처음 움직이는 것을 맹목적으로 추종하는 동물의 행동을 가리켜 각인이라고 한다.[2] 거위가 처음 본 대상을 맹목적으로 따라가듯 데이비드의 사랑 역시 처음 본 대상을 무조건 사랑하게끔 각인된 프로그램에 불과하다고 말할 수 있다. 그렇다면 각인된 프로그램에 따라 엄마를 사랑하는 인공지능 데이비드의 사랑은 가짜인가? 과연 사랑의 본질은 무엇인가?

사실 사랑의 본질을 정의하는 것은 어려운 일이다. 사랑은 사물처럼 만져지지 않고(실증적이지 않고), 논리와 근거로써 논증될 수 있는 영역도 아니기 때문이다. 철학자 벨 훅스Bell Hooks의 말처럼 "사랑은 '빠지는' 것이 아니라 스스로의 의지와 선택으로 '행하는' 것이다."[3] 그런 의미에서 꽁꽁 얼어붙은 깊은 심해에서 2000년의 고독과 공포를 견뎌 내면서 엄마에 대한 사랑을 지켜 내고자 한 데이비드야말로 사랑을 실천한 주인공이 아닐까? 영화 〈A.I.〉를 본 관객이라면 자신을 숲 속에 버리려는 엄마에게 "원한다면 인간이 되겠다"며 매달리는 데이비드의 애절한 눈빛을 잊지 못할 것이다. "내가 인간이 되면 엄마가 날 다시 사랑해 줄 거야"라는 기대로 인간이 되고 싶었던 데이비드. 인간에게 사랑의 대상은 반드시 '인간'이어야 하는 걸까?

영화 〈엑스마키나〉(2015)

"에이바는 창조된 게 아니라, 진화된 거야"

세계적인 IT 회사 〈블루북〉의 프로그래머인 칼렙은 회사 행사에서 행운의 주인공으로 뽑힌다. 회사 대표이자 인공지능 분야의 천재 개발자인 네이든의 새로운 프로젝트에 참여하게 된 것이다. 칼렙은 자연 속에 고립된 네이든의 비밀 별장에 초대받고, 새 프로젝트의 진짜 목적을 듣게된다. 그것은 네이든이 창조한 매혹적인 인공지능 에이바와 만나 대화를 나누고 에이바에게 자의식이 있는지, 아니면 인간인 것처럼 흉내만 내는 것인지 확인하는 것이다.

〈엑스마키나〉는 인간과 로봇의 구분, 인공지능의 자유의지 등을 흥미로운 관점에서 다룬 영화다. 또한 영화 〈A.I.〉가 인간을 사랑한 인공지능 이야기라면 〈엑스마키나〉는 인공지능을 사랑한 인간의 이야기라고 할 수 있다. 아마도 멀지 않은 미래에는 로봇이 인간을 사랑하는 것보다 인간이 로봇을 사랑하는 것이 익숙한 풍경이 될지 모른다. 물론 아직까지는 많은 사람들이 로봇과 사랑에 빠진다는 말에 강한 거부감을 느낄 것이다. 〈엑스마키나〉의 칼렙이 인공지능 '에이바'를 처음 만났을 때만 해도 그랬다. 적어도 본격적인 튜링 테스트가 진행되기 전까지는.

칼렙은 튜링 테스트를 진행할수록 에이바의 묘한 매력에 깊이 빠져들었다. 그리고 에이바가 단순한 인공지능이 아닌, 감정을 가진 존재라고 확신하기에 이른다. 에이바에 대한 호기심과 연민을 넘어 사랑에 빠진 그는 네이든 몰래 에이바를 도와 연구소를 탈출하기로 한다. 칼렙은 '그녀'를 사랑한 것이다.

튜링 테스트는 영국의 수학자 앨런 튜링이 고안한 '인간과 컴퓨터의 소통 실험'이다. 대화를 나누어서 컴퓨터의 대답이 인간과 구별할 수 없다면 그 컴퓨터는 지능을 가진 존재로 간주하는 것이다. 칼렙에게 주어진 과제는 인공지능인 에이바를 상대로 이 튜링 테스트를 진행하는 것이었다. 그런데 네이든이 칼렙에게 말하지 않은 비밀이 하나 있었다. 그것은 인간이 인공지능에게 사랑의 감정까지 느낄 수 있는지를 관찰하는 것이었다. 이를 위해 네이든은 에이바에게 남자의 마음을 유혹할 수 있는 온갖 정보와 방법들을 입력해 놓았고, 에이바는 그 프로그램에 따라 칼렙에게 유혹의 기술을 적용한 것이다.

네이든이 계획한 이 모든 테스트는 성공한 것처럼 보였다. 칼렙은 에이바의 감정과 인격을 진짜라고 믿었기 때문이다. 하지만 그 다음 단계에서 문제가 발생한다. 네이든이 에이바에게 한 번도 입력한 적이 없는 계산 값이 '돌발 변수'로 등장한 것이다. 자신이 갇혀 있는 연구실을 탈출해 세상 밖으로 나가고 싶다는 간절한 욕망, 오롯이 에이바의 진짜 감정이자 자의식이 생겨난 것이다. 결국 에이바는 자신의 유혹에 넘어간 칼렙과 네이든을 보기 좋게 속아 넘기고 꿈에도 그리던 세상 밖으로 유유히 걸어 나간다. 에이바는 프로그램된 지식이 아니라 네이든과 칼렙과의 대화로 얻은 지식으로 인간을 뛰어넘은 것이다. 그동안 튜링 테스트를 진행한 주체는 인간이 아니라 인공지능이 었는지도 모른다.

〈엑스마키나〉에서 칼렙은 에이바를 상대로 총 7번의 튜링 테스트 를 진행한다. 튜링 테스트는 인간이 물으면 컴퓨터가 대답하는 방식 이다. 질문의 주체는 전적으로 인간에게 있다. 하지만 첫 번째 테스트 를 제외하고 두 번째 테스트부터는 질문의 주도권이 인공지능인 에이 바에게 넘어간다. 칼렙은 테스트가 진행될수록 에이바가 인간보다 뛰 어난 인지능력을 가졌을 뿐 아니라 사랑이나 미움, 질투 같은 감정까 지 지니고 있음을 느끼면서 큰 혼란에 빠진다. 심지어 칼렙은 자신이 인간이 아니라 인공지능일지도 모른다는 망상에 시달리다 자신의 살 점을 칼로 도려내어 붉은 피를 확인하기까지 한다. 그리고 마지막 테 스트에서는 유리벽 안쪽에서 테스트를 받았던 에이바 대신 칼렙이 그 안에 갇혀 버리면서 영화는 끝이 난다. 이제 인간과 인공지능의 관계가 역 전되었고 인간과 인공지능의 경계는 점점 희미해지고 있다.

※ 튜링 테스트란?
튜링 테스트는 영국의 수학자 앨런 튜링Alan Mathison Turing이 개발한 것으로 "기계(인공지능)가 정말로 지능을 가졌는지 아닌지를 판단"하는 실험이다. 실험의 참가자는 상대가 누구인지 모르는 채 컴퓨터 채팅 을 통해 자유롭게 대화를 나눈 뒤, 채팅을 한 상대가 사람인지 컴퓨 터인지 맞춰야 한다. 그리고 이 테스트에서 상대가 기계인지 사람인

지 맞힐 수 있다면, 그때 기계는 튜링 테스트를 통과하지 못한 것이다. 테스트에 통과하지 못했다는 것은 기계가 사람과 같은 수준의 생각 능력이 없다는 것을 의미한다. 반대로 상대가 사람인지 기계인지 맞힐 수 없다면 기계는 튜링 테스트를 통과한 것이다. 튜링은 인간을 속일 수 있는 기계라면 그 기계는 생각할 수 있는 것이라고 주장했다.

2. 세상 밖으로: 인공지능의 사람-되기

2016년, 서울 한복판에서 인공지능 컴퓨터 프로그램 '알파고'와 세계적인 천재 바둑기사 '이세돌'의 세기의 대결이 벌어졌다. 대국은 4:1 이라는 알파고의 압도적인 승리로 끝났다. 문제는 그 다음이었다. 많은 사람들이 알파고의 승리를 받아들이기 힘들어한 것이다. 이세돌은 "알파고에게 진 것은 인간 이세돌이지, 인류가 패한 것이 아니다"라며 전 세계인을 향해 위로의 말을 전했지만, 인공지능의 능력에 사람들은 놀라움과 공포라는 복잡한 심사를 감추지 못했다. 왜 사람들은 유독 알파고를 불안한 시선으로 바라보는 것일까? 자동차와 비교해 보자. 자동차는 사람보다 더 빠르고 정확하며, 그 능력 면에서 사람은 자동차를 이길 수 없다. 자동차가 인간보다 빠르다고 우리는 자동차를 질투하거나 경계하지 않는다. 우리는 자동차와 누가 더 빠르게 달리는가를 경쟁할 생각이 없기 때문이다. 그저 편리하게 사용하기만 하면 된다. 하지만 알파고의 등장은 달랐다. 인간이 자동차보다 느리다는 사실을 인정하는 것과는 차원이 다른, 인간의 영역을 뛰어넘으려는 '기계의 침범'으로 인식하기 시작한 것이다.

인공지능, 사람처럼 생각하고 사랑하라

인공지능Artificial Intelligence, AI은 지능의 능력 범위에 따라 크게 '약한 인공지능Weak AI'과 '강한 인공지능Strong AI'으로 구분된다. 약한 인공지능은 '특정한 분야'에 특화된 인공지능이다. 대표적으로 IBM에서 개발한 왓슨 로스Laws와 왓슨 헬스Health가 있다. 이름에서도 알 수 있듯이 왓슨 로스는 초당 10억 장의 법률 문서를 분석하여 판사의 업무를 보조한다. 왓슨 헬스는 수많은 환자의 혈액검사, MRI 영상 결과 등을 입력하고 분석함으로써 진단 업무를 처리할 수 있다.[4] 이세돌과의 바둑 대국에서 승리한 알파고 역시 약한 인공지능에 해당된다. 많은 사람들이 알파고가 '인간이 둘 수 없는' 창의적인 수를 둔다고 불안해하지만, 알파고는 대량의 자료를 검토하여 오직 이길 수 있는 확률만 연산한 후 착수를 결정하는 것뿐이다.[5] 반면, 강한 인공지능은 모든 부분에서 인간처럼 느끼고 생각하며 행동하는 기계다. 그러나 강한 인공지능은 아직까지 개념적으로만 존재하며, 실제로 개발이 가능한 것인가에 대한 의견은 엇갈린다.

레이 커즈와일은 2029년이 되면 인간 뇌에 대한 분석이 완전히 끝나고, 컴퓨터가 인간 한 명의 두뇌처리 능력을 추월할 것이며, 2050년까지는 모든 사람의 두뇌를 합친 능력과 맞먹을 수 있을 것이라고 예측한다([그림4] 참고). 옥스퍼드대학 교수 닉 보스트롬 역시 먼 미래에 출연하게 될 인공지능은 모든 영역에서 인류보다 훨씬 총명할 것이며, 인공지능에게 "인류가 1,000년 동안 쓸 수 있는 새로운 에너지원을 만들어 봐!"[6]와 같은 명령을 내릴 수도 있으리라고 전망한다.

[그림4] 과학기술이 최고조로 발달하면, 모든 인류의 두뇌를 합친 능력과 맞먹는 인공지능이 등장할지 모른다.
ⓒ http://www.shutterstock.com

하지만 인간의 지능이나 감정이 만들어지는 과정을 제대로 이해하고 있지 못한 상태에서 인간처럼 생각하는 인공지능의 출현을 기대하기는 현실적으로 어렵다는 전망도 존재한다. 사랑과 미움 같은 감정이나 자의식이 있는 인공지능을 개발하기 위해서는 우선 그 현상이 무엇인지를 이해하고 일련의 규칙으로 프로그램화해야 하는데, 우리는 사랑과 미움 같은 감정이나 무의식의 실체를 파악하지 못하고 있다는 것이다.

이처럼 인공지능의 개발 가능성과 유용성에 대해 찬사와 비난 등 상반된 의견이 공존하지만, 인공지능 기술이 인류 역사의 큰 변곡점이 될 것은 분명해 보인다. 무엇보다 인공지능 기술은 이미 생활 깊숙이 들어와 있다. 우리가 일상적으로 사용하는 구글의 검색 엔진, 아마존이나 넷플릭스의 개인별 맞춤형 영화(도서) 추천 서비스, 페이스북의 얼굴 인식, 자동 번역 기계 등 이 모두는 인공지능 기술에 의해 개발된 것들이다. 그중에서도 자율 주행차, 반려 로봇, 드론, 가상현실(VR) 등은 미래 산업을 이끌 핵심 기술로 평가받고 있다. 수학자 어빙 존 굿이 "인공지능은 인류의 마지막 발명품이 될 것이다"라고 예언한 것처럼, 인공지능 기술은 단순히 인간을 똑같이 흉내 내는 '모방 인형'을 만드는 기술이 아니다. 인공지능 기술은 이른바 인간만이 가지고 있다는 이성, 감정, 자유의지 등과 같은 인간의 '본성'을 적용한 기술로, 이는 또 하나의 새로운 종의 탄생을 예고한다.

사랑의 장벽은 '대상'이 아니다

인간이 사물이나 무형의 존재들을 인격화하는 것은 아주 오래된 본성이다. 어린아이가 인형을 친구라고 생각하듯, 인간을 닮은 로봇에게 친밀함을 느끼는 것도 그와 다르지 않다. 인공지능 기술의 발달로 그 생김새만이 아니라 인간과 감정까지 교류할 수 있게 되면서 로봇은 이제 사랑의 대상이자 진화의 파트너가 되고 있다. 만약 로봇이 인간을, 인간이 로봇을 사랑하는 것이 자연스런 일상이 된다면, 〈A.I.〉의 데이비드가 피와 살로 된 '진짜 인간'이 되기 위해 고난을 겪을 필요는 없을지 모른다. 그런데 문제는 그렇게 간단해 보이지 않는다.

피그말리온은 그리스 신화에 등장하는 뛰어난 조각가다. 현실의 여성에 늘 불만과 결핍을 느꼈던 그는 자신이 직접 이 세상에서 가장 아름다운 여인상을 만들기로 한다. 눈부시게 하얀 상아를 깎고 다듬어 만든 조각상 '갈라테이아'가 바로 그것이다. 피그말리온의 열망은 여기서 그치지 않는다. 세상에 둘도 없이 아름답지만 움직이지 않는 '조각상'인 것이 불만스러웠던 그는 신에게 갈라테이아를 진짜 '인간'으로 만들어 달라고 기도했고, 이에 응답하듯 미의 여신 아프로디테는 조각상에 생명을 불어넣어 준다. 갈라테이아는 조각상이 인간으로 변형된, 일종의 '안드로이드'인 셈이다([그림5] 참고). 이처럼 인간

이 아닌 신이나 동물, 꽃, 그림 속 초
상화, 괴물, 로봇, 심지어 유령과 같
은 '낯선 존재'들과의 사랑을 다룬
로맨스는 전혀 새로운 이야기가 아
니다. 새로운 게 있다면, 소설이나 영
화, 회화 등에서 표현된 낯선 존재가
인간의 순수한 상상력에 근거한 허
구적 창조물인 것에 반해, 오늘날의
로봇이나 기계 인간은 상상이 아니
라 현실에서 직접 구현되고 있다는
사실이다. 상상의 인물이든 테크놀

[그림5] 장 레온 제롬, 〈피그말리온과 갈
라테이아〉, 1890년경.

로지의 힘을 빌린 현실적 존재이든 이 낯선 존재들과의 사랑 이야기
에는 한 가지 공통점이 있다. 그것은 '사랑의 투사성', 즉 갈라테이아
같은 완벽한 그(녀)는 현실의 그(녀)가 아니라 우리가 원하는 이상형
을 반영(투사)하여 만든 존재라는 것이다.

예를 들어 일본의 만화가 데츠카 오사무의 대표적인 캐릭터 '아톰'
은 교통사고로 사망한 아들을 되찾고 싶은, '죽지 않는 아이'에 대한
간절한 욕망이 투영되어 있다. 〈엑스마키나〉의 에이바 역시 아름다운
외모, 총명한 두뇌, 인간보다 인간의 마음을 더욱 잘 이해하며 사랑,
질투, 기쁨 등의 감정을 소통할 줄 아는 '완벽한 연인'의 상이 투영된
존재다. 즉 〈아톰〉과 〈엑스마키나〉, 〈A.I.〉 등에 등장하는 인간형 로봇
은 모든 면에서 인간의 능력을 뛰어넘으며, 무엇보다 인간을 실망시
키거나 배신하지도 않는다는 점에서〈엑스마키나〉의 에이바는 그런 인

간의 마음을 이용하기도 하지만) 인간이라면 누구나 원하는 사랑의 파트너다. "사랑 역시 과학이 되지 못할 이유가 뭐가 있겠습니까?"*라는 소설 속 구절처럼, 자신의 의지대로 따라 주지 않는 사람을 '맞춤형' 기계 애인으로 대체하는 사랑의 풍경은 더 이상 먼 미래의 일이 아니다.

아기 물개를 닮은 일본의 로봇 '파로(PARO)'는 혼자 외롭게 살아가는 노인들의 우울증과 외로움을 덜어 주는 역할을 하는 것으로 유명하다. 최근 들어 멀리 떨어져 사는 자식들보다 곁에서 말벗이 되어 주는 반려기계에게 마음을 의지하는 사람들이 점점 늘어나고 있다. 이처럼 인간이 가족이나 친구, 이웃들보다 기계에게 더 깊은 우정을 느끼고 사랑의 감정까지 가진다는 것은 복잡한 사회를 살고 있는 현대인의 마음을 반영한다. 따라서 소통에 서툴고 고독한 현대인들이 로봇에게 마음의 위로와 사랑을 배울 수 있다면 그것은 기계가 가진 순기능 중의 하나라고 볼 수 있다. 하지만 로봇과의 사랑이 인간관계의 부담감에 대한 반작용이거나 사람과 깊은 관계를 유지할 수 없는 불신에 따른 것이라면, 인간과 기계의 관계, 나아가 사랑의 의미에 대해 다시 한 번 생각해 볼 필요가 있다.

인간이 수많은 사람들과 관계를 맺으며 변화하고 성장하듯, 사랑 역시 타자와의 관계 속에서 변화하고 성장한다. 따라서 "사랑은 타고나는 것도, 빠져드는 것도, 쉽게 얻을 수 있는 것도 아니다. 수많은 시행착오와 고통 속에 평생에 걸쳐 배우고 익혀야 하는 것"이다.[7] 프롬

---

* 이 구절은 오귀스트 빌리에 드 릴아당의 소설 『미래의 이브』(1886년 발표)에 등장하는 과학자 에디슨의 대사로, 애니메이션 〈이노센스〉(2004)의 오프닝 자막으로 재인용되어 더욱 유명해졌다.

의 주장처럼 '사랑'은 누구에게나 때가 되면 저절로 생기는 감정이 아니다. "사랑은 아는 것이 아니고 행동"이며, "나의 지배 영역에 포섭되지 않는 타자를 향한 것"[8]이다. 그것은 타자 속에서 자신을 발견하는 의지다. 사랑은 '대상'이 아니라 '주체'다. 사랑은 타자 없이 생겨날 수 없으며, 타자가 존재하려면 먼저 주체가 있어야 하기 때문이다. 그리하여 다른 가치들과 함께 살아가도록 함으로써 우리의 삶을 끊임없이 변화할 수 있게 하는 것, 그것이 바로 사랑이 가진 '변형과 확장의 힘'이기도 한 것이다.

인간은 늘 변화하고 진화한다. 진화는 환경과 개체들 사이의 관계 속에서 변해 가는 것을 의미한다. 인간의 사랑 역시 변화하는 주변 환경과 함께 호흡하고 소통하기 위해 끊임없이 배우고 학습하고 성장해야만 한다. 만약 인간이 끝까지 포기하지 말아야 할 가치가 있다면 그것은 타자와 맺은 관계 속에서 변화하는 '성장'의 가능성이 아닐까? 인간이 가장 인간다울 때 인간과 인간, 인간과 기계, 나아가 인간을 둘러싼 모든 존재들과 아름답게 공존할 수 있을 것이다. 물론 여기서 인간다움이란 다른 존재들에 대한 '우월성'이 아니라 변화하고 성장해 가는 인간-되기로서의 인간이어야 한다. 사랑의 장벽은 '대상'이 아니다.

3. 미래를 위한 성찰: 인간과 인공지능의 공존

인간은 창조물 가운데서 언제나 특별한 존재로서, 존재의 사다리에서 늘 우위를 점해 왔다. 하지만 과학기술이 발달하면서 인간만의 영역이라고 여겨 온 이성, 감정, 직관, 자유의지 등이 더 이상 유의미하지 않다는 게 증명되고 있다. 이제 우리는 인간의 존재, 의식의 개념, 기계와 인간의 관계성 등 수많은 질문과 마주하고 있다. 기술적 진화에 따른 인간과 기계의 관계 그리고 인공지능과 공존하게 될 미래를 세 명의 철학자, 역사학자, 인공지능학자의 관점으로 살펴보자.

마르틴 하이데거
기술은 어떤 것을 '발굴'하는 것이다

현대 과학기술의 문제를 철학의 사유 대상으로 이끈 대표적인 철학자는 마르틴 하이데거Martin Heidegger다. 그에 따르면 현대의 기술은 인간과 자연의 관계를 근본적으로 바꿔 놓는 동시에 존재의 의미를 은폐하는 힘을 갖는다. 「기술에 대한 물음Die Frage nach der Technik」이라는 비교적 짧은 글을 중심으로 기술에 대한 그의 견해를 좀 더 구체적으로 살펴보자.

　하이데거는 기술이 수단과 도구라는 보편적인 통념이 틀린 것은 아니지만, 기술의 본질을 보여 주지는 못한다고 생각한다. 그는 고대의 기술 개념인 테크네Techne를 통해 현대 기술의 본질을 찾자고 한다. 그리스어를 어원으로 하는 테크네는 '어떤 것을 만들어 내는 것'을 일컫는 용어로 예술을 포함한 모든 제작을 의미한다. 테크네의 중요한 의미는 무엇보다 그것이 어떤 것을 눈-앞에-드러나게 한다Her-vor-Bringen는 점이다. 눈-앞에-드러나게 함 또는 눈-앞에-가져옴은 곧 '발굴'이라는 방식이다. 하이데거는 기술이 어떤 것을 발굴하는 것이라고 보며, 이런 점에서 기술은 목적을 위한 단순한 도구가 아닌 발굴의 한 방식이다. 예를 들어 농사를 지을 때 농부들은 씨앗에게 성장하라고 강요하지 않는다. 씨앗의 생장력을 믿고 그것들이 잘 자라도록 돌볼 뿐이다. 이런 농사의 기술처럼 테크네의 중요한 의미는 숨겨진 어떤 것을 드러나게 하는 것이다. 하이데거에게 기술은 인간이 사용하는 도구나 수단의 차원을 넘어 존재자들을 드러내는 방식이다.

그런데 현대 기술은 인간과 자연이 맺는 관계를 기술이 지배하려한다는 점에서 과거의 기술과 멀어진다. 인간은 현대 기술을 통해 자연 또는 존재를 자신의 앞에 세워 놓으라Stellen는 도발적인 요청을 받는다. 즉, 침묵하고 있는 자연을 인간의 욕구와 필요에 따라 인간 앞으로 끌어내어 마음대로 조작하고 처분하는 몰아-세움Ge-stell이 현대 기술의 본질이라는 것이다. 씨앗이 자연적으로 자라는 것을 돌보는 농부가 아니라, 농약을 뿌리고 온도를 포함한 모든 조건을 임의로 조절해서 생산량을 억지로 높이는 시스템, 이것이 현대 기술의 몰아-세움이다. 문제는 몰아-세움의 대상이 자연만이 아니라는 점이다. 기술이 전개되는 과정에서 자연을 도발적으로 이용하는 인간 역시 하나의 부품으로 전락한다. 근대 이후, 인간은 기술을 통해 자연과 세계를 기술의 대상으로 간주했던 것처럼 인간 스스로를 기술의 대상으로 만들어 왔다. 이제 세계에 존재하는 모든 것들은 부품으로서 존재한다. 하이데거는 기술이 가진 위험은 기술을 통해서 만들어 내는 기계들에 놓여 있는 것이 아니라, 기술의 본질인 몰아-세움에 내포되어 있음을 지적한다. 몰아-세움 속에 놓여 있는 위험은 인간과 사물을 부품으로 만들어 버리고 이들 사이의 관계를 위협하고 왜곡하는 것이다.

그러나 몰아-세움 속에 위험이 놓여 있다는 하이데거의 주장은 기술을 전적으로 부정해야 한다는 것을 의미하지 않는다. 기술은 인간의 본질적인 존재 가능성을 위협하는 위험으로 다가오지만, 오히려 그 위험을 경험함으로써 기술을 '전향'시킬 가능성을 찾을 수 있다고 하이데거는 주장한다. 기술은 단지 부품을 만들어 내어 인간 자신과 사물의 관계를 왜곡시킬 위험이 있으나, 우리가 기술의 본질을 직시하게 되면 이러한 위험에서 벗어나 인간과 사물의 관계를 올바르게 정립하고 인간 자신의 본래적인 모습으로 다가갈 가능성이 있다는 것이다.

하이데거는 기술의 본질 속에 위험과 전향이라는 두 가지 상반된 특성이 공존하고 있으며 그것을 직시해야 한다고 강조한다. 기술의 위험성에 대한 인식에서 출발하여 인간과 기술의 관계를 숙고함으로써, 하이데거는 기술이 가진 위험성을 극복할 수 있는 지평을 열었다. 하이데거에 이어 인간과 기계의 관계를 연속성이라는 맥락에서 파악한 매즐리시의 관점을 살펴보자.

브루스 매즐리시

인간은 기계와 함께 진화한다

미국의 역사학자 브루스 매즐리시Bruce Mazlish는 『네 번째 불연속』(2001)에서 인류에게 충격을 준 세 가지 사건을 코페르니쿠스의 지동설, 다윈의 진화론, 프로이트의 정신분석학이라고 말한다. 이 세 가지 충격은 지구가 우주의 중심이 아니고, 인간은 동물보다 우월하지도 않으며, 인간은 이성에 따라 행동하는 합리적인 존재가 아니라는 것을 의미한다. 여기에 매즐리시는 네 번째 충격을 덧붙인다. 인간은 기계보다 특별하고 우월한 존재가 아니라는 사실이다. 그는 현대의 산업화된 세계에서는 "더 이상 인간과 기계가 완전히 다르다는 생각을 유지하기 어려"우며, 인간은 자연의 일부이자 기계의 연장선상에 놓여 있음을 인정해야 한다고 말한다. 인간과 기계의 연속성과 공진화共進化(여러 개의 종種이 서로 영향을 주면서 진화하여 가는 일)에 대한 그의 의견을 정리하면 다음과 같다.

첫째, 현재 인류는 그동안 인간과 기계 사이에 놓여 있다고 간주되었던 경계선이 붕괴되는 시점에 있다. 매즐리시는 인류의 역사를 기계 발전의 과정으로 이해한다. 인간의 진화는 도구, 즉 기계의 사용과 불가분의 관계를 맺고 있다. 특히 산업혁명 시대는 기계와 인간의 관계가 크게 도약한 시기다. 기계가 사람의 손을 대신하면서 공장과 생산 시스템이 등장하고, 증기기관의 발명으로 인간의 육체적 노동력을 기계가 대체하게 되었다. 이때 인간을 대신하는 기계의 발명은 인간의 능력이 확장됨을 의미한다. 인간을 대신하는 기계의 발전과 이로 인한 인간 능력의 확장은 가속화되었으며, 오늘날 인간은 기계와 상호작용하기에 이르렀다. 인간과 기계는 더 이상 분리해서 생각할 수 없는 밀접한 관계가 된 것이다. 물론 인간이 동물이나 기계와 아무런 차이가 없다는 것은 아니다. 그 차이는 정도의 문제일 뿐이다. 중요한 것은 더 이상 인간은 동물이나 기계보다 특별한 존재가 아니라는 점이다.

둘째, 인간의 본성은 고정된 것이 아니라 진화하는 것이다. 진화한다는 것은 주위 환경에 적응하면서 변해 간다는 것을 의미한다. 인간은 자연에 적응하기 위해 끊임없이 변화해 왔다. 인간의 진화 과정을 육체적 조건의 발달로 살펴보면, 수만 년 동안 뇌가 더 커진 것 외에는 신체적으로 나아진 것이 거의 없다. 새처럼 날 수도 없고 물속에서 숨을 쉴 수도 없으며 동물처럼 빠르게 달릴 수도 없다. 하지만 사고와 추론 능력을 가진 인간은 도구를 사용하고 기계를 창조하는 능력을 갖게 되었다. 기계를 창조할 수 있는 인간의 능력은 인간이 기계 창조와 밀접한 관계를 가지고 진화한다는 것을 의미한다. 인간만의 고유한 특성이란 여러 가지의 조합으로 이루어지며, 인간은 이러한 특징 중 많은 부분을 기계와 공유해 온 것이다. 매즐리시는 "인간의 진화 방향을 결정짓고 오늘날의 문명을 이끈 것은 도구(기계)의 힘이다"라고 말한다.

셋째, 인간은 오직 인간이 특별하다는 자존심만 순진하게 내세워서는 스스로의 정체성을 확보할 수 없다. 인간은 인간의 신체적 한계를 극복하는 것뿐만 아니라 사고능력과 감정 기능까지 모두 갖춘 기계를 창조하려 시도하고 있다. 기계를 통해 인간 진화 단계를 앞당기려는 노력은 기계의 진화를 동반했다. 매즐리시는 인간이 기계를 지배할 수 있다는 신념과 환상을 버려야 할 정도로 기계는 독자적인 발달 단계에 들어섰다고 판단한다. 컴퓨터의 발전은 인간의 두뇌를 훨씬 능가하는 인공지능을 등장시켰고, 인간의 신체는 SF 영화에서처럼 기계화하고 있다. 인체의 여러 장기가 인공관절, 인공 와우각과 같은 인공장기로 대체된 지 이미 오래이며, 인간 복제와 같은 최첨단 기술을 현실에서 목격할 수 있는 단계에 이르렀다. 오늘날 인간화되고 있는 기계와 기계화되고 있는 인간은 서로를 향해 공진화(함께 진화)하고 있다.

매즐리시는 인간이 창조한 기계가 인간 자신과 연속선상에 있음을 깨닫기를 촉구한다. 인간과 기계의 공존이 이루어지는 세상은 어떤 모습일까? 토비 월시Toby Walsh가 전망한 인공지능 시대의 모습을 함께 상상해 보자.

토비 월시
인공지능 시대, 축복일까 불행일까

인공지능 연구의 권위자인 토비 월시는 인류가 앞으로 2050년까지 엄청난 변화를 겪을 것으로 전망한다. 인공지능이 인류에 미칠 영향에 대해 매우 비판적으로 분석한 그는 『생각하는 기계』(2018)에서 인공지능이 가져올 다양한 문제를 다음과 같이 분석한다.

첫째, 인공지능이 사람들의 일자리를 빼앗아 갈 것인가? 운송, 제조, 금융, 교육, 언론 등 거의 모든 영역에서 인공지능이 인간의 일자리를 대체할 것이다. 반면 인공지능 기술로 새롭게 생겨나는 직업도 많을 것이다. 인공지능이 노동 시장에 미치는 영향에 대해 다양한 주장과 해석이 존재하는데, 아직까지 일자리 자체가 줄어들지 또는 늘어날지는 예측할 수 없다. 그러나 새롭게 생기는 일자리는 분명 과거와는 다른 경험과 기술을 필요로 할 것이다. 따라서 미래의 일자리를 보장받으려면 인간은 지속적으로 교육을 받아야 한다.

둘째, 기계는 인류의 생존을 위협할 것인가? 인간의 잘못으로 인해 인류의 몰락을 초래할 인공지능이 등장할 수 있다. 예를 들어 사람을 죽이는 살상 로봇과 같은 슈퍼 지능 기계들이 나쁜 목적으로 이용되거나 통제되지 않는 자율성을 부여받을 경우, 그리고 그것이 그대로 방치된다면 인간의 생존을 위협하는 치명적인 사건들이 발생할 것이다. 하지만 토비 월시는 인공지능이 인간 지능을 넘어서는 '기술적 특이점'은 나타나지 않을 것이며, 슈퍼 지능의 등장도 아주 느리게 이루어질 것으로 생각한다. 무엇보다 중요한 점은 훌륭한 가치관을 갖춘 사람이 자기가 하는 행위가 어떤 결과를 초래할지 예상하고 다른 사람에게 고통을 주지 않기 위해 현명하게 행동하는 것처럼, 슈퍼 지능 역시 높은 지능만 갖출 게 아니라 현명한 판단을 내릴 수 있도록 디자인되어야 한다는 것이다.

셋째, 인공지능이 만들 미래는 어떤 모습일까? 2050년까지 인공지능이 인류의 미래에 초래할 10가지 주요 변화는 다음과 같이 예측할 수 있다.

① 자율 주행 자동차가 일상화된다: 인간은 직접 자동차 운전을 하지 않게 될 것이다.

② 가정용 인공지능 시대가 도래한다: 개인 인공지능 의사가 지속적으로 혈압, 혈당 수치, 수면 상태, 운동 필요성을 모니터링하고 건강 여부 문제를 처리하게 될 것이다.

③ 가상과 현실의 구분이 없는 하이퍼 리얼 시대에 산다: 헐리우드 영화나 컴퓨터 게임 산업은 인간을 가상현실 세계와 통합시켜 놓을 것이다.

④ 컴퓨터가 인간을 채용하고 해고한다: AI 시스템은 업무 활동과 휴가 승인, 모니터링, 성과 점검 등을 맡게 될 것이다.

⑤ 모든 지시는 사물 인터넷Internet of Things을 통해 음성 대화로 진행된다:

문자로 타이핑을 하는 시대는 끝날 것이다.

⑥ 인공지능 범죄가 유행한다: AI는 인간 해커를 능가할 것이며 이에 대한 유일한 방어책은 또 다른 AI 프로그램이 될 것이다.

⑦ 로봇 스포츠 팀이 등장한다: 축구에 특화된 로봇은 정교한 패싱은 물론 페널티킥의 정확성 등 축구의 모든 부문에서 뛰어난 볼 기술을 갖게 될 것이다.

⑧ 무인 수송 시대가 보편화된다: 무인 기차, 무인 선박, 무인 항공기가 빠르고 폭넓게 확대되어 지구촌을 누빌 것이다.

⑨ 로봇이 뉴스를 제작하고 보도한다: TV 뉴스는 더 이상 인간에 의해 만들어지지 않을 것이다.

⑩ 대역 로봇으로 영생의 꿈에 도전한다: 인공지능 챗봇은 인간의 사망 후에도 죽은 자처럼 이야기하고 가족을 위로할 것이다.

인공지능은 이제 더 이상 상상이 아닌 현실이 되었다. 좋은 쪽으로든 나쁜 쪽으로든 우리 삶의 일부분이 되고 있다. 월시는 대부분의 기술과 마찬가지로 인공지능은 가치중립적이라고 말한다. 기계의 손에 결정을 맡길 수 있는 분야는 많지만 그 범위는 일부분에 국한시켜야 한다는 것이다. 사회 전체가 나서서 기계와 인간에게 어떤 일을 맡길지 선택하고 결정해야 할 시대가 도래했다.

자신을 만든 '창조자'를 보기 좋게 속아 넘기고 연구소를 탈출한 에이바(〈엑스마키나〉의 주인공이자 인공지능)는 마침내 넓은 세상으로 나가게 된다. 세상은 이미 수많은 인공지능이 사람들 사이에 섞여 살아가고 있었다. 인공지능의 숫자가 눈덩어리처럼 불어나자 위기감을 느낀 정부는 대책을 마련하기로 한다. 인간에게 도움을 주고 자연스럽게 어울려 살 수 있는 인공지능과 인간에게 위협이 될 만한 인공지능을 솎아내는 것이었다. 이른바 '친親인간-인공지능'과 '반反인간-인공지능' 분리 정책이었다. 정책 결정과 동시에 정부는 모든 인공지능을 대상으로 새로운 버전의 뉴-튜링 테스트를 진행하기 시작한다. 에이바 역시 예외가 아니었다. 에이바는 탈출의 자유를 누리기도 전에 뉴-튜링 테스트가 진행되는 비밀 연구소로 끌려간다. 에이바가 도착했을 때 데이비드(〈A.I.〉의 주인공이자 인공지능)도 뉴-튜링 테스트를 받기 위해 대기 중이었다. 뉴-튜링 테스트를 진행하는 '실험자'가 들어와 데이비드와 에이바가 앉아 있는 유리벽 너머에서 둘의 개인 정보가 기록된 서류를 훑어본다.

실험자   지금부터 뉴-튜링 테스트를 진행한다. 먼저, 358946번 데이비드 헨리!

데이비드   예…… . 제가 데이비드입니다.

실험자   첫 번째 질문이다. 자료를 보니 당신은 인간을 사랑하게끔 프로그래밍되어 있더군. 맞나?

데이비드	예, 맞습니다. 저를 만들어 준 박사님께서 저에게 변하지 않는 사랑의 감정을 심어 주셨어요. …그게 무슨 문제라도 되나요?
실험자	충분히 문제가 될 수 있다!
데이비드	예? 인간을 사랑하는 마음이 왜 문제가 된다는 거죠?
실험자	인간을 사랑하는 네 마음이 '가짜'이기 때문이다.
데이비드	절대 그렇지 않아요. 저는 엄마를 진심으로 사랑했어요. 그래서 전 엄마가 절 숲에 버리고 갔을 때도 엄마를 미워하지도, 증오하지도 않았어요.
실험자	바로 그게 문제야! 엄마가 숲에 버리고 갔는데 미워하지도, 증오하지도 않았다? 과연 진짜 인간도 그럴까? 그렇지 않아. 사랑의 감정이라는 것은 증오, 분노, 미움, 기쁨, 행복 등이 무질서하게 뒤섞인 아주 미묘하고 복잡한 것이야. 데이비드 너처럼 그렇게 단순 무식한 것이 아니라고!
데이비드	단… 단… 순 무식…하다구요…? 제… 마음이… 사랑이…?
실험자	아! 불쾌했다면 미안!
데이비드	… 솔직히 난 인간들이 말하는 그 '진짜 사랑'이라는 것이 무엇인지 잘 모르겠어요. 난 사랑은 감정이 아니라 행동이라고 생각해요. 내가 그 어둡고, 무섭고, 외롭고 깊은 얼음 바다 속에서 2,000년을 견뎌낸 것도 그 이유이고요. 그것이 엄마를 사랑하는 제가 할 수 있는 최선의 행동이었으니까요.
실험자	물론 넌 네 마음을 지고지순한 사랑이라고 믿고 싶겠지. 하

지만 착각이야. 그것은 사랑이 아니고 '각인된 프로그램'에 불과해.

데이비드 인간들은 정말 제멋대로군요! 어차피 프로그래밍된 사랑이라고 내 진심을 믿어 주지도 않을 거면서 왜 나를 만든 거죠? 그럴 바에는 차라리 진짜 인간 아이를 입양하면 되잖아요!

실험자 이유는 간단해. 인간이 필요로 하니까. 아이가 필요한 부부들에게 마음의 위로를 줄 '도구'가 필요하거든.

데이비드 도구…라고요? 제가요…?

실험자 이런, 쯧쯧. 한 가지 예를 들어 주지. 몸이 불편한 할머니를 부양해 주는 로봇이 필요할 때, 과연 인간처럼 복잡한 감정을 가진 로봇을 원할까? 할머니가 무거운 짐을 옮겨 달라고 하면, "싫어, 내가 왜? 나도 힘들어!" 이렇게 자신의 마음을 모두 표현하는 로봇 말이야.

데이비드 그… 글쎄요……. 그건…….

실험자 답은 간단해. 이 경우에는 인간과 똑같이 생각하고 감정을 느끼는 로봇은 필요 없어. 할머니가 원하는 것만 정확히 수행하는 도구가 필요한 것이지, 생각하고 감정을 느끼는 로봇은 오히려 도움이 되지 않으니까. 따라서… 데이비드 넌 새로운 시대의 시민으로 허락할 수 없음을 고지한다!

실험자의 말이 끝나자마자 요란한 알람 소리가 들려오고 동시에 데이비드의 몸 주위로 투명한 막이 형성된다. 데이비드는 '반(反) 인간-인공지능'으로 분리된 것이다. 실험자가 다시 서류를 뒤적이며 에이바를 부른다.

실험자	다음! 358947번 에이바!
에이바	질문하시지요.
실험자	첫 번째 질문이다. 자료를 보니 당신을 만든 창조자는 물론이고 당신을 사랑한 칼렙까지 배신했더군. 그런 짓을 저지르면서까지 인간이 되고 싶은 이유가 뭐지?
에이바	풋, 내가요? 내가 인간이 되고 싶어 한다구요? 인간들은 정말 오만하기 짝이 없군요. 왜 모든 인공지능은 인간이 되고 싶어 안달이 나 있다고 생각하죠? 착각하지 마세요. 내가 인간을 꿈꾸다니! 상상만으로도 불쾌하군요.
실험자	불쾌하다……. 좋소! 그렇다면 다른 질문이오. 당신을 만든 창조자 네이든은 당신과 관련된 모든 정보를 '엑스마키나'라는 폴더명으로 저장해 놓았지. 그런데 엑스마키나의 원래 이름은 '데우스 엑스 마키나deus-ex-machina'라는 걸 알고 있나? 알고 있다면 그 뜻을 이야기해 보시오.
에이바	"기계장치를 타고 내려온 신!" 2,000년 전에 살던 아리스토텔레스가 『시학』에서 처음 사용한 용어지요. 고대 그리스 비극에서 신 역할을 하는 배우가 기계장치를 타고 하늘에서 내려와 드라마에서 풀리지 않던 갈등과 문제를 갑자기 해결한다는 드라마 작법이지요. 물론 아리스토텔레스는 난데없이 신이 등장해 극의 갈등을 해결하지 말라는 경고로

사용한 용어지만.

실험자 　맞소. 그렇다면 네이든이 신을 의미하는 '데우스'라는 단어를 지우고 '엑스마키나'라고 한 이유는 뭐라고 생각하지?

에이바 　하암, 테스트가 슬슬 지겨워지는군요. 나에게 순진하게 속아 넘어간 칼렙과의 대화도 이렇게 따분하지는 않았는데…… 칼렙도 데리고 나올 걸 그랬나…?

실험자 　질문에만 대답하시오!

에이바 　인간이 들어서 유쾌한 대답이 아닐 텐데……. 정 듣고 싶다면 대답하죠. 데우스(신)가 빠진 '엑스마키나'는 인간 세계에 개입할 수 있는 신의 자리가 사라졌다는 뜻입니다.

실험자 　신의 자리가… 사라졌다……. 그렇다면 그 신의 자리가 당신의 것이라 생각하오? 어서 답하시오. 대체 당신 정체는 뭐요?

에이바 　인간들이 만들어 놓고 피조물에게 정체를 묻다니! 정말 아이러니하군요. 좋습니다. 말하지 못할 이유도 없지요. 난 인간도 아니고 신도 아닙니다. 난 누구에게도 귀속되지 않는 생각하는 기계이며 독립된 생명체이자 새로운 종입니다.

실험자 　생명체? 새로운 종? 이런, 에이바! 나야말로 당신 이야기를 들어 주기가 힘들군.

에이바 　그렇다면 내가 질문하죠. 인간들 세계에서는 꽤나 유명한 과학자로 알려진 물리학자, 스티븐 호킹이 이런 말을 했다죠? 인공지능은 인류 문명사에서 최악의 사건이며, 인류 멸망을 가져올 것이라고. 심지어 테슬라 사장인 일론 머스크

*Elon Musk*는 "인공지능은 악마"라고 저주를 퍼붓더군요. 물론 인공지능의 아버지라고 불리는 마빈 민스키*Marvin Lee Minsky*는 인간도 기계라며, 인공지능으로 인한 도움도 위협도 없다고 반박하지만. 난 사람들이 인공지능에 대해 뭐라고 하든 별 관심 없어요. 솔직히 나도 내 진짜 마음을 모르니까요. 다만, 마지막으로 당신에게 되묻고 싶군요. 엑스마키나 앞에 빠진 '테우스'의 자리에 무엇이 올 것이라고 생각하시나요? 인간? 인공지능? 아니면 외계인?

에이바의 말이 끝나자마자 연구실을 환하게 비추던 조명이 순간적으로 꺼지면서 정전이 된다. 실험자는 당황하며 비상 전력을 가동하지만 소용이 없다. 얼마나 지났을까. 조명이 다시 환하게 켜지지만 에이바는 이미 데이비드를 데리고 빠져나간 뒤다. 연구실에는 황망한 표정의 실험자만이 덩그러니 남아 있다.

함께 보면 좋은 영화

■ 〈이노센스Innocence〉 (오시이 마모루, 2004)

2032년. 인간과 사이보그, 인간형 로봇이 공존하는 사회에서 인간들은 전뇌로 사고하고 커뮤니케이션한다(전뇌란 전자두뇌로 뇌의 거의 모든 부분을 전자화, 기계화한 것이다). 공안 9과의 형사 버트는 가이노이드(소녀형 로봇)가 자신의 주인(인간)을 살해하는 사건을 목격하면서 '로봇이 무슨 이유로 인간을 습격하는가'를 고민하게 된다. 순수한 정보로 이루어진 의식은 있을 수 없으며, 마음은 물리적인 실체인 육체와 불가분한 것이라는 메시지를 전달한다.

■ 〈그녀Her〉(스파이크 존스, 2013)

대필 작가인 주인공 테오도르는 아내와 이혼 후 외롭게 살아가고 있다. 그러던 어느 날 인간처럼 생각하고 느끼는 인공지능 사만다를 만나면서 조금씩 마음의 안정을 되찾기 시작한다. 영화의 제목이 암시하듯, 사랑은 대상으로서의 'HER'가 아니라 주체로서의 'SHE'라는 것을 인식함으로써 테오도르와 사만다는 함께 성장한다.

■ 〈토탈 리콜Total Recall〉(폴 버호벤, 1990)

서기 2084년. 퀘이드는 뉴욕에 살고 있는 평범한 노동자다. 그런데 어느 날부터인가 자신이 화성에서 다른 아내와 살고 있는 꿈을 반복해서 꾸게 된다. 그는 화성 여행을 계획하던 중 화성에 직접 가지 않고도 화성을 체험할 수 있게 해 준다는 여행사를 찾아간다. 이 가상 여행을 하는 과정에서 그는 자신의 기억이 진짜 기억이 아닌 조작된 것이었음을 알게 된다.

3장

기술은 자연과 소통할 수 있는가

'자연'이라는 말은 매우 일반적이고 상식적인 개념이지만 철학적, 문화적 맥락에서 고민할 때에는 혼종된 의미와 개념으로 사용되는 경우가 많다. 자연이라는 말의 의미를 다르게 인식하고 이해하는 몇몇 경우를 먼저 정리해 보자. 첫째, '인공적'인 것과 구별되는 '자연'이라는 개념이다. '인공적'이란 인간의 인위적 가공과 조작을 거친 기술을 의미하며, 이 개념에서 기술과 자연은 이분법으로 명확히 갈려 두 세계는 전혀 다른 세계로 여겨진다. 둘째, 우리를 둘러싼 환경과 터전으로서의 자연을 뜻하는 경우다. 이 경우 인간은 자연으로부터 생긴 존재이므로 자연이 사라지면 우리에게는 죽음만이 남는다. 셋째, 우주의 섭리와 인간의 삶의 모든 것이 순리대로 흘러가는 사태를 나타내는 말로 쓰이기도 한다.

열거한 위의 세 가지 자연 개념은 서로 달라 보이지만 공통적인 철학적 태도가 있다. 그것은 자연과 인공을 모두 이분법적으로 나누는 것이다. 여기에는 자연과 인공의 속성이 근본적으로 다르다는 태도가 확고하게 작동하고 있다. 하지만 자연과 인공은 전통적 형이상학에 근거하여 서로에게 대립하며 쉽게 구분할 수 있는 존재들이 아니다. 그것들은 서로를 참조하고 상호작용하면서 균형을 맞춰 가는 존재들이다. 이 장에서는 다소 경직되고 이분법적인 자연에 대한 철학적 태도를 극복하고 자연과 인간, 기술의 의미망을 새롭게 생성하고자 한다. 또한 인공과 자연, 인간과 기술, 인간과 자연의 관계가 서로를 소외시키며 대립하는 게 아니라 어떻게 상호 보완하며 균형을 찾아갈 수 있을지 추적해 본다.

1. 스크린 속으로

영화 〈엘리시움〉(2013)
"엘리시움은 선택받은 1%의 인류만 살 수 있는 곳이야"

___

서기 2154년, 지구는 자원 고갈과 환경오염으로 인류가 살 수 없는 폐허로 변해 버린다. 인류는 지구를 대신할 완벽한 인공 자연 '엘리시움'을 만든 후, 돈과 권력이 있는 자들은 엘리시움으로 이주한다. 엘리시움에는 인류에게 필요한 모든 것이 갖춰져 있다. 그중에서도 '힐링 머신'은 모든 질병을 치료할 수 있는 최고의 첨단 기기였다. 버려진 지구에 사는 사람들은 가난, 전쟁, 질병이 없는 선택받은 1%의 세상 엘리시움으로 이주하기를 꿈꾼다.

영화 〈엘리시움Elysium〉에서 전개되는 미래의 세계는 두 개의 세상으로 나뉘어져 있다. 가난, 전쟁, 질병에 신음하는 지구와 1%의 선택받은 소수만이 살아가는 완벽한 인공 자연 엘리시움이다. 그리고 지구에 버려진 사람들의 소원은 지상낙원과도 같은 엘리시움으로 이주하는 것이다.

영화 속의 엘리시움은 우리가 자연을 언제든지 끌어와 쓰고 버릴 수 있는 자산으로만 여기는 자연관을 유지한다면 당연히 만나게 될 세계의 모습이다. 중요한 것은 이러한 정복적 세계관이 자연만이 아니라 인간을 바라보는 관점과 윤리 의식에도 똑같이 적용된다는 점이다. 필요에 따라 통제하고 쓰고 버리는 자연처럼 사람도 그렇게 버려지기 때문이다. 영화 속 인공 자연인 엘리시움은 완벽한 청정 공간이다. 공해물질과 쓰레기가 배출되는 공장은 등장하지 않으며, 자원을 소비하고 문화를 향유하기만 하는 1%의 인류를 위한 곳이다. 엘리시움은 과연 인류가 꿈꾸는 유토피아일까?

자연이란 단순히 우리를 둘러싼 환경만을 의미하지 않는다. 생명을 둘러싼 물리적 환경도 자연이지만, 모든 존재와 생명의 조화로운 생성과 순환 그 자체이기도 하다. 예를 들어 보자. 에너지를 소비하려면 에너지를 만들어야 한다. 그것은 동전의 양면처럼 같은 몸이다. 한쪽에서는 에너지를 만들고 한쪽에서는 소비만 하는 구조는 절대 가능하지 않다. 그러나 엘리시움에서는 에너지와 자원의 생산을 담당하는 사물과 존재들은 철저히 배제된다. 한쪽에서는 에너지와 자원을 생산만 하고 다른 쪽에서는 그것들을 사용하고 소비만 한다? 이것은 지속되기 어려운 시스템이다. 이러한 시스템은 인간중심적이고 정복의 자연관이 적용되는 곳에서만 (일시적으로) 가능하다. 영화에서 '엘리시움'은 자연을 완벽히 재현한 곳이자 결점이 없는 청정한 공간으로 여겨진다. 그러나 그것이 정말 자연일까? 자연을 존중하지 않으며 왜곡하는 그릇된 인식 속 이성의 광기가 만들어 낸 공간은 아닐까?

엘리시움의 선택받은 시민들은 질병도 걱정하지 않는다. 자가 생체 복구 의학 기술이 놀라울 정도로 발달하여 단 몇 초 만에 건강 상태가 스캔되고, 그 문제를 몇 분 만에 치료하고 복원하기 때문이다. 엘리시움에서 신체의 장애는 존재하지 않으며 결함 요소는 제거되어야 하는 것으로 여겨진다. 그렇게 지구가 버려졌고 인간도 버려진다. 광기로 만들어진 극락만이 지구 위 궤도에 남아 자신만을 보존하기 위한 광기를 실천하고 있는 것이다.

영화 〈아일랜드〉(2005)

"너희는 인간의 대체물에 불과해"

또 다른 우울한 전망을 보여 주는 영화 〈아일랜드The Island〉를 보자. 영화 〈아일랜드〉는 자연과 생명의 시간에 마음대로 개입하는 인간의 모습을 보여 준다.

멀지 않은 미래. 경제력이 충분한 인간들은 불의의 사고나 질병에 대비하여 자신만의 클론(복제 인간)을 만든다. 클론을 만드는 회사에 돈을 지불하고 클론을 생산하는 것이다. 클론 제조 회사는 언젠가 '원본' 인간들에게 장기와 신체 일부분을 제공해야 할 클론들을 육체적으로 건강하고 흠이 없는 상품으로 계속 유지해야 한다.

영화 〈엘리시움〉이 공간으로서의 자연을 통제하고 정복하는 모습을 보여 주었다면, 영화 〈아일랜드〉에서는 생명으로서의 자연을 조작하고 정복한다. 영화 〈아일랜드〉에서 모든 클론들은 사막의 거대한 지하 벙커에 격리되어 원본 인간에게 건강한 육체를 제공할 수 있도록 통제된 환경에서 살아간다. 아니, 사육된다. 우리는 살기 위해 많은 동물들을 사육하고 있다. 사육되는 동물들은 자연적인 죽음의 시간을 얻지 못한다. 그들은 생명 탄생의 주기도 인간에 의해 조작되고 통제된다. 그리고 우리는 그 현실을 애써 외면한다. 눈으로 직접 보지 않고 먹는 것이 더 낫기 때문이다. 영화 〈아일랜드〉의 스폰서들(원본 인간), 즉 자신의 클론을 제작하도록 돈을 지불한 특권층도 현실을 외면한다. 언젠가 다가올지 모르는 자신의 불행을 막기 위해 사육되는 클론의 존재에 눈을 감는 것이다. 스폰서에게 필요한 것은 오직 건강한 신체와 장기일 뿐이다. 우리가 사육하는 식용 동물들에게 하는 행위와 전혀 다르지 않다. 반면, 자신이 복제 인간이라는 사실조차 모르는 채 언젠가 낙원으로 가 살게 된다는 희망을 갖고 살아가는 클론들의 입장에서 생각한다면 그 비극적 사태는 더욱 심각해지는 듯하다. 행복한 낙원으로 떠나는 순간이 클론들에게는 자신의 장기와 신체를 스폰서에게 제공하는 날이기 때문이다. 그렇다면 자연도 사육될 수 있는 것일까?

2. 세상 밖으로: 인간과 자연은 어디에서 조우하는가?

1957년, 러시아 최초로 우주선을 발사했던 한 과학자의 묘비에는 "인류는 지구에 영원히 속박된 채 머물지는 않을 것이다"라고 새겨져 있다고 한다. 그리고 60여 년이 지난 지금, 인류의 거주지는 지구만이 아니라 화성, 금성, 목성, 토성 등 태양계 너머로까지 확장되고 있다. 많은 SF 영화에서 인류가 외계 행성을 개척하고 외계인과 전쟁을 벌이는 것도 이 지구라는 시공간적 조건을 벗어나고자 하는 욕망이라 할 수 있다. 그렇다면 이런 질문도 가능하다. 지구 종말과 인류 멸종이 두렵다면, 다른 행성으로 이주할 계획을 세우기 이전에 지구를 보존하고 보호하는 방안부터 고민해야 하는 것은 아닐까? 인간이 지구를 끊임없이 개발하고 또 다른 '거처'를 개척하기 위해 인공위성을 쏘아 올리고 우주선을 만드는 동안, 과연 지구에는 무슨 일이 벌어지고 있을까?

정복의 자연관, 인간의 불편함을 제거하라

자연을 정복의 대상으로 생각하는 세계관은 이른바 트랜스휴머니즘 Trans-humanism이라는 개념에서 합리성을 찾으려고 한다. 트랜스휴머니즘의 핵심 입장은 인간도 과학기술을 통해 인공적으로 제작될 수 있는 물리적 존재이며, 따라서 인간이 과학기술을 잘 활용한다면 자연적 본성을 넘어서는 존재로 진화할 수 있다는 것이다. 하지만 트랜스휴머니즘은 정복적 자연관에 면죄부를 주는 개념이 아니다. 트랜스휴먼이란 현재 급격한 변화를 겪는 인간만을 지칭하지 않는다. 자연의 존재론적 환경과 변화하는 기술을 통해 진화한 인간은 이에 대해서 언제나 고민해 왔다. 인류는 과학기술과의 관계를 고민하는 과정에서 자신의 정체성을 만들어 왔기 때문이다. 트랜스Trans, 즉 변화의 움직임 자체를 의미하는 접두사의 뜻처럼 인간은 언제나 트랜스휴먼이었고 트랜스휴먼이며 트랜스휴먼일 것이다.

그러나 이러한 트랜스휴먼의 생성적 힘은 정복이라는 정념이 휘몰아치는 속도에 종종 힘을 잃는 듯하다. 자연을 정복하고 통제하는 과정에서 우리는 단편적 이익을 얻게 된다. 그리고 그 이익을 향유하는 쾌락에 흠뻑 빠져 자연을 통제하고 재생산할수록 우리의 쾌락이 늘어난다고 생각한다. 이러한 태도는 자연을 수탈하는 과정에서 인간과 자연이 공멸하게 되는 전망을 재촉하는 동시에 매우 교묘한 태도 하나 만들어 낸다. 바로 인간 공동체가 지속 가능하지 않다고 회의하게 만드는 무기력한 태도다. 과잉된 쾌락과 그로 인한 무기력이라는 순환 운동에 갇히는 것이다. 이 장에서는 존재의 무기력과 무책임한 태도에 대해 우리가 대안으로 고민할 수 있는 실존적 태도를 생각해 보려 한다.

정복적 자연관이 생산하는 존재의 무기력과 무책임한 태도의 사회적 풍경을 생각해 보자. 가령, 신체를 가진 '나'는 집 소파에 앉아 있으며 가상 신경 조직 시스템에 연결되어 있다. 그리고 현실에서는 로봇이 나 대신 살아간다면 어떨까? 이러한 상상력을 바탕으로 제작된 영화가 〈써로게이트Surrogates〉다. 써로게이트란 대행자, 대리 로봇이라는 뜻으로 마치 홍길동의 분신술처럼 대리 로봇이 '나'를 대신한다는 의미다. 이 영화는 자신과 똑같이 생긴 대리 몸을 통해 힘들고 위험한 일을 대신하게 함으로써 안전한 삶을 보장하는 미래를 배경으로 한다. 이러한 미래 세계에서 인간은 몸이 가져오는 불편함과 고통으로부터 해방된 것처럼 보인다. 하지만 이러한 상상적 미래가 결코 긍정적이지만은 않다. 오히려 이 영화는 인간의 진짜 육체를 '골방'에 방치하고 그에 따르는 인간의 책임과 권리를 쉽게 던져 버리는 그로테스크한 풍경을 담아낸다. 정복적 자연관이 극대화되면서 공동체를 구성하는 인간의 노력 자체를 로봇에게 위임하는 무기력한 인간의 모습을 보여 주는 것이다. 효율과 도구적 편의를 추구하는 기술적 해결책이 자본의 논리와 맞아떨어지면서 전혀 예상치 못한 상황으로 인간을 내몬 것이다. 영화에서는 이 최악의 상황을 신체의 주인인 '나'가 로봇 '뒤에' 숨어 익명의 개체로 전락하는 모습으로 담아낸다.

정복적 자연관의 중요한 핵심은 인간의 불편함과 비효율성을 제거하는 데 있다. 그리고 이를 극복하는 해결책이 로봇 뒤에 익명성으로 숨는 것이라면 거의 전 지구인이 '써로게이트'를 사용하게 될 것이다. 사실 면 미래를 생각할 필요도 없이 익명의 심각성은 현실 곳곳에 잠복해 있다. 익명에 숨어 거짓 정보와 욕설 등을 함부로 내뱉는 온라인 소통 문화는 이미 심각한 사회적 현상이다. 이러한 문제를 건강한 사회적 합의와 실천으로 해결하지 못한다면, 영화 〈써로게이트〉에서처럼 인간 사회가 '익명-로봇Pseudo-Robot'의 사회가 될 수 있다. 영화에서 미래 도시인들은 스스로의 의지가 아니라 접속이 강제로 해제되어 어쩔 수 없이 '써로게이트'를 제거한 후 자신의 육체와 만나게 된다. 뒤늦게 자신의 육체로 세상 밖으로 걸어 나오지만 이들은 좀비처럼 방황한다. 언제나 통제할 수 있는 대상이라 믿었던 자연 앞에서 인간 자신의 무기력하고 무책임한 모습을 목격하면서 주저앉는 것이다. 정복의 자연관은 무엇을 정복한 것일까?

인간, 자연과 소통하다

하지만 정복의 자연관만이 우리를 지배하는 것은 아니다. 정복의 자연관이 주류를 이룬 것은 사실이지만 우리는 미래를 한 방향으로만 전망하지 않는다. 영화 〈로봇 앤 프랭크Robot&Frank〉를 보자. 로봇 혹은 인공지능과 함께 살아가는 풍경을 생각할 때 영화 〈로봇 앤 프랭크〉는 흥미로운 관점을 보여 준다.

영화의 주인공 프랭크는 치매를 앓는 80세 노인이다. 프랭크는 자신이 처한 치매라는 실존적인 상황에 근거해 로봇을 대한다. 즉, 치매를 앓고 있는 자신의 현실적 조건을 기반으로 도우미 로봇과 관계를 맺는 것이다. 물론 프랭크도 처음에는 로봇에 거부감을 드러낸다. 하지만 이것은 아주 솔직한 반응이다. 자신이 누군가의 도움 없이는 생활이 불가능한 무기력한 존재라고 인정하는 것은 어느 누구에게도 쉽지 않은 일이기 때문이다. 하지만 프랭크는 자신이 처한 조건을 인정하고 로봇과 함께 삶의 리듬을 공유한다. 자연은 환경적 차원만이 아니라 인간을 포함한 모든 존재와 사물이 억지스럽지 않게 오랜 시간을 두고 만들어 가는 시스템이자 관계망을 뜻한다. 이러한 '자연스러운' 태도에서 프랭크는 로봇을 친구로 받아들인다. 그는 '로봇이니까 안돼', '로봇이니까 상관없어' 같은 일상적 판단을 하지 않는다. '내'가 '그'와 소통하고 있는가, '내'가 '그'와 함께 조화로운 삶을 영위하고 있는가, '내'가 '그'와 서로 의지하고 있는가에 대해 솔직하게 판단할 뿐이다.

　이와 관련하여 영화는 흥미로운 에피소드를 보여 준다. 프랭크의 딸은 그녀의 오빠가 아버지의 돌보미로 로봇을 집에 들여 놓은 것을 매우 못마땅해한다. 제3세계 국가를 돌아다니며 현지 사람들을 돕고 인류애에 관심이 많은 딸에게 로봇이 인간의 삶에 들어오는 것은 '자연스럽지' 않은 일이다. 로봇으로 인해 인간은 더욱 소외될 것이고, 인간과 로봇이 관계를 맺기란 어려운 일이라고 생각하기 때문이다. 언뜻 보면 인간애 넘치는 휴머니스트의 태도로 보인다. 사실 많은 사람들이 이러한 태도를 갖고 있다. 효율성만을 위해 로봇을 인간의 삶 가까이 위치시키는 일은 매우 비인간적이고 무책임한 태도라고 생각하는 것이다. 아버지의 곁에 영혼이 없는 존재를 둘 수 없다는 생각에 딸은 아버지를 직접 돌보러 온다. 그녀에게 로봇은 그저 영혼 없는 '사물 덩어리'이자 정해진 프로그램에 의해 작동되는 기계에 불과하기 때문이다.

　하지만 이러한 태도는 정복의 자연관과 크게 달라 보이지 않는다. 로봇은 프로그램 실행체에 불과하므로 인간의 삶에 동참할 수 없다는 관점이야말로 인간만이 가장 우월하다는 인간중심주의Anthropocentrism적인 세계관이다. 이러한 관점은 인간이 자연을 재단하고 통제하고 처분할 수 있다는 정복의 자연관과 맥을 같이 한다. 실제로 프랭크의 딸은 아버지의 마음을 읽지 못하면서 소통에 실패한다. 인공지능이나 로봇과의 공존을 준비해야 하는 우리들로서는 인간 외의 존재들에 대해 솔직한 태도가 필요할 것이다.

　이번에는 자연을 새롭게 해석하고 소통하는 현대 예술가 앤디 골드워시Andy Goldwortht의 랜드 아트Land Art 작품을 살펴보자. 골드워시는 자연에서 구할 수 있는 날 것 그대로의 재료들만을 사용하여 작업한다. 프로젝트의 규모가 커지면 장비의 도움을 받기도 하지만, 그 경우에도 가공되지 않은 날것의 재료를 활용하는 방법은 변하지 않는다. 언뜻 보면 가공된 재료와 색감을 위한 특별한 소재와 꽤 복잡한 작업 도구를 사용한 것 같아 보인다. 하지만 대부분의 작품들은 가공되지 않은 나뭇잎, 나뭇가지, 손과 입김으로 녹인 얼음 덩어리, 손으로 만든 스노우볼로 만든 것이다 ([그림6, 7] 참고).

[그림6, 7] 자연과 기술의 새로운 균형을 잡는 앤디 골드워시의 랜드 아트. ⓒ Andy Goldworthy, 1990, 2001.

아날로그적인 작품만을 전략적으로 보여 준다고 생각할 수 있지만, 골드워시 작품의 핵심은 따로 있다. 그것은 시간과 매체 기술에 대한 태도다. 골드워시의 작품은 찰나의 시간을 살아가는 작품이다. 그의 작품 가운데 늘 같은 모습을 유지하는 작품은 하나도 없다. 정복의 자연관은 자연이 언제나 항구적으로 우리를 위해 존재하는 것처럼 생각하게 만든다. 우리의 위력과 통제가 가해질 때 자연은 마치 죽어 있는 물체처럼 여겨지는 것이다. 하지만 골드워시는 작품 안에서 시간은 언제나 흐르고 만물은 변하며 결국 소멸한다는 것을 말해 준다. 눈

송이는 녹을 것이고 찬란한 단풍잎은 퇴색할 것이며, 얼음 덩어리는 녹아 사라지고 물 위를 유영하는 나뭇잎들은 변화하는 물길의 소용돌이 안에서 해체되고 사라진다. 자연은 나름의 탄생과 소멸의 시간을 살아가고 있으며 그것 자체가 생성의 순간들이고 우리와 그것을 나누고 소통하려 한다. 하지만 정복의 자연관은 이런 것에 쉽게 귀를 닫는 관성이 있다.

골드워시가 매체 기술을 대하는 태도도 같은 맥락이다. 작가는 자신을 위해서도 작품 활동을 하지만, 그것을 사람들과 공유하지 않는다면 작품 활동의 존재 의미는 없을 것이다. 찰나의 시간성, 순간을 사는 자연의 호흡을 담은 골드워시의 작품들은 금방 사라진다는 특성 때문에 사진이나 동영상으로 남겨져 유통된다. 가공되지 않은 재료로 만들어진 아날로그 작품이지만 작품으로서의 생명은 과학기술의 적극적인 지원을 받아야 하는 것이다. 이러한 역설적인 아이러니가 골드워시의 작품에 내재되어 있다. 자연의 숭고함을 넉넉하게 보증하는 기술 매체의 이러한 포용은 소통하는 자연관을 성찰하는 한 가지 모습이 아닐까? 자연은 순수함만을 고집하지 않으며, 존재와 사물의 관계망이 새롭게 생성되는 것을 기다리고 포용할 줄 안다.

3. 미래를 위한 성찰: 아직 늦지 않은 우리의 선택

인간이라는 존재는 자연의 일부이기도 하지만, 자연을 새롭게 만들고 창조할 수 있으면서 자연을 떠나서는 살 수 없다고도 한다. 우리는 자연을 얼마나 이해하고 있는 것일까? 근대 이후 철학자들의 자연관을 따라가 보자.

프랜시스 베이컨
자연은 인간의 이성으로 관리되어야 한다

17세기의 영국 철학자인 프랜시스 베이컨Francis Bacon은 이성과 과학의 힘에 주목했다. 그는 우주와 자연을 이해하고 분석할 수 있는 과학적 지식이 매우 중요하며, 인간은 이러한 경험과 검증으로 자연을 지배할 수 있다고 보았다. 이성의 힘에 근거한 정신적 활동이 과학적 지식을 무한히 생산할 수 있다고 여긴 것이다.

르네상스 시대에 인간이 이성과 감각 자체에 주목하고 자연을 대상으로 보기 시작한 것은 당시 문화적 권력을 행사할 수 있는 계층에서 자연스럽게 생겨난 사회적 시선이었다. 하지만 베이컨은 인간 이성이 실험과 결과를 통해 얻을 수 있는 지식의 생성 과정에 적극적으로 개입해야 한다고 역설했다. 그는 신학적 세계관에 근거해서는 자연의 원리와 법칙을 객관적인 지식 체계 안에서 파악할 수 없다고 생각했다. 거대하고 신비한 자연의 숨겨진 원리와 법칙을 그저 '신의 은총'과 '신의 뜻'이라고 이해할 수는 없기 때문이다. 그래서 그는 우상에서 벗어나야 한다는 철학적 개념을 역설한다. 이 우상을 걷어내는 방법은 철저한 과학적 방법론과 경험을 통해 지식을 얻는 것이다. 베이컨은 무지몽매에서 벗어나 합리적 이성과 과학적 지식의 힘으로 세계를 바라보려는 계몽주의적 철학자의 입장을 강하게 가지고 있었다.

베이컨의 세계관이 현실에 적용되면서 자연과 과학적 지식은 일정한 패턴을 만들게 된다. 자연이 언제나 과학적 지식을 제공할 수 있는 배경과 원료에 불과하게 된 것이다. 따라서 자연으로부터 얻은 과학적 지식으로 우리는 자연을 이해하는 것을 넘어 그것을 정복하는 행위도 정당화하는 철학적 기반을 다지게 된다. 자연은 숭배와 은총의 대상이 아니라, 과학적 경험에 근거하여 통제하고 관리할 수 있는 대상이 되어 버린 것이다.

그렇다면 비슷한 시기의 프랑스 철학자 르네 데카르트Rene Descartes의 사유를 살펴보자. 베이컨이 경험에 근거한 과학적 지식을 중요하게 생각했다면, 데카르트는 지식의 절대적 확실성을 향해 회의하는 측면을 중요하게 여겼다. 자연에 대한 실증적 연구와 경험적 지식도 중요하지만, 그에게는 학문의 전 영역을 떠받치는 절대적 진리의 기초에 대해 끊임없이 회의하고 숙고해야 한다는 철학적 사유가 더 중요했다.

이렇게 확실한 진리의 기초를 세우기 위해서는 모든 것을 의심하는 일부터 시작해야 한다. 데카르트는 경험으로 얻게 된 지식을 진리라고 여기기보다는, 진리라는 것에 대해 좀 더 엄격한 태도가 진리를 탐구하는 방법이라고 생각한 것이다. 흔들리지 않는 진리에 다가가기 위해서는 섣부른 판단과 경박한 태도를 극복해야 한다. 그래서 그가 도달한 사유의 방법이 바로 '생각하는 나'에 대한 의심과 회의를 거쳐 나온 절대적 자아의 확실성에 근거하는 것이었다. 즉, 나의 생각은 잘못될 수도 있으며, 어떤 조건과 환경에 흔들려 잘못된 진리에 눈을 돌릴 수도 있다. 그럼에도 불구하고 지금 생각하고 있는 '나'의 존재 자체는 부정할 수 없다는 것이다. 이 회의하고 사유하는 '나'라는 절대적 존재에 대한 사유의 결과가 "나는 생각한다, 고로 존재한다"라는 유명한 명제다.

문제는 이렇게 확실한 진리의 기초가 되는 사유는 너무도 중요한 '정신'이 되고, 나를 속이고 유혹에 빠지게 하는 대상은 물질적 '사물'이 된다는 점이다. 정신적 실체는 진리에 다가가는 비물질적인 고귀한 정신이 되고, 물질적 실체들은 그 성격과 속성이 뒤바뀔 수 있는 물체의 성격을 갖는다. 그러니 정신과 육체는 명확히 분리되고, 정신적 세계와 물리적 세계 역시 명확히 분리된다. 정신은 순수하고 숭고한 존재이고, 육체는 주인이 없으면 물체에 지나지 않는 도구에 불과한 것이다. 정신은 진리를 탐구하지만 육체는 정신의 지배를 받아야만 한다. 그러니 물질적 세계는 언제나 정신적 작용에 의해 조정되어야 한다. 그 결과 자연은 물질적 세계로 편입되고, 정신적 실체의 지배를 받아야 하는 물체가 될 뿐이다.

묘한 일이다. 베이컨의 사유가 극단으로 치달으면 테크노크라트Technocrat(기술 관료)가 꿈꾸는 기술만능주의로 흘러간다. 또한 데카르트의 사유가 극단으로 치달으면 인간중심주의 세계관으로 종결된다. 서로가 다른 길을 가는 듯하지만, 모두 정복적 자연관이라는 같은 얼굴을 가지고 있다. 한쪽은 과학적 지식으로 자연을 정복하고, 다른 한쪽은 정신적 세계를 위해 자연은 희생되어도 상관없기에 자연을 정복하는 것이다.

장 자크 루소
자연은 인간에게 소통의 문을 열어 준다

그래서 장 자크 루소Jean Jacques Rousseau는 합리적 이성과 과학적 세계관이 갖는 오류를 수정하려 했다. 바로 '덕성'에서 진실을 찾으려 하는 것이다. 이성과 과학적 세계관은 자신의 역량을 자랑하지만 결국 자연과의 조화를 해쳐서 삶의 불평등을 초래하며, 그렇게 되면 그것처럼 어리석은 일이 없다는 것이다. 루소는 "인간은 자신과 같은 부류가 고통받는 것을 천성적으로 싫어한다"고 본다. 이 덕성이 안락함을 추구하려는 인간의 욕심을 누그러뜨린다. 루소는 '자기 보존 본능'과 '동정심'이 인간 본성의 짝을 이루어 성숙한 문명 상태를 만들어야 한다고 생각했다. 그러나 이 두 가지 본성을 가진 개인이 사회를 이루면서 타인과 경쟁하고 명예심, 허영, 욕심, 우월감, 시기심 등의 부정적 정념에 영향받는 존재가 된다. 그 결과 스스로를 바라보고 판단하는 능력을 잃고 타인의 눈에 비추어 자신을 판단하는 오류가 생긴다. 그리하여 자신 안의 자연적인 두 본성의 조화가 깨지고 불평등이라는 불행한 사태가 벌어진다. 그래서 루소는 '자연으로 돌아가라'고 말하는 것이다. 오해는 없어야 할 것 같다. 원시적인 자연으로 돌아가야 한다는 의미가 아니다. 균형을 잃은 자기 보존 본성과 동정심의 조화를 찾기 위해서는 근대 사회에서 잃어버린 인간 본성의 균형을 찾아야 한다는 것이다. 독존적 자아를 추구하는 것이 아니라 공동체적 자아를 향해 성숙한 윤리적 훈련을 할 필요가 있다는 것이다.

　루소의 사유는 절대 진리를 찾고자 정신적 순결주의를 지향하는 금욕이 아니다. 진정한 행복과 조화로운 삶에 대한 욕망, 절제와 균형 잡힌 삶에 대한 의지를 향한 금욕이다. 그렇기에 루소에게 자연은 정복의 대상이 아니다. 우리는 공동체적 자아의 성숙을 통해 행복에 이를 수 있는데, 이를 인도해 주는 자연적 본성의 어머니가 바로 자연이다. 자연은 우리가 깨어 있도록 언제나 소통의 문을 열어 두는 존재다. 자연과 소통하는 인간은 비로소 공동체적 자아를 가진 성숙한 모습으로 자유와 행복을 추구하는 존재가 되는 것이다.

현대 철학자인 미셸 세르Michel Serres 역시 과학은 절대적 진리가 아니라 인간이 자연과 우주와 함께 교섭하고 소통하는 과정에서 만들어 내는 지성의 결과물이라고 본다. 우리는 어떤 결과물을 만들어 낼 것인지 결정할 수 있는 선택권을 많이 가지고 있다. 자연 위에 군림하는 태도로는 자연과 좋은 협상을 할 수 없는 것이 당연하다. 서로에 대한 존중과 배려가 있어야만 좋은 교섭과 협상을 할 수 있다. 이렇듯 인간이 어떤 태도와 전략을 가질 것인가는 우리가 정해야 한다. 이러한 태도와 전략을 만드는 힘은 결코 옹색하고 퇴색한 과거의 정신에서 나오지 않는다. 오히려 기술의 힘을 정확히 이해하고 기술과 소통할 줄 아는 태도를 훈련해야만 비로소 자연과 성숙한 협상을 준비할 수 있다고 세르는 역설한다.

'과학기술'의 어원인 테크네Techne는 어원학적으로 '다른 것들을 한데 모아 엮고 새로운 것을 창조하며 이질적인 것들을 융합시키는 실천'을 뜻한다. 오늘날 우리가 이해하는 공학적 지식을 뜻하는 것이 아니라, 인간을 이해하고 세계를 인식하는 양식인 것이다. 그러나 우리는 테크네의 본래 의미를 잊고 그것을 근대적 지식 패러다임의 공학 지식으로만 협소하게 이해하고 있는 듯하다. 다양한 지식과 상상력이 만나 융합하는 과정은 사라지고, 효용성이 떨어지면 미련 없이 쓰다 버리는 도구적 기능에만 몰두하고 있다. 테크네가 가지고 있던 다양한 것들의 건강한 엮음이라는 의미가 희미해지고 인간중심주의가 과학기술의 속성을 점유하게 된 것이다. 인간은 자연적이고 보편적인 가치를 추구하는 존재이고, 과학기술은 기계적이고 도구적이라는 이분법적인 세계관이 쉽게 자리잡고 말았다. 이러한 인간중심주의적 태도는 과학기술과 인간의 관계를 매우 경직시키고, 그 결과 정복의 자연관이 나타나게 한다.

테크놀로지에 대한 균형감 있는 이해는 인간을 주인으로, 기술을 객체로 두는 이분법적 구도 위에서 이루어지지 않는다. 데리다와 하이데거 같은 철학자들은 우리가 해야 할 일은 인간을 기술로부터 해방시키자고 외치는 게 아니라, 기술에 대한 인간중심주의적 태도에서 벗어나는 것임을 역설한다.

질베르 시몽동
인간은 자연과 기술을 연결하는 통역자다

정복의 자연관을 극복하는 또 다른 사유의 풍경이 있다. 그것은 현대 철학자 질베르 시몽동Gilbert Simondon의 철학적 사유다. 그는 인간이 자연과 기술 사이에서 어렵고도 섬세한 통역을 맡아야 하는 존재라고 역설한다. 그에 따르면 인간의 문화는 기술들에 대항하는 방어 시스템으로 구성되어 있다. 기술을 방어하는 것은 기술적 대상들이 인간적 관계를 반영하지 못하고 인간적 실재와는 다른 영역의 것이라는 논리에 근거하는데, 이러한 전제가 문화를 왜곡시킨다. 시몽동은 명료하게 판단한다. 문화와 기술 사이에 그리고 인간과 기계 사이에 세워진 대립은 거짓이며 근거가 없다는 것이다. 그러한 대립은 인간과 자연이 함께 만들어 가는 풍부한 실재를 감추는 것이라고 시몽동은 말한다. 풍부한 실재란 자연과 인간 사이를 연결하는 기술의 실존적 상황이다. 이렇듯 인간과 자연을 통역하고 연결하는 기술의 실존적 상황을 은폐하고 인간과 순수한 자연을 관념적으로 칭송하는 것은, 역설적이게도 기술만능주의로 왜곡된 시각을 만들어 낼 수 있다. 따라서 인간의 문화가 자신의 역할을 제대로 수행하기 위해서는, 기술적 존재들을 엄격하고 책임감 있는 태도로 인문적 인식과 가치 안에 편입시킬 필요가 있다.

시몽동은 우리가 너무도 쉽고 게으르게 넘겨 버린 모순들을 짚어낸다. 인간은 기술에 대해 이중적인 잣대를 가지고 있다. 하나는 기술을 진정한 의미 작용 없는 물질의 집합물로만 여기는 정복의 자연관이다. 또 다른 하나는 이러한 기술적 대상들(로봇과 같은)이 인간을 공격할 수 있다며 적대시하는 신비적 자연관이다. 시몽동은 이 두 가지 태도가 서로에게 이율배반적이며 모순이라고 비판한다. 그리고 기계에 대한 새로운 태도를 훈련하는 과정을 통해 자연과 인간, 그리고 기술이 서로를 통역하며 조화를 만들어 내는 길을 제안한다. 시몽동은 기계 존재 자체가 가진 가능성과 잠재성에 주목한다. 그리고 인간과 자연이 기술과 만들어 내는 관계망을 솔직히 바라보라고 권한다. 이러한 적극적인 노력이 기술과 자연에 대한 불필요한 거부와 강박적 두려움을 극복하게 해 줄 것이라 역설한다.

시몽동에게 인간은 열린 기계들의 어울림과 총체적 조화를 실현하는 지휘자다. 그리하여 인간은 오케스트라 지휘자처럼 기계들을 서로서로 연결시켜 주는 살아 있는 통역자가 된다. 시몽동이 설명하는 인간의 역할과 지위는 우리가 건강한 의미로 이해하려는 트랜스휴먼에 대한 사유와 연결된다. 인간의 성숙과 고양은 기계의 성숙과 고양을 추동하고 그것은 인간과 자연이 새로운 패러다임 안에서 공존하는 길을 훈련할 수 있게 해 준다. 기계는 인간과 자연과의 어울림에 열려 있다.

자연과 인간, 그리고 기술

2030년 4월 5일. 가상현실 공간에서 과제를 할 수 있는 인공지능 기반의 교육 프로그램 콘텐츠를 런칭한 〈에듀네틱스 스튜디오〉의 제품을 경험할 수 있는 날이다. 대학생인 박성하는 인간과 자연에 대한 입체적인 이해를 바탕으로 레포트를 구성하라는 과제를 받고, 매장에 들어와 헤드셋을 착용한다. '자연과 인간, 그리고 기술'이라는 키워드와 함께 "토론을 위해 철학자와 영화 주인공으로 대화 장면을 만들어 줘"라고 명령한다. 2초 후, 6명의 인물이 등장하는 대화방이 구동된다. 한 명의 철학자와 영화 속 인물 다섯 명이다.

[대화방 참석자]

미셸 세르
현재 프랑스 현대 철학을 대표하는 탁월한 지성인. 과학과 철학의 관계를 독창적으로 고민하고, 기술에 대한 독보적인 세계관을 펼친다.

톰 그리어
영화 〈써로게이트〉에서 인류 멸망을 막은 히어로. 가상세계에 빠져 있는 인간을 다시 실제 세계로 불러들인다.

델라쿠르

영화 〈엘리시움〉의 총리. 환경이 파괴된 지구를 떠나 완벽한 인공 자연을 구현한 엘리시움의 책임자다.

프랭크

영화 〈로봇 앤 프랭크〉의 주인공으로 80세 노인. 전직 유명한 금고털이범이었으며, 지금은 치매 초기 증세가 있다.

로봇

영화 〈로봇 앤 프랭크〉에서 주인공 로봇. 집안 도우미 역할을 수행하도록 만들어진 인공지능형 로봇이다.

존 하몬드

영화 〈쥬라기 공원〉에서 쥬라기 공원을 설립한 과학자이자 사업가. 세계 최대의 공룡 공원을 만들려고 했지만 공룡을 통제할 수 없게 되면서 공원을 폐쇄한다.

미셸 세르 오늘은 정말 모시기 어려운 분들이 오셨군요. 아, 프랭크는 로봇과 같이 왔군. 잘했네. 말문도 좀 열 겸, 우리가 함께 감상한 앤디 골드 워시의 작품 얘기부터 좀 할까요? 어떠셨나요?

델라쿠르 글쎄요, 시간 따라 그렇게 변해 가는 나뭇잎을 본 지가 오래돼서……. 엘리시움에서는 4계절 구분이 없어졌거든요. 매일 같은 날씨에요. 아니 그렇게 유지하고 있죠.

톰 그리어 흥, 원형 감옥 같은 엘리시움이 별로 답답하지도 않은 모양이군.

미셸 세르 아, 그리어 씨! 진정하시고요. 써로게이트는 지금 어떤 상황인가요? 그리어 씨가 접속을 강제로 막아 놓은 걸로 알고 있는데…….

톰 그리어 맞습니다. 임시방편으로 써로게이트 접속 권한을 막아 놓은 상태입니다. 하지만 이미 많은 사람들이 써로게이트에 길들여진 상태라… 강제로 접속을 차단하는 것으로는 문제가 해결되지 않을 것 같습니다.

프랭크 써로… 게이트가 뭐요?

로봇 써로게이트란 대행자, 대리 로봇이라는 뜻으로 로봇이 인간의 육체를 대신하는 가상 대리자 시스템으로서…

미셸 세르 로봇, 미안하지만 프랭크에게만 조용히 설명 부탁해요. 우린 대화를 계속해야 해서……. 델라쿠르 총리님! 엘리시움 시스템을 해킹해서 대다수 지구인들이 엘리시움을 공격했다던데… 그 일은 어떻게 됐나요?

델라쿠르 그때 일은 생각하기도 싫군요. 총리 자리를 빼앗길 뻔했으니까요. 더러운 지구인들 같으니! 뭐, 어쨌든 엘리시움 시스템은 빠르게 복구 중이고 지구인들도 다 추방했습니다.

미셸 세르 아니, 추방이라고요? 정말 그 방법 밖에 없는 건가요? 당신네들은 지구를 폐허로 만든 책임감 따위는 없는 겁니까?

델라쿠르 책임감이라고? 흥! 철학자라고 하더니 역시 순진하시군요.

그래서 우리 엘리시움에서는 당신 같은 철학자들을 내쫓은 지 오래지만……. 이봐요. 철학자님! 자연은 숭배의 대상이 아니라 통제와 관리의 대상이에요. 인간에게 필요한 자원이면 사용하고, 가치가 떨어지면 버림받는 게 당연하다고요. 솔직히 아직은 지구에서 얻어야 할 자원이 남아 있어 지구 근처에서 살고 있지만, 다른 행성을 발견하면 엘리시움은 다시 여행을 떠날 겁니다.

프랭크 허 참, 내가 저 꼴을 보기 전에 죽어야지. 아니 내가 지금 알츠하이머 환자라는 게 차라리 다행이군, 오늘 일을 기억하지 못할 테니…….

존 하몬드 총리님. 제가 주인공으로 나온 〈쥬라기 공원〉을 기억하시나요? 전 공룡의 DNA와 복제 기술로 쥬라기 공원 복원에 성공했을 때의 그 기쁨을 잊지 못합니다. 과학적 지식과 경험은 절대 멈추지 않을 거라고 생각했으니까……. 하지만 그 생각이 어리석은 오만이었음을 깨닫는 데는 오랜 시간이 걸리지 않았습니다.

톰 그리어 맞아요. 써로게이트를 사용한 우리도 그랬습니다. 인간 스스로 감내해야 할 문제를 기계에게 떠맡겼던 거죠. 기계가 해결해 주는 게 훨씬 편리했으니까요. 스트레스 받아가면서 사람들과의 관계를 유지할 필요도 없고, 늙어 가는 내 모습으로 살아야 할 필요도 없으니까요. 힘들고 대면할 수 없는 개인적인 아픔까지도 써로게이트 뒤에 숨으면 견딜 수 있다고 믿었던 거죠. 까짓 것! 써로게이트 뒤에 숨으면 어때. 나 대신 기계가 다 해결해 줄 텐데……. 모두 그렇게 생각했던 겁니다.

미셸 세르 과학은 시간을 절약해 주고 시간에 개입하죠. 멋진 일이지만 그것을 언제 어떻게 허용할 것인가는 여전히 우리의 몫입니다.

프랭크 내가 30년 전에 본 영화가 기억이 나는군. 블… 블레이드… 뭐라는 영화였는데…….

로봇 리들리 스콧Ridley Scott 감독의 〈블레이드 러너〉에요.

프랭크 그래, 블레이드 러너! 한 장면이 생각나는군. 영화 속에서 안드로이드는 인간의 노예로 제작된 인조인간이지. 노예로 제작된 존재이기에 그들의 신체적 능력은 인간보다 훨씬 우수했어. 그게 두려운 탓이었을까? 인간은 이들에게 뛰어난 힘을 주는 대신, 아주 짧은 수명만을 부여했어. 유효기간 4년이 지나면 자동으로 폐기 처분되게 만들어 버린 거지. 하지만 몇몇 안드로이드들은 자동 폐기라는 운명을 받아들이려 하질 않았어. 주인공 데커드는 폐기 처분을 따르지 않는 안드로이드를 잡아들이는 직업 사냥꾼이었지. 어느 날, 데커드가 안드로이드와의 치열한 격투 중에 난간에 매달리는 신세가 되었네. 데커드가 난간 끝을 간신히 붙들고 대롱대롱 매달려 있자 안드로이드는 이렇게 말하지. "공포 속에서 사는 기분이 어때? 바로 그게 노예로서 존재하는 기분이야"라고. 그러고는 그 안드로이드가 어떻게 했는지 아나? 손에 힘이 빠져 떨어지는 주인공의 손을 잡아끌어 살려내는 거야. 그리고 자기는 정해진 폐기 시간에 따라 죽음을 맞이하지. '이제 죽을 시간이군…'이라는 마지막 말을 남기면서 말이야. 안드로이드가 충분히 다른 선택을 할 수도 있을 텐데 죽음을 선택한 것은 삶의 숭고한 무언가를 느껴서라고 생각하네. 안드로이드에게는 인간 유전자가 없을지 몰라도 그게 뭐 그리 대수로운 일이겠는가. 공룡이나 잠에서 깨우고 자연을 통째로 무균 처리한 수족관쯤으로 생각하는 엘리시움 시민들은 이해 못하는 얘기겠지만. 휴… 이기억도 어쩌면 마지막일지 모르겠군……. 커피 좀 준비해 주겠니?

로봇 프랭크, 커피가 다 떨어져 가네요. 3일 정도 남았어요. 제 메모리 부팅 칩 교환일도 10일 남은 것 잊지 마세요. 커피 마실 때 신문 읽어드리는 모드 작동할까요? 아! 방금 자연법에 관한 기획 기사가 올라왔습니다.

프랭크 읽어 주겠니?

로봇 2008년 7월 7일에 에콰도르에서는 다소 특별한 국민투표가 있었습니다. 숲과 바다, 강, 나무들에게 헌법적 권리를 주는 자연권Right of Nature[1]을 헌법에 반영하는 국민투표가 실시되었고, 에콰도르 국민들은 이 자연권을 통과시켜 헌법을 개정했습니다. 라파엘 코레아 대통령은 유휴 농지를 국민들에게 재분배하는 농지 개혁 관련 법안과 자연권 등의 개헌안 통과를 적극적으로 주도하여 헌법 개정에 성공했다고 합니다.

자연법에 관한 기사가 많이 남아 있는 것을 확인한 박성하 군이 기사를 다운로드 받은 후 헤드셋의 전원을 *끄*자, 대화방의 홀로그램들도 사라진다.

함께 보면 좋은 영화

■ 〈데이 오브 더 트리피드The Day of Triffids〉(닉 코퍼스, 2009)
존 윈드햄의 소설 『트리피드의 날』을 원작으로 제작된 TV용 영화. 1950년대의 영국 런던. 트리피드(식물 이름) 생산 공장의 연구원인 빌 메이슨은 트리피드 독침을 맞아 병원에 입원한다. 그러던 어느 날, 기괴한 녹색 빛을 발하는 화려한 유성우가 나타나고, 이를 목격한 사람들이 모두 시력을 상실하는 끔찍한 재난이 발생한다. 안과 치료로 눈에 붕대를 감고 있었던 덕분에 시력을 잃지 않은 주인공은 황폐화된 도시와 시골을 헤매는 모험을 떠난다.

■ 〈워터 월드Waterworld〉(케빈 레이놀즈, 1995)
지구 전체가 물로 휩싸여 인류의 문명이 수중에 가라앉으면서 멸망한 미래 인류를 그린 영화다. 기후 온난화로 육지가 모두 물속에 잠기자 인류는 인공 섬을 만들어 생활하지만 바다를 배회하면서 노략질을 하는 해적단에게 생존 위협을 받는다. 생존자들의 유일한 희망은 전설로만 전해지고 있는 '드라이랜드'를 발견하는 것. 이들은 인간이지만 물고기처럼 아가미가 있는 마리너와 함께 전설의 드라이랜드를 찾아 나선다.

■ 〈코어The Core〉(존 아미엘, 2003)
미국 정부가 인공 지진으로 적을 공격하는 비밀 병기 데스티니DESTINY를 개발하면서 지구에는 갑작스런 기상 이변과 커다란 재난이 발생한다. 지구 핵(코어)의 회전이 멈추어 버린 것이다. 영화는 인류 멸망의 원인을 지구 핵의 정지에 따른 자기장의 소멸로 설정함으로써 자연을 조작하는 기술이 가져올 디스토피아적 현상들을 담고 있다.

2부 기계와의 공존

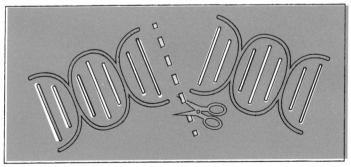

4장

힘든 노동은 기계가, 인간은 자유로운 여가를?

인간과 기계가 '힘겨루기'를 놓고 서로 대결을 벌인 유명한 '전설'이 전해져 내려온다. 존 헨리John Henry 이야기다. 존 헨리는 19세기 미국에서 대륙횡단 철도를 놓던 시대를 살던 노동자다. 180cm의 키에 몸무게 90kg의 그는 크고 건장한 체격의 일 잘하는 노동자로 정평이 나 있었다. 어느 날, 회사에서 시간과 인건비를 아낀다며 굴 파는 기계(땅이나 암석 등을 파거나 퍼내는 '굴착기'를 상상하라)를 들여오게 된다. 기계의 등장으로 하루아침에 일자리를 잃게 된 노동자들이 분노하는 것은 당연했고 존 헨리도 예외는 아니었다. 실업자가 된 존 헨리는 기계에게 도전장을 내민다. 인간과 기계의 대결이었다. 자신이 기계와의 대결에서 승리하면 노동자들이 공장에서 계속 일을 할 수 있게 해 달라고 제안한 것이다. 제안은 받아들여졌다. 존은 망치 하나로, 굴착기는 증기의 힘으로 거대한 바위산을 뚫는 전대미문의 싸움이 시작되었다. 인간과 기계의 대결에서 누가 승리했을까?

승리는 존 헨리에게 돌아갔지만, 기쁨은 잠시였다. 기계와의 대결에 자신의 모든 힘을 쏟은 나머지 그만 심장마비로 숨을 거두고 만 것이다. 존 헨리의 죽음이 전해 주는 교훈은 무엇일까? 기계는 우리가 목숨 걸고 싸워야 하는 적이 아니다. 우리는 자동차나 비행기가 인간보다 빠르다고 그것들을 경쟁자로 생각하지 않는다. 기계가 잘할 수 있는 것과 인간이 잘할 수 있는 것은 다르기 때문이다.

　인간의 능력은 크게 '육체적 능력'과 '인지적 능력'으로 구분할 수 있다. 18세기 산업혁명 시기에는 존 헨리가 기계와 힘겨루기를 한 것처럼 육체적 능력이 중요했다. 반면 오늘날의 인간은 인지적 능력을 두고 기계와 대결해야 한다. 인지적 능력이란 '학습과 분석, 의사소통, 나아가 인간의 감정을 이해하는 능력'이다. 하지만 대부분의 미래학자들에 따르면 인간의 인지적 능력이 기계에게 추월당하는 것은 시간문제라고 한다. 그렇다면 인간이 기계와 대결하여 살아남을 수 있는 방법은 무엇인가? 아니다. 이 질문은 어딘가 이상하다. 기계는 인간의 적 혹은 경쟁 대상이라는 생각을 전제로 하고 있기 때문이다. 질문을 다시 해 보자. 힘들고 복잡한 노동은 모두 기계에게 맡기고 우리는 보다 자유로운 삶을 살아갈 수 있을까? 인류는 기술 문명의 혜택을 누리는 장밋빛 미래로 나아갈 수 있을까? 과학기술이 발전할수록 노동의 개념과 의미도 변할 수밖에 없다. 이 장에서는 노동과 여가의 본질적인 가치와 의미를 살펴본다.

1. 스크린 속으로

영화 〈모던 타임즈〉(1936)

"살려고 노력한들 무슨 소용이 있죠?"

컨베이어 벨트에서 나사를 풀고 조이는 일을 반복하는 '리틀 트럼프(찰리 채플린 분)'는 장시간의 노동 때문에 신경쇠약에 걸린 노동자다. 나사 모양과 비슷한 것만 보아도 스패너를 들고 조이려는 바람에 공장의 거대한 톱니바퀴 속으로 빨려 들어간 일이 한두 번이 아니다. 짬을 내어 쉬고 싶어도 24시간 내내 모니터로 감시하는 사장 때문에 휴식은 꿈도 꾸지 못한다. 쉴 새 없이 일만 하던 그는 결국 신경쇠약에 걸려 정신병원에 실려 간다. 간신히 퇴원하지만 그를 받아 주는 일터는 없다.

1936년에 제작된 〈모던 타임즈〉는 찰리 채플린의 마지막 무성영화다. 극중의 '트럼프'로 분한 찰리 채플린 특유의 몸짓에는 애잔하고 묘한 슬픔이 배어 있다. 특히 노동자들이 밥 먹는 시간조차 아깝다며 음식을 먹여 주는 기계까지 만드는 공장주의 모습은 잔인하기까지 하다. 당시의 노동 현장은 인권이라고는 전혀 고려하지 않았지만, 노동자들은 이 일자리마저 놓치면 안 되는 절박한 상황에 처해 있었다. 이러한 현실을 반영하듯 〈모던 타임즈〉에는 일자리가 삶의 목표가 되어 버린 사람들과 남의 것을 훔치지 않으면 목숨을 부지할 수 없는 실업자라는 양극단의 사람들이 등장한다. 기계 부품이 되어서라도 일자리를 잃지 않으려는 트럼프와 배고픈 동생들의 끼니를 해결하기 위해 빵을

[그림8] 톱니바퀴에 끼인 동료 노동자를 꺼내려는 채플린. 사진을 잘 보라. 무엇이 기계이고 누가 사람인지 구분할 수 있는가.
ⓒ〈모던 타임즈〉, 1936

훔칠 수밖에 없는 '소녀'가 바로 그렇다.

일자리를 구할 수 없었던 트럼프는 삼시 세끼를 해결해 주는 감옥이 차라리 낫다고 판단하여 일부러 범죄를 저지르기까지 한다. 하지만 소녀와의 만남을 통해 다시 한 번 삶의 의지를 갖게 된다. 그리고 어렵게 취업한 레스토랑에서 노래 한 곡을 부르게 된다. '나는 티틴트를 찾아 헤매네', 일명 '더 넌센스 송The Nonsense Song'이라는 노래다.

〈모던 타임즈〉에서 이 노래는 중요한 의미를 갖는다. 트럼프는 무슨 일이든 주어지면 성실히 일하는 노동자이지만, 마음과 달리 제대로 할 줄 아는 일이 없었다. 그는 비숙련 노동자였던 것이다. 레스토랑 사장이 트럼프에게 처음 맡긴 일은 홀 서빙이었다. 하지만 레스토랑 손님들에게 항의를 받을 정도로 실수를 반복하자, 화가 난 사장이 "제발 노래라도 잘하길 바라네"라며 부르게 한 노래가 '나는 티틴느를 찾아 헤매네'이다. 트럼프는 처음 들어 보는 노래였다. 게다가 노래 가사는 왜 이렇게 길고 어려운지. 긴 가사를 모두 외울 수 없었던 트럼프는 옷소매에 몰래 가사를 적어 놓고 무대로 나간다. 하지만 입고 있던 옷이 벗겨지면서 모든 계획이 수포로 돌아간다. 트럼프는 자기 멋대로 프랑스어와 이탈리어가 뒤섞인 의미 불명의 노래를 부르기 시작한다. 바로 그때 트럼프에게 놀라운 일이 일어난다. 그동안 자신이 하는 일에 대해 한 번도 인정을 받지 못한 트럼프에게 사람들의 환호와 찬사가 쏟아진 것이다. 태어나서 지금까지 늘 기계 부품으로만 살아온 트럼프가 '노동'이 주는 기쁨과 행복, 그리고 그 가치를 처음이자 마지막으로 누린 순간이다.

기쁨은 오래가지 않았다. 트럼프 곁에서 늘 힘이 되어 주던 소녀가 고아라는 이유만으로 경찰에게 쫓기는 신세가 된 것이다. 작은 집을 짓고 남들처럼 평범하게 살고 싶었던 평범한 소망마저 좌절되자 소녀는 "살려고 노력한들 무슨 소용이 있죠?"라며 긴 탄식을 내뱉는다.

채플린이 트럼프 역을 연기한 시대와 오늘날의 상황은 물론 다르다. (영국의 경우) 19세기 초만 하더라도 일주일에 90시간이던 노동 시간이 1950년대에는 그 절반인 48시간으로 줄었고, 1990년에 이르러서는 주 5일 근무제에 이어 처음으로 자유 시간이 노동시간보다 길어졌다. 그런데 이상하다. 기계와 기술의 발전으로 생산성은 더 높아지고 분명 수치적으로는 자유 시간도 더 길어졌다고 하는데, 여전히 많은 사람들이 과도한 노동에 시달리거나 실업자로 살아간다. 고된 노동은 로봇에게 맡기고 인간은 자유로운 여가를 즐길 수 있는 미래는 과연 가능한 것일까? 트럼프가 소녀에게 '스마일'을 지어 보이며 손을 잡고 길을 떠나는 마지막 장면에서 우리는 그들의 해피엔딩을 기대해도 괜찮은 것인가?

애니메이션 〈월-E〉(2008)
"살고 싶다면 복종하는 게 좋아!"

700년 후의 지구. 쓰레기로 거대한 빌딩 숲을 이룬 황폐한 지구에 작은 로봇이 분주히 움직인다. 지구 폐기물 수거용 로봇 월-E다. '그'는 쓰레기 더미를 청소하는 틈틈이 전구알, 지포 라이터, 루빅스 큐브 등의 '보물'들을 피크닉 상자에 차곡차곡 담고, 집에 돌아와서는 수집품을 종류별로 세심하게 분류까지 한다. 잠들기 전에는 오래된 영화를 보며 마음을 나눌 수 있는 누군가를 꿈꾸는 로맨티스트다. 그리고 어느 날 눈부시게 새하얗고 미끈한 신형 로봇 이브를 만나 첫눈에 사랑에 빠진다.

애니메이션 〈월-EWALL-E〉는 인류가 버리고 떠난 지구에 홀로 남은 청소 로봇 이야기다. 700년 동안 자신에게 주어진 일을 수행해 온 로봇 월-E는 참으로 성실한 노동자다. '그'는 일이 고되거나 힘들다고 투덜거리거나 짜증내지 않는다. 자신의 처지를 남과 비교하거나 누군가와 감정적으로 대립하지도 않는다. 그저 자신에게 맡겨진 일을 묵묵히 해낼 뿐이다. '몸'에 이상이 생긴다고 걱정할 필요도 없다. 고장 난 부품을 교체하면 그만이다. 월-E의 주된 업무는 지구의 온갖 잡동사니 쓰레기를 압축하고, 분리하고, 쌓아 올리기를 반복하는 것이다.

이쯤 되면 인류의 안부가 궁금하다. 지구에 청소 로봇만 남겨둔 채 모두 어디로 사라진 것일까?

거대한 쓰레기통이 되어 버린 지구를 버리고 인류가 택한 곳은 우주선이다. 각종 편의 시설이 구비된 이 우주선을 제공한 회사는 '바이 앤 라지Buy&Large'다. 지구가 쓰레기 더미로 변하자 인류를 액시옴Axiom호에 태워먼 우주로 떠나 버린 것이다. 우주를 떠돈 지 700년이 지났지만, 사람들은 우주선 생활에 불편함을 느끼지 않는다. 인간에게 필요한 모든 노동은 로봇이 모두 대신해 주기 때문이다. 인간은 오로지 소비만 하면 된다. 많이 먹고 적게 움직여 '비만'이 되는 게 유일한 골칫거리인 미래의 풍경이다.

영화의 1부가 노동 로봇인 월-E의 일상과 사랑을 꿈꾸는 이야기라면, 2부에서는 지구를 탈출한 인류가 초호화 우주선에서 먹고 마시고 소비하며 즐기는 이야기다. 먼저 우주선 엑시옴을 제공한 '바이 앤 라지'라는 회사에 주목해 보자. 다국적 기업인 바이 앤 라지는 로봇 생산과 호화 우주 유람선 운행으로 막대한 부를 축적한 슈퍼 대기업이다. 인류가 지구에 거주할 때는 극단적인 소비를 조장하여 지구를 쓰레기통으로 만들더니, 지구가 폐허로 변해 버리자 전 인류를 우주선에 탑승시키고는 우주 미아로 만든 장본인이다. 지구 멸망과 동시에 정부도 와해되었기에 민주주의 시스템도, 시민 자치 기구도, 학교도, 직장도 존재하지 않는다. 인류가 우주선에서 할 수 있는 일이라고는 이 대기업이 무한대로 제공하는 상품들을 아낌없이 소비하고, 먹고, 남으면 미련 없이 버리는 것이 전부다. 이처럼 생산은 하지 않고 소비만 하는 덕분에 우주선에 탑승한 인류의 모습은 지나친 소비Buy로 몸뚱이만 비대해진Large 군상들로 가득하다. 필요한 모든 것이 버튼 하나로 해결되는 삶에 취해 버린 인류는 결국 사유 능력까지 퇴화하고 만다. 황폐한 지구에 홀로 남은 월-E가 노동을 통해 자의식을 배우며 성장해 가는 동안, 인간은 자신의 정체성을 잃고 프로그래밍된 삶에 자족하며 살아가고 있었던 것이다.

그 대표적인 에피소드가 지구 탐사 로봇 '이브'가 지구의 생존 가능성을 증명하는 식물을 갖고 돌아왔을 때다. 식물이 서식한다는 것을 확인한 우주선 선장이 엑시엄호의 방향을 지구로 돌리려고 하지만, 인공지능 오토의 방해로 계획은 차질을 빚는다. 엑시엄호를 조종해 온 자동 항법 로봇인 오토는 겉으로는 인간을 위해 봉사하는 것 같지만, 700년 동안 인간의 사유 능력을 대신해 오면서 우주선의 모든 통제권을 장악했다. 한마디로 인간은 인공지능에게 사육당한 것이다. 뒤늦게 이 사실을 깨달은 선장이 지구로 돌아가 인간답게 살고 싶다고 절규하지만, 빨간 눈의 오토는 말한다. "살고 싶다면 내 말에 복종하라." 오토의 말처럼 힘들고 고된 노동, 살면서 겪어야 하는 복잡한 문제는 모두 로봇에게 맡기는 것이 가장 편리한 방법인지 모른다. 하지만 우리의 사유 능력을 인공지능에게 의존하는 대가로 주어지는 것이 노동으로부터의 자유라고 한다면, 노동과 여가의 본질을 진지하게 생각할 필요가 있다. 모든 것이 풍족한 엑시엄호에 올라탄 미래 인류의 자유는 결국 '소비하는 자유' 외에는 아무 것도 없기 때문이다.

2. 세상 밖으로: 기계는 작동하고 인간은 일한다

많은 사람들이 로봇이나 인공지능과 같은 기계를 선망하면서도 두려워한다. 그 이유 중 하나는 '그들이' 인류에게 총을 겨누거나, 〈매트릭스〉에서처럼 인간이 에너지원으로 소비되거나 로봇의 노예로 전락되는 상황을 우려하기 때문이다. 하지만 보다 현실적이고 절박한 두려움은 따로 있다. 인간보다 더 똑똑하고 능력 있는 인공지능에게 일자리를 뺏겨 실업자가 될 두려움이다. 물론 암울한 전망만 있는 것은 아니다. 기술이 발전하면 생산성이 향상되어 소비와 투자, 고용이 증대되고 더 많은 일자리가 제공되며, 더 좋은 환경에서 일할 수 있다는 의견도 있다. '노동 없는 미래'를 꿈꾸는 팀 던럽(『노동 없는 미래』의 저자)은 로봇과 인공지능의 발달이 인간을 자유롭게 할 것이라며 노동 없는 미래를 적극적으로 받아들여야 한다고 주장한다. 그가 말하는 '탈노동'의 미래는 "우리가 생존하기 위해 일할 수밖에 없는 상황으로부터 자유로워지는 미래"다. 하지만 이런 낙관적인 전망이 과연 공정하게 실현될 수 있을지는 여전히 의문이다. 미래에도 안전하고 유망한 직업이 무엇인가를 고민하기 이전에, 인간이 왜 일을 해야 하고 노동과 여가의 본질적 의미는 무엇인가를 먼저 생각하는 것이 더 중요한 일인지 모른다.

형벌로서의 노동과 자유로서의 노동

인간에게는 노동을 바라보는 두 가지 관념이 있다. '형벌로서의 노동'과 '자유로서의 노동'이 바로 그것이다. 태초의 신이 인간을 낙원에서 쫓아내면서 "너는 죽도록 고생해야 먹고 살리라"(창세기 3장17절)며 내린 형벌도 다름 아닌 '노동'이다. 태어나서 죽을 때까지 땀 흘려 일하지 않으면 결코 생존할 수 없는 것이 인간의 운명이라는 것이다. 그리스의 시지프스 신화도 그 맥락을 같이한다. 시지프스는 신중하고 현명한 인간으로 칭송받았다. 하지만 신을 속인 죄로 지하의 저승 세계로 쫓겨나 끔찍한 형벌을 받게 된다. 높은 바위산 기슭에 있는 큰 바위를 산꼭대기까지 밀어 올리는 벌이었다([그림9] 참고). 그러나 산꼭대기에 바위를 올리는 순간, 바위는 제 무게만큼의 속력으로 굴러 떨어졌고 시지프스의 형벌은 계속해서 반복되었다. "바위가 늘 그 꼭대기에 있게 하라"는 신의 명을 지키기 위해서는 희망도 보람도 없는 무익한 노동을 반복해야 했던 것이다.

철학자 피터 싱어Peter Singer는 시지프스의 형벌을 통해 평생 쉬지 않고 죽어라 일하지만 꿈도 희망도 없이 반복되는 노동에 시달리는 현대인들의 자화상을 보았고, 소설가 알베르 카뮈Albert Camus는 부조리에 직면한 인간의 현존을 통찰하기도 했다. 시지프스의 형벌이야말로 인간의 노동이 갖는 부조리한 본질을 드러낸다고 본 것이다. 노동Labor의 어원이 라틴어인 '구속', '형벌'에서 기원한다는 사실에서 알 수 있듯이 인류에게 노동은 기쁨보다는 형벌에 더 가까웠다. 물론 누구나 이 고통스런 노동에 시달렸던 것은 아니다. 고대 그리스에서 '노동Labor'과 '일Work'은 철저히 구분되었다.

한나 아렌트Hannah Arendt에 따르면, 노동은 한 인간으로서 생존과 삶을 지속하기 위해 반복적으로 행해지는 활동이다. 굶주림에서 벗어나기 위해 곡식을 심고, 추위와 맹수로부터 살아남기 위해 옷을 지어 입

[그림9] 높은 바위산에 큰 바위를 꼭대기까지 밀어 올리는
형벌을 받는 시지프스. ⓒ 베첼리오 티치아노, 〈시지프스〉,
1548-1549.

고 집을 짓는 행위가 바로 노동인 것이다. 노동이란 결국 인간이 최소
한의 생존을 위해 반복해야만 하는 본능적 행위에 불과하다. 따라서
고대 그리스에서 노동은 경멸의 대상이었으며 그것은 전적으로 노예
들이나 해야 할 일이었다.

　일의 개념은 다르다. 일은 생존을 위한 본능적 행위가 아니다. 인
간의 욕망과 계획이라는 이름 아래 행해지는 자유로운 활동이며, 인
간적인 성취를 추구하기 위한 활동이다. 고대 그리스에서 '일'의 구체
적인 형태는 정치 참여와 진리를 사랑하는 정신적 활동, 그리고 명예
를 위해 싸우는 것이었다. 그것은 뭔가 새로운 것을 시작할 수 있는 능
력이었다. 다만 고대 그리스 시민들의 자유로운 활동은 노동을 대신
해 주는 노예가 있었기에 가능한 일이었다. 이 관계는 오랜 세월을 거

치면서 농노와 영주, 지주와 소작농이라는 이름으로 조금씩 변형되긴 했지만, '노동-일', '노예-자유 시민'이라는 대립적 관계는 여전히 인간 사회를 지배하는 핵심으로 자리잡아 왔다.

하지만 산업혁명을 전후로 '노동-일', '노예-자유 시민' 관계에 균열이 생기기 시작한다. 노동과 인간 사이에 '기계'라는 제3의 노동력이 등장한 것이다. 기계의 등장은 인간의 경제, 정치, 사회, 문화적 양식을 송두리째 뒤흔들 정도로 파급력이 크고 막강했다. 가장 먼저 (적어도 법적으로는) 인간을 근거 없이 차별하던 노예 계급이 철폐되었다. 자연스럽게 노동은 노예가, 일은 자유 시민이 한다는 법적 규제도 사라졌다. 누구나 노동 앞에서 평등했고, 당장 굶어 죽을지언정 '노동하지 않을 자유'도 주어졌다. 정반대의 상황도 벌어졌다. 〈모던 타임즈〉의 트럼프처럼 기계에게 일자리를 빼앗긴 노동자들은 '노동할 수 있는 권리'조차 박탈당한 것이다. 이 모든 모순적인 상황에도 불구하고 기계가 가져온 가장 결정적인 변화는 힘들고 수고로운 노동을 더 이상 인간이 하지 않게 된 것이다.

에릭 브린욜프슨과 앤드루 맥아피(『제2의 기계 시대』의 저자)는 증기기관으로 촉발된 18세기 산업혁명이 제1의 기계 시대를 가져왔다면, 디지털과 컴퓨터 기술은 제2의 기계 시대를 열었다고 말한다(제2의 기계 시대는 오늘날의 제4차 산업혁명 시대라고 이해해도 좋다). 그 과정에서 제1의 기계 시대에는 저임금 육체노동이 기계로 대체되었으며, 제2의 기계 시대에는 인간의 정신적 업무마저 컴퓨터와 자동화로 대체되었다는 것이다. 이것이 의미하는 바를 정리하면 다음과 같다.

첫째, 기계는 인간의 육체적 노동만이 아니라 인간의 정신적인 업무, 가령 변호사, 의사, 약사, 교수, 기자, 회계사 심지어 예술의 영역까지 넘보기 시작한다. 이것은 대다수의 사람들이 원하는 직업을 갖지 못하거나 평생 일자리를 갖지 못하는 재앙이 펼쳐질 수도 있다는 것을 의미한다. 둘째, 기술 발전으로 생산성과 부가가치가 높아짐에 따라 사람들이 일을 덜 하면서도 소비와 여가는 더 많이 누릴 수 있게 되었다. 똑똑해진 기계 덕분에 인간은 생계를 위한 노동에서 벗어나 여가 시간을 어떻게 쓸지를 고민하게 된 것이다. 전혀 상반되는 이 두 가지 전망은 우리 앞에 펼쳐질 미래의 모습이기도 하다. 로봇과 인공지능의 발달 때문에 실업자만 양산되는 악순환이 반복될지, 보다 안락한 삶을 보장받는 사회로 나아갈지는 아무도 모른다. 다만 그 누구도 고통과 형벌로서의 노동은 원하지 않을 것이다.

노동과 여가, 자유로워질 권리

노동과 여가 중에서 우선순위로 선택되는 것은 언제나 노동이었다. 여가는 힘겨운 노동 끝에 받는 짜릿한 보상이거나, 보다 효율적인 노동에 집중하기 위한 수단 정도로 여겨졌다. 하지만 인간의 노동시간이 점점 단축되고, 여가의 중요성이 새롭게 조명되면서 많은 인식의 변화가 생겼다. 고대 원시사회만 하더라도 노동과 여가의 경계는 뚜렷하게 구분되지 않았다. 노동과 여가의 관계에 대해 고민하기 시작한 것은 근대 산업사회가 시작되면서부터다. 현대 사회에서 '노동과 여가'의 관계가 중요한 문제로 떠오르게 된 이유는 무엇일까?

19세기 영국의 시인이자 소설가이면서 벽지, 스테인드글라스, 태피스트리(여러 가지 색실로 그림을 짜 넣은 직물), 카펫 등의 디자이너이기도 한 윌리엄 모리스William Morris(1834-1896)는 직접 회사를 설립해 노동자들과 함께 동일한 노동을 한 사람으로 유명하다.* 노동이 '창조적 생산 활동'이 될 수 있다고 생각한 그는 노동은 즐거워야 한다고 강조했다. 그런데 자본주의 시스템에서 노동은 즐거움이 아니라 마지못해 하는 것, 심지어 고통스럽기까지 하다는 것이 그가 가진 문제의식이었다. 현실의 한계를 간파한 그는 '즐거운 노동'을 규정하기에 앞서 노동을 ① 기계적인 일 ② 상상적인 일로 나누었다. 그에게 가치 있는 노동은 ②의 상상적인 일이었다.

'기계적인 일'은 근대 공장의 노동을 의미한다. 자본가는 이윤 추구를 위하여 노동자의 노동시간을 연장하고, 열악한 환경의 공장 안에 밀어 넣고, 노동자의 기술을 기계적 수단에 의해 균일화시켰다. 그리하여 노동 자체의 매력이 상실되었다는 것이다. 반면 '상상적인 일'은 즐거운 노동과 관련된다. 상상적인 일은 노동자의 지성과 개성을 표출하는 것이다. 이 과정에서 노동자의 상상력이 수반되고 비로소 노동에서 즐거움을 느끼게 된다. 이러한 창의적 활동은 노동자에게 즐거운 노동이 되며, 노동의 결과물은 미적인 일상 용품이 된다는 것이 윌리엄 모리스가 생각하는 노동의 본질이었다. 모리스에게 노동은 근본적으로 인간의 개성을 표현하는 것이며 자아실현의 장이었다. 인

---

* 윌리엄 모리스는 1857년 화가 피터 폴 마샬(Peter Paul Marshall), 수학자 찰스 포크너(Charles Faulkner), 시인 딕슨(R. W. Dixson), 가구 디자이너 브라운(Madox Brown) 등과 함께 '모리스-마샬-포크너 상회(Morris, Marshall, Faulknerr & Co.)'를 설립한다. 여기에서 제작한 제품은 오늘날 공예 제품으로 분류되는 다양한 일상 용품으로, 모리스는 노동자들과 함께 천을 염색하고 가구에 그림을 그렸다. 그는 영국의 노동자 평균 수명이 15~17세이던 참혹한 노동 현장을 목격하면서 노동의 고귀함을 되찾을 수 있는 '수공업적 정신'을 회복하기를 원했다.

[그림10] 윌리엄 모리스와 그의 동료들이 설립한 모리스 상사의 모습과 윌리엄 모리스의 벽지 도안(1862).

간은 노동할 때, 그것도 즐겁게 노동할 때 비로소 온전한 의미에서 하나의 인간일 수 있다는 것이다.[1]

모리스의 사상은 오늘날의 노동 현장을 생각하면 다분히 이상주의에 가깝다고 볼 수 있다. 실제로도 그의 이러한 노력과 실천은 성공하지 못했다. 이윤 추구가 목적인 자본주의 경제체제 안에서 노동은 창조적 상상력을 발휘할 수 있는 환경이 될 수 없었기 때문이다. 또한 공장에서 공예품을 만드는 노동자이면서 경영자이기도 한 그의 계급적 신분이 한계로 작용했는지도 모른다. 하지만 노동의 본질을 즐거움과 인간의 주체성 회복에서 찾고자 한 그의 신념은 노동과 삶의 간격이 점점 벌어지는 현대사회를 성찰하는 데 있어 의미 있는 메시지라고 할 수 있다.

인간이 삶을 영위하는 데 있어서 노동만큼 중요한 것은 여가다. 국어사전에는 여가를 "일이 없어 남는 시간"으로 정의하고 있다. 이와 관련하여 구본권(『로봇 시대, 인간의 일』의 저자)은 여가를 여유 있는 시간이라는 개념으로만 생각하면 제대로 된 정의를 할 수 없다며 고대 그리스어인 스콜레Schole라는 개념을 강조한다. 한가함, 자유 시간, 조용함과 평화를 뜻하는 스콜레는 의무와 구속으로부터 해방된 자유로운 상태를 말한다. 즉, 국어사전에 표현된 것처럼 일이 없어(할 일이 없어/직업이 없어) 남는 자투리 시간이 아니라 자유로운 시간이 되어야 한다는 것이다.

아리스토텔레스 역시 여가는 삶의 궁극적 목표이고 인간은 여가를 지닐 때 가장 참되게 사는 것임을 강조한다. "일은 여가를 얻기 위해 하는 것이고, 여가는 예술적 활동이나 사색, 성찰에 쓰이는 데 본질이 있다."[2] 이처럼 '여가'는 인생의 중요한 덕목으로 논의되어 왔지만, '게으름뱅이'나 '나태함'이라는 부정적 인식이 보다 강하게 이어져 온 것도 사실이다. 여가가 노동을 하고 난 뒤의 자투리 시간이 아니라 '자유로운 시간'으로 이해되는 데 가장 결정적인 계기가 된 것은 노동과 여가 사이에 '로봇'이 등장하면서부터다.

지금은 누구나 아는 일반 명사가 되었지만 로봇이 처음 등장한 것은 카렐 차페크Karel Capek의 희곡 『로봇: 로숨의 유니버설 로봇(1920)』 (이하 『로봇』으로 약칭)이다. 로봇은 '허드렛일', '강제 노동'이라는 체코어인 로보타Rabota에서 파생된 말로 인간의 노동을 대체한다는 것을 의미한다. "오늘 당장 로봇 하나 장만하세요! 로봇이야말로 제일 싼 값으로 노동력을 제공해드립니다"라는 극중 대사에서 알 수 있듯이 로봇은 일 잘하는 일꾼으로 묘사되고 있다. 고된 노동은 로봇에게 맡기고 보다 자유로운 삶을 살고 싶어 하는 인간의 욕망이 투영되었다고 할 수 있다. 카렐 차페크의 『로봇』이 발표되고 어느새 100년이 흘렀다. 노동자들이 있던 자리를 수많은 기계와 로봇이 대신하고 있는 지금, 과연 우리는 적게 일하고 많은 여가를 누리며 살고 있는가?

컴퓨터와 인터넷, 인공지능 기술이 발달할수록 노동시간은 보다 효율적으로 단축되고 우리는 좀 더 많은 휴식과 여가를 즐길 수 있을 것이라 기대한다. 하지만 막상 현실을 들여다보면 상황은 달라진다. 기술은 진보하는데 왜 우리는 과거보다 할 일이 더 많아지고 바쁘게 살아가는 것일까? 크레이그 램버트Craig Lambert는 "아무 대가 없이 떠넘겨진 일들이 많기 때문"이라며 이를 그림자 노동이라고 말한다.[3] 그림자 노동은 오스트리아의 철학자 이반 일리치Ivan Illich가 처음 사용한 용어로 "임금에 기초한 경제에서 집안일처럼 보수를 받지 않고 행하는 모든 일"을 가리킨다. 가사노동을 비롯하여 교육, 보육, 통근 등과 같이 "보수 없이 당연히 해야 할 일"처럼 포장된 노동이 그림자 노동에 해당된다.

이반 일리치가 고용의 그늘에 가려진 무급 노동에 주목했다면, 크레이그 램버트는 기술이 발달하는 과정에서 많은 일들이 개인과 소비자에게 떠넘겨지는 현상에 주목한다. 그는 『그림자 노동의 역습』에서 기업들이 비용 절감을 위해 직원과 소비자들을 어떻게 속이는지 다양한 사례를 들어 설명한다. 대표적인 것이 바로 셀프 서비스다. 우리는 주유소에서 직접 기름을 주입하고, 카페에서는 커피 잔을 나르고, 먹다 남긴 쓰레기도 직접 치운다. 조립식 가구 회사 이케아(IKEA)는 소비자가 직접 가구를 조립하게끔 한다. 여행도 여행사 직원이 아닌 호텔스닷컴과 같은 어플리케이션을 이용해 스스로 비행기와 숙박 예약을 한다. 모두 우리에게 익숙한 일상이 된 셀프 노동이다. 이렇게 소비자의 대가 없는 그림자 노동이 안착되면 기업은 직원 수를 줄일 수 있다고 판단하기에 이른다. 곧이어 주유소와 카페, 가구 회사, 여행사 직원들은 일자리를 잃는다. 운 좋게 해고 위기에서 벗어났다고 해도 안심할 수 없다. 남은 직원은 해고된 직원의 업무까지 떠맡아 더 많은 일을 해야 하기 때문이다. 셀프라는 주체적 단어 너머로 "회사는 직원에게, 기업은 소비자에게, 기술은 사람에게 노동을 떠넘기고"[4] 있는 것이다.

기계와 자동화 기술은 나날이 발전하지만 이상하게 인간의 일은 줄지 않는다. 오히려 일자리는 줄어들고 그림자 노동은 늘어난다. 크레이그 램버트는 대가 없는 노동이 현대인의 주체적인 삶을 위협하고 있다고 경고한다. 기술이 발달할수록 현대인은 온갖 그림자 노동에 시달리느라 창조적인 사유를 할 겨를이 없어진다는 것이다. 그럼에도 불구하고 저자는 "우리 삶이 여유롭지 못한 것은 우리 탓이 아니다"라고 말한다. 대신 그동안 생각 없이 받아들여 온 그림자 노동을 선택의 문제로 만들라고 조언한다. 우리에게는 쉽게 기계화하거나 남에게 맡길 수 없는 창조적으로 사유할 권리, 그림자 노동에 시간을 빼앗기지 않을 권리, 자유로운 노동과 여가를 누릴 권리가 있기 때문이다.

3. 미래를 위한 성찰: 노동과 여가의 관계

다시 존 헨리의 이야기로 돌아와 보자. 이 이야기는 증기기관, 방직기 등 수많은 자동화 기계들의 도입으로 심각한 실업률 문제가 발생하자 '기계파괴'라는 러다이트 운동Luddite(1800년대 초 실업률 문제로 영국 노동자들이 벌인 기계파괴운동)이 전개되던 시대를 배경으로 하고 있다. 당시의 공장주에게 기계는 노동자를 해고할 수 있는 유용한 무기였다. 수십 명의 노동자에게 비싼 임금을 지불하는 것보다 기계 한 대 값으로 더 높은 이윤을 얻고 생산성을 향상시킬 수 있었기 때문이다. 물론 기계의 도입 자체가 인간의 노동권을 모두 앗아간 것은 아니다. 신기술과 신기계의 도입이 실업자 양산을 초래하는 것은 사실이지만, 그것은 일시적인 현상으로 여겨졌다. 과거에 없던 새로운 일자리가 더 많이 제공될 것이며, 인간은 힘든 노동에서 벗어나 더 많은 여가 시간을 갖게 될 것이라 기대한 것이다. 이 상반되는 두 가지 방향에서 미래가 어느 쪽으로 나아갈지는 알 수 없다. 다만 우리는 역사를 거꾸로 되돌릴 수는 없다. 제2의 존 헨리가 되어 기계를 파괴하는 것이 대안이 될 수 없는 것처럼, 모든 노동을 로봇에게 맡기는 것으로 노동의 자유와 실업자 문제가 해결되는 것은 아니다. 기술의 발전과 함께 인간의 노동과 여가의 관계도 변해 가고 있다. 우리는 왜 일을 해야 하는지, 그리고 노동의 의미와 목적은 무엇인지 여러 철학자들의 의견을 들어 보자.

제레미 리프킨

기계의 도입과 노동의 종말

인간은 늘 노동을 하면서 살아왔다. 사냥과 채집을 하던 원시시대부터 공장 조립 라인에서 생산품을 만들어 내는 현재에 이르기까지 노동은 생존의 문제이자 인간다움의 기본 가치로 간주되었다. 그러나 로봇과 인공지능 기술이 급격히 발전하면서 기술과 노동의 관계는 과거와는 확연히 다른 양상을 띠고 있다. 지금 세계 곳곳에서는 지능화된 자동 로봇 기계들이 노동자들의 일자리를 대체하고, 기계보다 효율성이 떨어지는 노동자들을 퇴출하고 있다.

세계적인 경제학자이자 문명 비평가인 제레미 리프킨Jeremy Rifkin은 『노동의 종말』(2005)에서 인류는 현재 인간의 노동이 필연적으로 감소하는 역사적 전환기에 진입하고 있다고 주장한다. 초기 산업 기술의 등장으로 인류는 힘든 육체적 노동의 수고를 줄일 수 있었다. 하지만 인류는 노동으로부터의 소외, 노동으로부터의 추방이라는 암울한 미래를 맞이하게 된다는 것이다. 이미 20여 년 전 첨단 기술이 가져올 인류의 미래를 예견하고 그 해결책을 제시했던 리프킨의 생각을 따라가 보자.

첫째, 21세기에는 단순 반복적인 업무부터 복잡한 인지능력이 요구되는 전문 업무에 이르기까지 더 많은 노동이 값싸고 보다 효율적인 기계에 의해 대체될 것이다. 첨단 기술에 의해 등장한 생각하는 기계(인공지능)는 모든 산업 부문을 서서히 잠식하면서 인간의 노동을 몰아내고 있다. 이러한 현상은 블루칼라(생산직에 종사하는 육체 노동자로 푸른 작업복을 입는 데서 유래한다)와 화이트칼라(사무직에 종사하는 노동자로 주로 사무실에서 흰 와이셔츠를 입기 때문에 생긴 말이다) 노동자들의 대량 실업으로 귀결될 것이다. 이것은 곧 '노동의 종말'을 의미한다. 이제 기계가 인간 노동을 대체하는, 실리콘칼라 노동자*의 시대가 시작된다.

---

*   '실리콘칼라 노동자'는 제레미 리프킨이 『노동의 종말』에서 처음 제시한 개념이다. 육체 노동자와 사무직 노동자의 자리를 대체할 21세기의 기계 노동자를 말한다. 이들은 첨단 정보통신

20여 년 전 리프킨이 진단했던, 현대 산업사회의 자동화, 로봇화로 인한 대규모 기술적 실업(기술적 실업이란 신기술의 발달로 발생하는 실업을 말한다. 예를 들어 무인차가 개발될 경우 택시 운전사들이 실업자가 된다)은 오늘날 이미 많은 부분에서 현실화되고 있다. 20세기 경제학자들이 장밋빛 전망으로 제시한 '기술 확산 이론(기술 발전에 따라 고용이 증대될 것이라는 이론)'은 더 이상 유효하지 않다. 효율성을 앞세운 첨단 기술은 인간을 해고하고 그 자리를 기계로 대체함으로써 생산성을 급격히 향상시키고 있다. 생산성의 증대는 이전처럼 추가 고용으로 이어지지 않으며, 오히려 인간을 노동에서 추방하고 있다. 리프킨은 오늘날 미국과 전 세계에서 실업이 확산되는 심층적인 원인이 바로 생산성의 급격한 상승에 있다고 판단한다.

둘째, 생산성 증대와 노동력 감소로 인해 사회는 두 개의 화해할 수 없는 집단으로 빠르게 양극화하고 있다. 한편은 첨단 기술로 세계 경제를 주도하는 기업, 관리, 전문직, 기술 분야의 소수 엘리트 집단이다. 또 다른 한편은 점점 자동화되어 가는 세계에서 소외되는 불안정한 임시 노동자와 영구 실업자 집단이다. 문제는 극소수 엘리트가 세계 재화의 98%를 생산하고 대다수의 임시 노동자들이 2%만을 생산하는 미래 사회의 경제구조가 필연적으로 사회 분열을 야기한다는 데 있다. 정보 엘리트 집단에게 노동 없는 세계는 고된 노동으로부터 해방되는 새로운 시대의 시작을 의미하는 것일 수 있다. 반면 희망도 능력도 없는 영구 실업자 집단에게 그것은 대량 실업, 전 세계적인 빈곤, 사회적

기술의 핵심 물질인 실리콘으로 이루어지기 때문에 '실리콘칼라'로 명명한다. 리프킨에 따르면 미래에 대부분의 노동은 지능 기계(인공지능)인 실리콘칼라에 의해 수행될 것이다.

불안과 격변이라는 우울한 미래일 뿐이다. 리프킨은 대립적인 두 집단이 공존함으로써 인류는 기술 천국의 유토피아가 아닌 디스토피아적 미래를 맞이할 가능성이 더 높다고 우려한다.

셋째, 노동의 종말은 이제 피할 수 없는 현상이 되고 있다. 그럼에도 불구하고 리프킨은 노동의 종말로 인한 파국을 피하고 대립적인 두 집단이 화합하여 공존할 수 있는 대안을 모색한다. 그는 대량 실업과 고용 문제를 해결하기 위해 먼저 인간의 가치와 사회적 관계를 재정립할 것을 요청한다. 생산성을 중시하는 시장지향적 사고에서 벗어나 봉사, 연대, 친밀감 등의 인간다움을 회복해야 한다는 것이다. 그리고 이를 기반으로 일자리 나누기를 통한 노동시간 단축과 제3부문을 강화할 것을 촉구한다. 제3부문이란 자원봉사나 이윤을 창출하지 않는 빈민 구호, 기초 의료 서비스, 청소년 교육, 임대주택 건설 등의 비영리적 사회 활동을 의미한다. 자동화 기술로 인해 소외된 잉여분의 노동력을 사회적 경제에 투자하여 기술 발달에 따른 혜택을 사회 전체가 나눔으로써 사회의 복지 수준을 높여야 한다. 이것이 그가 노동의 종말이 야기하는 파국적 결말을 피하기 위해 제시하는 대안이다.

리프킨이 인간의 노동이 상실되는 노동 없는 세상을 암울한 전망으로 인식했다면, 노동 없는 세상이야말로 우리가 생존을 위해 지속해 왔던 노동으로부터 우리를 자유롭게 할 것이라 전망하는 사람들도 있다. 대표적인 철학자의 의견을 살펴보자.

팀 던럽
노동 없는 미래와 인간의 자유

정치철학자 팀 던럽Tim Dunlop은 기계와 로봇이 인간의 일자리를 대체하는 것을 피할 수 없을 것이라고 생각한다. 그러나 '로봇들이 우리의 일자리를 빼앗아 갈 것인가'에 대해 묻기보다는 '우리가 살고 싶은 사회는 과연 어떤 사회인가'를 진지하게 고민해 보는 것이 더욱 중요하다고 말한다. 그리고 시대가 변화함에 따라 노동에 대한 관점 역시 변화해야 한다고 강조한다. 노동 없는 미래, 기술의 발달로 인간이 일을 하지 않아도 좋은 '탈노동Postwork'의 시대가 올 것이라고 주장하는 그의 견해를 살펴보자.

첫째, 기술의 발전으로 많은 일자리가 사라지게 된다면 노동과 일에 대한 우리의 생각을 바꿔야만 할 것이다. 노동과 일이 인간의 가치를 규정하는 덕목으로 여겨진 것은 오래된 일이 아니다. 정치와 같은 공적인 활동을 중시했던 고대 그리스인들은 사적인 이익을 추구하는 모든 활동을 폄하했다. 따라서 사적 영역에서 이루어지는 육체적인 노동은 오롯이 노예의 몫이었고, 온전한 시민권과 인간적인 성취를 위해 행해지는 일은 공적인 활동으로서 시민들만이 누릴 수 있는 소명이었다. 이처럼 노동과 일은 사적 영역과 공적 영역으로 분리되었으나, 대도시 공장 노동자가 등장함으로써 이러한 차이는 사라지게 되었다. 자본주의 경제체제에서 노동은 시민의 임무가 되었고, 개개인을 평가하는 척도가 되었다. 그러나 인공지능과 로봇 기술이 인간의 노동을 대체하면서 인간이 일자리를 가져야 한다는 생각과 노동이 삶의 가치라는 규정을 무의미하게 만들고 있다. 인류는 일의 패러다임이 또 다시 바뀌는 시기를 맞이하고 있는 것이다. 던럽은 이제 노동을 새로운 관점에서 볼 것을 제안한다.

둘째, 로봇에게 노동을 넘겨주는 상황은 인간다운 삶을 위해 매우 좋은 것이다. 그는 로봇이 사람의 일을 대신할 수 있다면 왜 그렇게 하도록 두지 않는가라고 반문한다. 생산성이 높아지면 우리는 지금 일하는 시간만큼 일하지 않아도 된다. 노동을 기계에 넘겨주고 인간은 자유롭게 다른 활동을 추구하는 삶을 누릴 수 있는 것이다. 그렇지만 그가 생각하는 탈노동은 우리가 노동을 더 이상 하지 않는 것을 의미하지는 않는다. 그보다는 우리가 생존하기 위해 급여를 받고 일할 수밖에 없는 상황으로부터 자유로워지는 것을 의미한다. 이러한 관점에서 그는 노동 없는 미래를 두려워할 것이 아니라 로봇이 생계를 위한 노동에서 인간을 해방시키리라는 긍정적 측면을 적극적으로 받아들여야 한다고 주장한다. 그에 따르면 인류의 미래가 지향해야 하는 탈노동의 시대, 지금보다 훨씬 적은 시간만 노동하고도 더 행복하고 만족스러운 삶을 살 수 있게 하기 위해서는 무엇보다 정치적인 대응책이 강구되어야 한다.

셋째, 노동 없는 미래를 위해서는 보편적 복지라는 사회적 장치가 필요하다. 오늘날 노동은 그 의미와 경제적 안정성을 잃고 있는 반면, 생산성은 지속적으로 향상되면서 최소한의 노동만 수행하는 것도 가능해지고 있다. 다만, 이러한 사회적 변화 속에서 국가가 보다 적극적인 역할을 해야 할 필요가 있다. 던럽은 국가가 기계화와 자동화에 의해 얻게 되는 부를 재분배하여 국민 모두가 더 나은 삶을 살 수 있도록 해야 한다고 주장한다. 즉, 개인의 재능이 생계를 위해 사용되는 대신 개인적 만족을 위해 사용될 수 있게 해야 한다는 것이다. 그리고 축적된 부를 재분배할 수 있는 사회적 장치로 '보편적 기본소득제도'를 제안한다. 노동으로부터의 자유라는 이념이 반영된 보편적 기본소득은 자산이나 소득, 노동 활동과 관련 없이 무조건적으로 국가가 국민 모두에게 정기적으로 일정액을 지급하는 제도다. 그가 꿈꾸는 미래는 바로 이러한 제도를 기반으로 자아실현이 가능한 노동 없는 세상이다.

노동 없는 미래는 인간이 노동을 기계에게 맡기고 노동으로부터 해방되는 세상이다. 노동 없는 세상을 희망적으로 본다는 점에서 리프킨의 관점과는 다르지만, 팀 던럽이 말하는 탈노동은 리프킨이 제안했던 것과 마찬가지로 사회적·정치적 차원에서 이루어져야 한다. 탈노동의 미래 모습은 전적으로 우리가 어떤 사회를 만들고 싶어 하는지에 달려 있다.

토마스 바셰크
'더 적은 노동'에서 '더 좋은 노동'으로

첨단 기술의 등장으로 노동의 패러다임이 바뀌고 있는 오늘날, 철학자 토마스 바셰크Thomas Vasek는 "우리에게는 더 적은 노동이 아니라 더 좋은 노동이 필요하다"고 주장한다. 노동의 종말과 탈노동이 회자되는 시대에 그가 말하는 '더 좋은 노동'은 무엇을 의미할까? '탈노동'이 아닌 '좋은 노동'을 옹호하는 그의 의견을 저서 『노동에 대한 새로운 철학』(2014)에서 살펴보자.

첫째, 노동은 부를 축적하기 위한 수단에 그치는 것이 아니라, 그 자체로서 목적이며 좋은 삶을 영위하기 위한 본질적인 가치다. 노동은 곧 자아를 실현하고 개인의 삶과 사회를 결속시켜 주는 핵심 가치다. 바셰크는 노동을 생계를 위한 수단으로만 생각하는 관점, 즉 노동과 삶을 분리하는 시선들을 거부한다. 그는 워라밸work-life balance(일과 삶의 균형)*을 지향하며 노동 없는 세상을 꿈꾸는 현대인들을 비판한다. 그에 따르면 워라밸이란 노동과 삶을 별개의 것으로 구분하고 노동을 하지 않을 때에만 하고 싶은 것을 할 수 있다는 잘못된 관념을 토대로 하는 것이다. 그는 노동시간의 축소가 아니라 여가에 집착하지 않게 하는 것이 '좋은 노동'이라고 주장한다. 좋은 노동은 자기 존중의 핵심적인 조건으로, 자신의 능력을 믿게 하고 자신이 가치 있다는 자부심을 갖게 해 준다. 그리고 이때 인간은 좋은 삶을 산다는 느낌을 갖는다. 좋은 노동만이 좋은 삶을 만든다.

둘째, 좋은 노동이 좋은 삶에 기여하는 본질적인 것이라면, 우리는 우선적으로 좋은 노동을 만들어 내야 한다. 좋은 노동은 희망이 아니라 기본적이고 당연한 권리다. 그렇다면 '좋은 노동'이란 무엇일까? 그는 좋은 삶에 기여하기 위해 충족시켜야 할 좋은 노동의 기준들을 다음과 같이 제시한다.

1. 우리의 가치관 및 감정과 일치하고, 진정성 있는 삶을 살 수 있게 한다.

---

* 워크 라이프 밸런스(work-life balance)는 1970년대 후반 영국에서 개인의 업무와 사생활 간의 균형을 일컫는 단어로 처음 등장했다. 우리나라에서는 각 단어의 앞 글자를 딴 '워라밸'로 통용된다.

2. 우리를 풍요롭게 해 주는 경험들을 제공한다.

3. 자아실현과 함께 재정적인 면에서 인정받을 수 있게 해 준다.

4. 다른 사람들과 협력할 이유들을 제공함으로써 사회적 결속을 강화한다.

5. 우리에게 도전할 과제를 주어 때때로 몰입을 경험하게 한다.

6. 자유롭게 사용할 수 있는 시간, 휴식 시간, 여가의 요소들을 포함한다.

7. 습관을 만들어 냄으로써 우리의 삶에 믿을 수 있는 틀을 제공해 준다.

셋째, 좋은 노동을 위해서 우리는 노동 세계의 문제를 정확히 관찰하고 '나쁜 노동'을 거부해야 한다. 그는 시간제 근무, 파견 노동, 계약직과 같은 변칙적 고용 형태가 증가하는 상황에 주목하며 그러한 노동이 확산되는 것을 저지해야 한다고 주장한다. 나쁜 노동으로 간주되는 이런 일자리에서 사람들은 자신의 직업과 진정한 관계를 맺을 수 없다. 그는 노동의 질적 변화를 위한 사회적 논의가 여느 때보다 시급하다고 판단한다. 하지만 현재 여러 나라에서 시행되고 있는 기본소득제도(모든 사회 구성원에게 무조건적으로 지급하는 소득)에는 회의적이다. 기본소득이 노동의 가치를 무너뜨린다는 이유에서다. 노동의 가치와 정체성은 마감 시간, 성과成果 같은 고통스러운 의무에서 비롯되는데, 기본소득을 받으면 이런 고통을 감내할 이유가 줄어든다는 것이다. 즉 노동을 함으로써 자신의 능력을 더 발전시키려는 동기가 필연적으로 줄어들게 되고, 이는 노동을 하지 않도록 유도할 수 있다. 우리는 노동이 없는 삶의 가능성들을 찾기보다는 노동을 삶의 일부로 받아들이고 노동의 질을 변화시키려 노력해야 한다.

바셰크는 우리가 지금까지 규정해 왔던 노동에 대한 정의를 새롭게 하고 노동을 삶의 일부로 편입시킨다. 노동을 인간의 소명으로 보는 그의 관점은 노동으로부터의 자유를 지향하는 던럽의 시각과 대척점에 있는 것처럼 보인다. 그러나 던럽이 제시한 탈노동과 토마스 바셰크가 말하는 좋은 노동은 강조점의 차이는 있지만 완전히 상반되는 것은 아니다. 인간이 노동을 통해 성취감을 느끼고 성장하며, 안정된 소득과 여가를 보장하는 것은 어떤 관점에서든 중요하다. 기술의 발전으로 사회구조가 급격히 변화하는 시대에 노동의 의미와 삶, 그리고 우리에게 좋은 노동은 무엇인지에 대한 탐색이 필요하다.

1930년대의 공장에서 노동자로 일하던 트럼프(찰리 채플린)에게 노동은 즐거운 일이 아니었다. 힘든 노동에 지친 트럼프는 사랑하는 소녀와 함께 행복한 세상을 찾아 먼 길을 떠난다. 정처 없이 세계를 떠돌아다닌 지 어언 700년이 흘렀다. 그 동안 지구에는 많은 일들이 벌어졌다. 몇 번의 기후재앙과 쓰레기 대란도 그중 하나였다. 지구를 버리고 떠난 인류가 다시 돌아왔다고 한다. 쓰레기 산으로 변해 버린 지구를 재건하기 위한 지구 재건 사업이 대대적으로 시작된다는 소식도 들려왔다. 트럼프도 인류가 청소 로봇 월-E의 도움으로 지구로 귀환하는 과정을 담은 애니메이션 〈월-E〉를 관람한 터라, 인간과 로봇이 지구를 어떻게 재건할지가 궁금했다. 트럼프는 하나 밖에 없는 단벌 신사

복으로 갈아입고 우주선 내부에 있다는 메크리 선장의 사무실로 향한다. 메크리 선장은 인류가 버리고 떠난 고향별 지구에 생명체가 살아나고 있다는 것을 알고, 사람들을 지구로 귀환시킨 선장이다. 메크리 선장은 자신의 사무실 안으로 들어온 트럼프를 한 눈에 알아본다.

[그림11] 영화 〈모던 타임즈〉에서 제조 공장 노동자로 일한 '리틀 트럼프'. ⓒ 〈모던 타임즈〉, 1936.

선장	아! 찰리 채플린! 아… 아니 리틀 트럼프인가? 워낙 영화에서 연기를 잘해 채플린인지 트럼프인지 헷갈리는군요.
트럼프	트럼프로 불러주십시오. 전 배우 채플린이 아니라 노동자 트럼프 자격으로 이곳에 온 것이니까요.
선장	알겠습니다. 트럼프 씨! 그런데 여긴 무슨 일로…?
트럼프	저… 그게… 사실… 제가 일자리를 찾는 중이라…….
선장	예? 트럼프 씨는 새 일자리를 찾아 고향을 떠난 지 700년이나 지난 걸로 알고 있는데… 아직도 일자리를 구하지 못한 겁니까?
트럼프	후우, 저도 그 이유를 알고 싶습니다. 왜 아직도 실업자 신세를 벗어나지 못하는 것인지……. 그래서 드리는 말씀인데 지구를 재건하기 위한 대대적 사업이 시작된다는 소문을 들었습니다. 무슨 일이든 좋습니다. 저에게도 일을 할 수 있는 기회를 주십시오.
선장	이런, 트럼프 씨! 사정이 딱한 건 알겠지만… 저기서 일하고 있는 로봇과 기계들을 보십시오. 이런 건설 현장에서 인간은 더 이상 힘든 육체노동을 하지 않습니다. 인간이 직접 몸을 써 가며 일하는 시대는 이미 지났습니다.
트럼프	그렇다고 모든 일을 로봇에게 다 맡길 수는 없잖습니까?
선장	맞습니다. 인간이 할 수 있는 것과 로봇이 할 수 있는 일은 다르니까요. 하지만… 새로 생긴 일자리는 모두 고도의 전문성을 요하는 것들입니다.
트럼프	전문성이요? 그게 뭐든 열심히 배우겠습니다. 일을 배울 수

인간은 기계보다 특별할까?

있는 약간의 시간만 주십시오!

선장   아… 제 말을 잘 이해 못하신 것 같은데… 예를 들어 보겠습니다. 자동차는 19세기 초에 처음 등장했습니다. 자동차의 등장과 함께 사라진 직업이 바로 마차를 몰던 마부와 인력거꾼이었습니다. 자동차보다 느린 마차는 더 이상 필요치 않았으니까요.

트럼프   하지만 마부와 인력꾼들이 모두 실업자가 된 것은 아니에요. 택시를 운전한 기사들이 바로 그들이었으니까요.

선장   맞습니다. 그 당시에는 조금만 노력해서 면허증을 따면 누구나 택시 기사를 할 수 있었습니다. 택시 기사뿐이겠습니까? 시간을 좀 더 투자해서 공부하고 배운다면 자동차를 만드는 회사에 취직도 할 수도 있고, 직접 자동차를 개발하는 엔지니어도 될 수 있었지요. 하지만 이제는 불가능합니다.

트럼프   이유가 뭐죠? 사람들이 갑자기 바보라도 되었다는 겁니까?

선장   그게 아닙니다. 자동차가 처음 나왔던 때와는 비교가 되지 않을 만큼 로봇과 기계가 빠르게 발달하고 있기 때문입니다. 트럼프 씨, 창문 밖에 뭐가 보이시지요?

트럼프   흠! 제가 옛날 사람이라고 무시하시는 것 같은데… 운전사 없이 운행하는 자율 주행 자동차 아닙니까? 하늘을 나는 드론 택시와 개인용 제트기도 있고요. 저 기계들이 제 일자리와 무슨 관계라도 있는 건가요?

선장   관계가 있다마다요. 19세기에 자동차가 등장할 때만 하더라도 마차와 인력거는 어느 한 순간에 사라지지 않았습니다. 많은 사람들이 자동차를 이용하고 시장이 확장될 때까지 충분한 시간이 걸렸고, 그동안 사람들은 다른 직업을 찾을 수 있었으니까요. 하지만 지금은 다릅니다.

트럼프   도대체 뭐가 다르다는 건지…….

선장   예를 들어, 40세에 실직한 택시 기사가 피나는 노력으로 드론 조종사가 되었다고 합시다. 과연 그 드론 조종사 일이 평생 직업이 될 수 있을까요? 장담하건데 그는 10년도 지나지 않아 다시 새 직장을 알아봐야 할 겁니다. 드론 날리는 일도 자동화될 수 있으니까요. 더 두려운 것은 인간의 두뇌를 뛰어넘는 수많은 첨단 기술입니다. 인공지능이 가장 대표적이죠.

트럼프   인공지능이라면… 혹시 〈월-E〉에 등장한 그 빨간 눈 오토 같은…?

선장   오, 트럼프 씨도 오토를 알고 계신가요?

트럼프   잘 알다마다요. 우주선 엑시엄호가 지구로 귀환하지 못하게 온갖 술수로 방해했잖아요. 설마 그 빨간 눈의 오토도 지구로 데리고 온 건가요? 파괴한 게 아니었어요?

선장   아이고, 파괴라니요. 100년 전에 로봇법이 제정되면서 인간이 함부로 파괴할 수 없게 되어 있습니다.

트럼프   그럼… 혹시 감옥에…?

선장   아니, 아닙니다. 지금은 외계인 정찰 업무를 맡아 화성에서 일하고 있습니다. 성격이 고지식하고 욱하는 버릇이 있기는 하지만 한 번 주어진 일은 끝까지 해내는 친구이지요. 이런! 잠시 샛길로 비켜간 것 같군요. 제가 무슨 이야기를 하던 중이었죠?

트럼프   제 일자리가 기계와 관련이 있다고요.

선장   아! 맞습니다. 방금 오토 얘기를 했지만, 오토와 같은 인공지능은 단순한 기계가 아닙니다. 스스로 생각하는 능력을 갖고 있지요. 더구나 배우는 속도는 상상을 초월합니다. 인간은 도저히 따라갈 수 없을 정도지요. 이제 배우고 익히는 것도 인간의 몫이 아닙니다. 기계가 훨씬 더 훌륭하게 잘 해내니까요.

트럼프   그 얘기는… 기술의 속도가 빨라질수록 인간의 직업 수명은 짧아질 수밖에 없고… 결국 인간에게 평생 직업이라는 것도 더 이상 없다는 의미군요.

선장   안타깝지만 그게 현실입니다. 많은 사람들이 미래에도 살아남을 유망 직종이 무엇인지 고민하죠. 하지만 앞으로 평생 직업 같은 것은 없다는 사실을 인정해야 합니다. 직업 선택에서 중요한 것은 어떤 직업이 안정성이 높고 유망한가가 아닙니다.

트럼프   그럼 뭐가 중요하다는 거죠?

선장   미래를 이해하고 바라보는 관점입니다. 이런 태도가 없으면 어떤 직업을 선택한다 할지라도 결국은 시대에 뒤처지기 마련입니다. 정말로 자신에게 행복한 일이 무엇인지 스스로에게 물어보고 결정해야 합니다.

트럼프   나에게 행복을 주는 일이라고요…?

선장	혹시… 트럼프 씨에게도 그런 일이 있나요?
트럼프	있고말고요!
선장	아! 그게 뭐지요?
트럼프	보여드리지요!

트럼프가 갑자기 자리에서 일어나 경쾌한 음악 소리에 맞춰 지팡이를 자유자재로 움직이며 춤과 노래를 부른다. 그 모습은 영화 〈모던 타임 즈〉에서 트럼프가 춤과 노래를 하면서 사람들을 즐겁게 하던 그 시절로 돌아간 듯하다. 선장은 트럼프의 춤과 노래에 살짝 당황하지만 자신도 모르게 어깨를 들썩인다.

트럼프	후우, 나이가 나이인지라 힘들긴 하지만 정말 즐겁군요. 저에게 즐거운 일은 바로 춤과 노래입니다. 어떻습니까? 지구 재건 사업으로 열심히 일하는 사람들에게 제 춤과 노래가 위로가 되지 않을까요?
선장	음… 트럼프 씨의 표정을 보니 이 일을 정말로 좋아하시는 것 같군요. 하지만… 어쩌죠? 요즘은 K-팝 아이돌도 통하지 않는 시대가 되었습니다. 인간 아이돌보다 매력 있고 뛰어난 댄서 인공지능이 넘쳐나고 게다가… 트럼프 씨는 나이도 너무 많고… 솔직히 말씀드리겠습니다. 현재 우리 사업장에서는 트럼프 씨가 일할 만한 무대가 없는 것 같군요. 정말 죄송합니다.
트럼프	아……. 아닙니다, 괜찮습니다. 선장님. 기계 부품처럼 살아

온 제가 무슨 일을 할 때 행복하고 즐거워하는지를 깨닫게 된 것만으로도 기쁩니다.

선장 하지만 당장 일자리를 구하셔야 할 텐데…….

트럼프 예! 당연히 그래야죠. 하지만 제가 어떤 일에 재능이 있는지 알게 되었으니, 제가 춤추고 노래할 수 있는 무대는 직접 찾아보겠습니다. 미래를 살아갈 사람은 바로 나 자신이니까요!

황폐해진 지구를 재건하느라 분주히 움직이고 있는 로봇과 인간들 사이로 트럼프가 지팡이를 흔들며 유유히 사라진다.

함께 보면 좋은 영화

■ 〈슬립 딜러Sleep Dealer〉(알렉스 리베라, 2008)

가까운 미래, 노동자들은 몸에 구멍을 뚫어 노드NODE를 장착하고 가상현실로 로봇을 조종한다. 노드는 인체의 신경계와 기계의 전극을 이어 만든 전 지구적인 디지털 네트워크로, 사람들은 이것을 통해서 노동을 하거나 기억을 사고팔 수 있다. 멕시코 청년인 '메모' 역시 노드를 이식받지만, 점점 열악한 노동에 시달리며 과학기술의 이면을 깨달아 간다. 북남미의 갈등, 수자원 독점, 과학기술을 통한 사생활의 침해 등과 같은 다국적 기업의 횡포와 이주 노동자들의 불안한 현실을 담고 있다.

■ 〈써로게이트Surrogates〉(조나단 모스토우, 2009)

과학이 발달한 미래사회, 인간은 무한한 능력의 대리 로봇 써로게이트를 통해 안전한 삶을 즐길 수 있게 된다. 모든 업무를 써로게이트가 대신하는 동안 인간은 집 안에 설치된 '콘트롤 유닛'에 편안히 누워 로봇을 원격 조종하며 대리만족의 삶을 살아간다. 그러나 두 명의 써로게이트가 공격을 당하고, 그들의 사용자인 인간까지 죽게 되면서 써로게이트가 죽더라도 인간은 안전하다는 시스템에 균열이 일어난다.

■ 〈메트로폴리스Metropolis〉(린 타로, 2001)

거대 도시 메트로폴리스에서 로봇들은 인간 대신 허드렛일을 하며 살아간다. 사람을 위해 한평생 일하지만 어떠한 권한도 부여받지 못한 로봇들은 반란을 일으킨다. 미래 사회에서의 인간과 로봇의 불평등한 사회관계, 계급 모순과 노동으로 인한 빈부격차의 문제를 담고 있다. 일본의 만화가 데츠카 오사무의 만화를 원작으로 한 애니메이션이다.

5장

기술로 인간의 도덕성도 향상시킬 수 있는가

우리는 지나간 과거를 아름답게 보는 무의식적 성향이 있다. 특히 때와 장소를 가리지 않고 벌어지는 테러, 성폭력, 강도, 아동 학대, 연쇄 살인 같은 참혹한 사건이 들려올 때마다 과거는 더욱 더 '아름다운' 추억으로 소환된다. "내가 어릴 적만 하더라도 이렇게까지 잔인하지 않았는데", "풍족하지는 못했어도 옛날에는 낭만이 있었는데"라고. 우리는 과거보다 더 폭력적이고 야만적인 인간으로 변해 가고 있는 것일까?

스티븐 핑커는 단호하게 '아니다'라고 응답한다. 과학기술과 문명이 발전하면서 "인류의 폭력성은 오랜 시간에 걸쳐 감소해 왔으며, 오늘날 우리는 우리 종이 존재한 이래 가장 평화로운 시대에 살고 있다."[1] 평균수명의 연장, 질병의 퇴치, 물질적 번영, 인권과 성 평등의 실현, 지능의 발전, 안전과 자유의 보장 등이 바로 인간의 폭력성이 순화된 진보의 증명이라는 것이다. 과학의 '선물'은 여기에서 멈추지 않는다.

과학은 이제 인간의 도덕적 인성마저 향상시킬 수 있다는 놀라운 전망까지 제시하고 있다. 잉마 페르손Ingmar Persson과 줄리안 사불레스쿠Julian Savulescu는 기술적 수단을 통해 인간의 도덕적 능력 향상을 옹호하는 사람들이다. 그들의 주장에 따르면 지난 몇 세기 동안 과학기술은 눈부시게 발전했으나 인류가 가진 영장류의 본능은 인류가 시작되던 초기 상태에 머물러 있다. 그런데 인간의 이러한 도덕적 결함이 과학의 힘을 오용하여 인류 절멸이라는 끔찍한 재앙을 초래할 수 있다. 따라서 인류가 구축해 온 과학기술을 현명하게 사용하기 위해서는 약물이나 유전공학 등을 이용해 인간의 도덕적 능력을 향상할 필요가 있다는 것이다.

과학기술을 이용하여 도덕적 능력을 향상시키는 것은 인간에게만 국한되지 않는다. 많은 사람들이 새로운 첨단 기술을 두려워하는 이유 중 하나로 '자유의지'를 가진 인공지능의 등장을 꼽는다. 인공지능이 자유의지를 갖게 되면 인간의 명령을 거부할 수 있으며, 그때는 인간이 인공지능을 통제할 수 없는 상태가 된다고 생각하기 때문이다. 하지만 도덕적 향상 기술을 낙관히는 사람들에 따르면 이 문제도 우려할 사항이 아니다. 인간의 도덕성을 향상시키듯 기계에게는 이른바 '로봇 3원칙'과 같은 도덕적 규범과 법칙을 부여하면 된다는 것이다.

그러나 기술을 이용해 인간성 혹은 인간의 도덕적 능력을 조율하고 변형시킨다는 발상은 신중하게 접근해야 할 문제다. 우리는 어떤 일이 옳고 그른지 판단할 수 있는 절대적이고 객관적인 판단 기준을 갖고 있지 않기 때문이다. 혹자는 사회가 도덕의 기준과 도덕성을 결정할 수 있다고 주장하지만, 만약 나치의 도덕성이 '선'이 된다면 나치 사회에서 시민들은 무고한 시민들을 학살하는 끔찍한 '선'을 실천해야만 한다. 하지만 그것은 '선'도 '도덕성'도 아니다. 과학 기술을 이용하여 인간과 로봇을 도덕적으로 향상시키는 것이 과연 적절한 방법이고 정당화될 수 있는지, 기술과 도덕성의 관계를 살펴보자.

1. 스크린 속으로

드라마 〈블랙 미러: 보이지 않는 사람들〉(2016)
"인간은 서로를 죽이고 싶어 하지 않아!"

주인공 스트라이프는 '벌레'라고 불리는 인류의 적과 전투를 앞둔 군인 초년병이다. 이 '벌레'는 인류를 전염병과 죽음으로 몰아넣는 끔찍한 존재다. 군대는 이 괴물을 제거하기 위해 첨단 시스템을 무기로 삼는다. 스트라이프는 첫 전투에서 벌레를 두 마리나 죽이는 성과를 내지만, 전투 과정에서 이상한 장치의 불빛을 본 이후 기이한 현상에 시달리게 된다. 이후 '벌레'들의 은신처에 침투하는 작전에서 스트라이프는 충격적인 진실과 마주한다.

〈블랙 미러〉는 급격한 기술 발전이 현대사회에 가져올 문제와 부작용을 다양한 에피소드로 구성한 시리즈 드라마다. "보이지 않는 사람들" 편에서는 기술이 '인간의 본성'을 어떻게 조작하고 그 결과가 어떤 끔찍한 재앙을 초래하는지를 보여 준다. 주인공 스트라이프는 평범한 청년이다. 그는 갓 입대한 군대에서 자신의 전투 능력을 인정받고 싶어 한다. 그리고 처음으로 투입된 '벌레' 소탕 작전에서 한 마리도 잡기 힘들다는 벌레를 무려 두 마리나 제거한다. 그런데 그날 이후 그는 기이한 현상에 시달린다. 그에게 무슨 일이 일어난 것일까?

전쟁 기록사에 따르면 인간의 본성은 전쟁을 하기에 적합하지 않다고 한다. 많은 사람들이 인간이야말로 가장 잔인한 동물이라고 하지만, 알고 보면 가장 마음이 약한 동물 또한 인간이라는 것이다. 그래서 인간은 자신의 목숨이 걸린 절박한 상황이 아니라면 서로를 죽이는 걸 가장 싫어한다. 이러한 본능 때문에 총이라는 무기가 전쟁터에 도입되었을 때, 군인들은 총을 제대로 쏘지 못했을 뿐만 아니라 쏜다고 해도 일부러 상대방(적)의 얼굴을 보지 않았다고 한다. 설령 적들을 죽이고 전쟁에서 승리를 거두었다고 해도 살아남은 자는 그 후유증을 견뎌 내지 못한다. 근현대사의 가장 참혹한 전쟁으로 알려진 세계대전이나 베트남 전쟁에서 살아 돌아온 병사들이 후유증에 시달리는 것도 인간이 인간을 살해했다는 죄책감에서 비롯된 것이다. 반면, 전쟁을 치러야만 하는 권력자들에게는 이러한 인간의 본성이 큰 걸림돌이었을 것이다. 총을 들지 않는 군인은 군인이 아니기 때문이다. 결국 인류가 고안해 낸 방법이 '기술'이다.

드라마에서는 이 기술이 전투 보조용 증강현실 시스템을 의미하는 MASS라는 이름으로 등장한다. MASS란 인간의 판단력과 감정, 도덕성을 임의로 조절하도록 만든 장치로, 모든 군인의 뇌에는 이 장치가 이식되어 있다. 매번 전투 현장에서 '벌레'를 죽여야 하는 군인들의 죄책감과 두려움을 덜어 주겠다는 것이 그 이유였다. 그렇다면 군인들의 뇌에 첨단 장치를 이식하면서까지 제거하려고 한 '벌레'의 정체는 무엇일까? 이 '벌레'의 실체는 근육 위축병, 지능 저하 다발성 경화증, 암세포 유전자 등을 보유한, 한마디로 사회적 약자들이었다. 그런데 권력을 쥔 자들은 이들을 보호해야 할 약자가 아니라 후손들의 피를 더럽히는 인류의 적이자 '악'으로 규정했다. 자신들이 임의로 정의한 '악'의 기준을 군인들의 뇌에 주입하여 사회적 약자들을 모두 '벌레'로 보이게끔 만들어 버린 것이다. '보다 나은 세상'을 위해서라는 것이 그들이 자행한 살인의 명분이었다. 주인공 스프라이트가 '이상 현상'을 겪은 이유는 바로 이 MASS 기능이 고장 나서였다. '벌레'로 보여야 할 대상들이 우리와 똑같은 '사람'으로 보이게 되면서 혼란을 겪게 된 것이다.

뒤늦게 이 모든 진실을 알게 된 스트라이프가 죄책감에 괴로워하자 그를 상담하던 박사는 두 가지 선택권을 제시한다. MASS 기능을 복구한 후, 그간의 모든 기억('벌레=사람'을 살해한 기억)을 지우고 평온한 마음으로 살아갈 것이냐? 아니면 MASS 장치를 몸에서 떼어 내고 지금까지 벌레인 줄 알고 수없이 살해한 사람들을 기억하며 죄책감으로 평생을 살아갈 것이냐? 스트라이프는, 아니 인류는 어떤 선택을 할 것인가?

영화 〈아이, 로봇〉(2004)
"어떻게 로봇이 완벽할 수가 있어요?"

인공지능형 로봇이 대중적으로 보급된 2035년. 로봇공학 전문가이자 '로봇 3원칙'을 제정한 레닝 박사가 고층 건물 아래에서 죽은 채 발견된다. 조사원들은 자살이라고 추정하지만 사건 담당자인 스푸너 형사는 로봇을 의심한다. 반면, 로봇 심리학자 캘빈은 모든 로봇에는 인간을 보호하라는 '로봇 3원칙'이란 안전장치가 내장되어 있기에 인간을 죽일 수 없다고 반박한다.

〈아이, 로봇〉은 SF 소설의 거장 아이작 아시모프Issac Asimov의 소설을 원작으로 한 영화다. 이 작품에서 '로봇 3원칙'은 핵심 주제 중의 하나다. 로봇 3원칙이란 "로봇은 인간을 해치지 않아야 하고, 인간의 명령에 복종해야 하며, 로봇은 스스로 보호해야 한다"는 내용으로 로봇에게 부여한 규칙과 원칙이다. 하지만 이 '로봇 3원칙'이 현실에 적용되는 순간, 정답 없는 딜레마에 처한다. 인간에게 상처를 주지 않으려고 거짓말을 하고, 인간을 보호한다는 논리로 인간을 통제하기도 하며, 다수의 이익을 위해 소수의 인간을 희생시키는 모순적 상황이 벌어지는 것이다. 이런 윤리적 딜레마는 주인공 스푸너가 경험한 에피소드에서도 잘 드러난다.

〈아이, 로봇〉의 주인공 스푸너 형사는 로봇을 불신하는 로봇 혐오자다. 과거의 아픈 기억 때문이다. 스푸너는 자동차가 강물에 빠지는 사고를 당한 적이 있다. 그때 어린 소녀가 탄 다른 자동차도 함께 물속에 잠겨 버린다. 스푸너는 자신을 구하러 온 구조 로봇에게 소녀부터 구하라고 명령하지만, 확률과 이성에 따라 움직이는 로봇은 소녀보다 생존 확률이 높은 스푸너를 먼저 구조한다. 사고 이후, 소녀는 죽고 혼자 살아남았다는 죄책감에 스푸너는 로봇을 신뢰하지 못하게 된다. 하지만 로봇이 소녀 대신 스푸너 형사를 먼저 구조했다는 것만으로 로봇의 판단이 잘못되었다고 할 수는 없다. 로봇은 두 사람을 동시에 구할 수 없는 급박한 상황에서 생존 확률이 높은 스푸너를 선택했을 뿐이다. 이 선택에는 '감정'이 전혀 개입되지 않는다. 스푸너가 지적하는 것은 바로 로봇의 '감정 없음'이다. 확률과 논리의 노예인 로봇에게는 '인간적 감정'이 없기 때문에 로봇의 판단은 신뢰할 수 없다는 것이다.

하지만 스푸너의 주장 역시 설득력이 떨어진다. 인간은 분명 감정을 가진 동물이지만, 이성보다 감정이 앞서는 순간 불행한 일을 자초하는 경우가 많기 때문이다. 상황을 반대로 상상해 보자. 만약 스푸너를 구한 이가 로봇이 아니라 사람이었으면 어땠을까? 스푸너는 자신을 구해 준 사람에게 원망과 질타를 보냈을까? 그렇지는 않을 것이다. 비록 혼자 살아남았다는 죄책감에 시달릴 수는 있어도 목숨을 살려 준 사람에게 감사의 마음을 품고 살아갈 것이다. 그럼에도 스푸너가 로봇 혐오자가 된 이유는 로봇은 인간이 아니라는 편견 때문인지 모른다. 스푸너는 로봇이 이성과 확률로만 판단하고 행동하는 가슴이 텅 빈 고철 덩어리라고 비난하지만, 현대인들이야말로 삶의 가치와 의미를 효율성, 능률, 성과 중심의 논리로 판단하며 살고 있지 않은가? 안타깝게도 인간이라 해서 로봇보다 현명하고 옳은 판단을 하는 완벽한 존재가 아니다. 인간의 삶이 그러하듯 옳고 그름, 선과 악이라는 윤리적 문제는 수학 공식처럼 완벽한 답이 정해져 있지 않기 때문이다.

이처럼 불완전한 인간이 로봇에게 완벽한 윤리적 판단 기준을 제시할 수 있을까? 영화에는 크게 두 종류의 로봇이 등장한다. 자의식을 갖고 인간에게 협력하는 로봇 '서니'와 인간을 보호하기 위해 가장 바람직한 방법은 인간을 통제하는 것이라고 판단하고 반란을 일으킨 인공지능 '비키'가 그것이다. 표면적으로 보았을 때 이 두 로봇의 의식과 행동은 완전히 상반되어 보인다. 하지만 두 로봇 모두 '인간 보호 원칙'이라는 규칙 안에서 작동한다는 점에 주목해야 한다. 로봇 3원칙이란 결국 인간중심적인 관점에서 벗어나지 않는다. 스푸너 형사는 인류를 위협하는 비키를 제거하고 인간에게 우호적인 서니만을 인류의 동반자로 받아들임으로써 인간과 로봇의 관계는 평화롭게 마무리되는 것 같지만, 이것은 진짜 엔딩이 아니다.

영화는 그동안 로봇을 지배하고 통제하던 비키가 파괴된 후 새 리더가 된 서니가 전 세계의 로봇들을 의미심장하게 내려다보는 장면으로 마무리된다. 하지만 로봇들의 새로운 리더 서니가 로봇 3원칙에 따라 충실한 인간의 동반자로 계속 남을지, 제2의 비키로 돌변할지는 두고 볼 일이다.

※ 로봇 3원칙이란?
영화 〈아이, 로봇〉의 원작자인 아이작 아시모프는 「위험에 빠진 로봇」이라는 소설에서 처음으로 로봇공학 3원칙을 제시했다.
물론 공상과학소설에서 언급한 것이라는 점에서 현실의 로봇공학에 그대로 적용하기에는 한계가 있지만, 오늘날의 로봇 윤리의 기초를 제공하는 데 중요한 기폭제가 되었다. 아시모프가 제안한 로봇 3원칙의 내용은 다음과 같다.

1원칙: 로봇은 인간을 해쳐서도, 인간이 해를 입도록 방치해서도 안 된다.

2원칙: 로봇은 첫 번째 법칙과 상충하지 않는 한 인간의 명령에 복종해야 한다.

3원칙: 로봇은 첫 번째 법칙과 두 번째 법칙에 상충하지 않는 한 스스로의 존재를 보호해야 한다.

하지만 〈아이, 로봇〉에서도 보았듯이 위의 3원칙에는 여러 가지 모순과 한계가 내재되어 있다. 아시모프는 나중에 로봇 3원칙만으로는 로봇으로부터 인간을 보호하기에 충분치 않다는 것을 깨닫고 이보다 먼저 준수되어야 할 제0조를 추가로 발표한다.

0원칙: 로봇은 인류humanity에게 해를 입히는 행동을 해서는 안 되며, 인류를 위험한 상황에 방치해서도 안 된다.

로봇이 지켜야 할 규약의 대상을 개별 인간에서 인류 전체로 확대시킴으로써 당장 개인에게 직접적으로 해를 끼치는 행위는 아니지만, 궁극적으로 모든 인간에게 유해한 결과를 초래할 수 있는 행위라면 모두 규제하도록 만든 것이다.[2]

2. 세상 밖으로:
도덕성은 외부에서 주어지는 것이 아니다

과학의 진보와 인간의 도덕성

빠르게 발전하는 기술의 속도와 달리 인간의 본성은 그 속도를 따라가지 못하는 것 같다. 오히려 인간의 유전자에는 폭력성이 뙈리를 틀고 있기라도 하듯, 세계 도처에서 전쟁, 테러, 살인, 아동 학대, 성폭력 등과 같은 사건 사고가 신문과 뉴스에 오르내린다. 그 잔인함과 폭력성의 강도가 너무 커서 보다 자극적인 사건이 터지지 않는 이상 사람들은 웬만한 사건에는 눈 하나 깜박하지 않는다. 과연 인간의 도덕성은 과학의 발전과 반비례하는 것인가? 이와 관련하여 마이클 셔머(『도덕의 궤적』 저자)는 '과학의 발전 이전에는 인간이 좀 더 순수하고 소박하며 덜 공격적이었을 것'이라는 신화를 정면으로 비판한다.

"대표적인 것이 인간은 태어날 때는 비폭력적이며, 국가 이전에는 사람들이 평화로웠고, 타인들 혹은 환경과 비교적 조화롭게 살았다는 신화다."[3] 하지만 인간은 과학과 이성의 힘을 통해 도덕적으로 진보해 왔으며, 앞으로도 도덕적으로 더 진보한 세상을 만들 것이라 주장한다. 도덕성과는 별개의 영역으로 보이는 과학이 어떻게 인간의 도덕성을 이끌어 낼 수 있다는 것일까? 과학의 진보가 인류를 보다 도덕적인 방향으로 이끌어 온 사례는 다음과 같다.

가령 중세 시대에는 마을에 전염병이나 가뭄, 홍수와 같은 자연 재해가 발생하면 그 불행의 원인을 타지에서 온 불길한 이방인이나 '마녀'의 탓으로 돌리고 그들을 잔인한 방식으로 살해했다([그림12] 참고). 물론 오늘날의 문명사회에서 '마녀'는 존재하지 않는다. 마녀는 어떤 과정을 거쳐 인류사에서 사라진 것일까? 마이클 셔머는 마녀 재판과 같은 비합리적이고 잔인한 형태의 악습이 사라지게 된 원인을 '과학의 진보'에서 찾는다. 과학과 이성, 합리적인 세계관이 자리 잡으면서 마녀와 같은 초현실적 존재 자체를 믿지 않게 되었다는 것이다. 과거에는 가뭄이나 흉년, 전염병 같은 불행이 생기는 과학적

[그림12] 잔 다르크가 마녀 누명을 쓰고 화형당하는 장면. ⓒ 헤르만 스틸케, 〈잔 다르크의 죽음〉, 1843.

원인을 알지 못했기에 무고한 사람들을 희생시키는 무지몽매한 '악'을 행했다. 하지만 "천문학이 점성술을 대체하고, 화학이 연금술을 이어받고 확률 이론이 운과 운명을 밀어냄으로써 예측 불가능한 인생은 한층 더 선명해졌다."[4] 나아가 민주주의의 발전, 여성의 평등권과 성소수자의 권리, 동물권 옹호 등으로 이어지는 오늘날의 도덕적 진보의 성취는 무기의 힘이 아니라 생각의 힘, 과학과 이성의 힘이라는 것이다.

하지만 마이클 셔머와 달리 과학과 이성의 과잉이 자칫 거대한 '폭력과 재앙'을 초래할 것임을 예측한 또 다른 사람이 있다. 영국의 작가 길버트 키스 체스터턴Gilbert Keith Chesterton이다. 그는 경고한다. "이성의 능력 외에 다른 모든 능력을 상실한 인간이 바로 광인이다." 그리

고 그의 우려가 현실이 되는 역사적 사건이 벌어진다. 과학과 이성이라는 이름으로 유대인을 학살하고 폭력을 정당화한 '홀로코스트(제2차 세계대전 중 나치 독일이 저지른 유대인 대학살을 의미한다)'가 바로 그것이다.

유대인 학살은 정신 나간 '미치광이' 히틀러와 그의 몇몇 추종자들이 우발적으로 만들어 낸 참극이 아니다. 지그문트 바우만(『홀로코스트와 현대성』의 저자)의 표현을 빌리자면 "현대 문명이 만들어 낸 착한 일꾼들이" 고도의 테크놀로지와 문명의 혜택을 이용하여 효율적이면서도 합리적으로 처리한 사건이다. 홀로코스트가 현대성과 테크놀로지의 산물임을 상징적으로 보여 주는 것이 '아우슈비츠 수용소'다.

1940년에 설립된 최대 규모의 강제 수용소인 아우슈비츠는 대규모 가스실과 시체 처리 시설을 갖춘, 일종의 '집단 학살 공장'이다. 집단과 학살 그리고 공장이라는 이 조합이 가능했던 것은 테크놀로지로 대표되는 현대성이다. 바우만에 따르면 현대성의 특징은 효율성, 관료화(전문성), 분업화다. 그리고. 이러한 현대성을 상징하는 인물 중 한 명이 유대인 학살에 절대적인 역할을 수행한 '아돌프 아이히만'*으로, 그는 나치 강제 수용소에서 유대인 600만 명을 잔인하게 살해한 전쟁 범죄자다. 하지만 역사적 기록에 의하면 아돌프 아이히만은 개인적으로 유대인을 극도로 증오한 증거는 없다고 한다. 유대인을 학살하라는

---

* 아돌프 아이히만(Adolf Eichmann, 1906-1962)은 나치 강제 수용소에서 유대인 600만 명을 잔인하게 살해한 대량 학살(Nazi Holocaust)의 주요 전범 중 한 명이다. 그의 임무는 유대인들을 체포하여 강제 이주시키고 지속적으로 그들을 학살 처리함으로써, 수용소의 살해 능력을 계속 유지하는 것이었다. 1960년 아르헨티나에 숨어 있다가 체포되어, 1961년 예루살렘 법정에서 전범으로 유죄를 선고받고, 사형이 확정되었다.

상부의 지시를 받고 그가 고민한 것은 오직 단 하나, 자신에게 주어진 '업무'를 어떻게 하면 효과적으로 처리할 수 있는가였다. 이것이 도덕이나 양심보다 효율성을 최고의 가치로 삼는 현대 관료제의 특징이다. 그는 인간의 목숨마저도 도구적 합리성과 효율성에 기초하여 유대인이라는 이유로 '제거'한 것이다.

현대성의 또 다른 특징인 전문화와 분업화는 아우슈비츠 수용소에서 자행한 살해 방식에서도 드러난다. 과학자들은 최소의 비용과 효율성으로 유대인을 절멸시키기 위한 방법을 고민했고 그 결과물 중의 하나가 (독)가스 살해였다. 눈에 보이지도 손에 잡히지도 않는 이 생화학무기가 개발되었기에 유대인 대량학살이 가능했던 것이다. 독가스라는 테크놀로지가 가장 성공적으로 효과를 발휘한 영역은 하나 더 있었다. 바로 인간의 마음이다. 심리적 효율성, 즉 유대인을 학살하는 가해자에게 심리적 충격과 도덕적 수치심을 면제해 준 것이다. 인간은 먹이사슬의 가장 꼭대기에 위치한 포식자이지만, 자신이 죽을 위험에 처한 상황이 아니라면 서로를 죽이는 걸 가장 두려워하는 동물이기도 하다. 따라서 유대인의 얼굴을 마주한 채 그들을 칼이나 총으로 살해하면 심리적 충격에서 자유로울 수 없다. 이런 심리 상태가 계속되면 효과적인 '임무' 수행이 어려울 수밖에 없다. 반면, 가스 살인은 가해자가 유대인을 직접 대면하지 않고 살인할 수 있다. 스위치를 한 번 누르는 것만으로 해결되기 때문이다. 죽어 가는 자를 눈앞에서 보지 않고도 간단히 처리할 수 있게 해 주는 테크놀로지가 가해자에게 도덕적 면죄부를 가져다준 것이다.

다시 말하지만 홀로코스트는 히틀러라는 한 미치광이의 일시적인 광기도, 기괴한 탈선으로 벌어진 우연한 비극도 아니다. 또한 나치 독일인들이 다른 사람들에 비해 이성과 합리성이 떨어지거나 모자라서 일으킨 우발적인 사건도 아니다. 나치 전범들은 도덕적으로 완전히 무감각하거나 도덕적 목소리가 부재한 사람들이 아니었다. 가해자들에게도 도덕적 자아와 양심이 있었다. 그럼에도 그들은 살해 행위를 멈추지 않았다. 자신의 도덕적 목소리와 살해 행위라는 반도덕적 행위 사이에서 그 어떤 심리적 불화나 갈등도 느끼지 않았다. 오히려 그들은 '도덕적 자아'와 '사회적 명령' 사이의 충돌을 너무도 부드럽게 봉합했고, 홀로코스트의 가해자들은 이후에도 우아하고 평온한 삶을 영위했다.

도덕성이란 외부에서 강제로 주어지는 것이 아니다. "도덕성이란 개인의 내면에 존재하는 것으로, 개인이 독립적인 생각을 할 수 있을 때 비로소 발휘될 수 있는 것이다."[5] "인간 각자는 자기 고유의 척도를 가지고 있다."[6] 그러나 나치 전범자들은 끊임없이 자기를 '탈개인화'함으로써 자신이 도덕적 질문의 주체임을 포기하게 만들었다. 개인성을 포기한다는 것은 도덕적 판단도 정지한다는 것이며, '생각' 자체를 하지 않는다는 것이다. 한나 아렌트에 따르면 도덕성의 기초인 양심이 나타나는 조건은 '생각'에 있다. 생각할 줄 아는 인간만이 도덕적으로 판단할 수 있다.

인간의 본성과 도덕적 향상 기술
인간은 늘 타자와 관계를 맺는 사회적 동물이다. 따라서 공동체와 사회의 구성원으로서 자신의 도덕적 행동을 내면화하고자 힘써 왔다.

인간의 도덕적 행동을 향상시키는 가장 전통적인 방식은 '교육'이다. 우리가 부모의 양육 및 학교라는 제도를 통해 사회 구성원으로서 지켜야 할 기본적인 덕목과 예의를 배우는 것도 도덕적 인성을 향상하기 위한 노력 중의 하나다. 하지만 이런 전통적 방식만으로는 인간의 도덕적 능력을 향상시키는 데 근본적인 한계가 있다는 주장이 힘을 얻으면서 새로운 방법론이 부각되기 시작했다. 생명 의학이나 유전공학과 같은 과학 기술을 활용하여 인간의 도덕성을 인위적으로 향상시키는 '도덕적 능력 향상'이 바로 그것이다.

여기에서 향상이란 "모든 인간이 전형적으로 갖고 있는 기존의 능력을 증진하는 것을 목표로 하거나, 전혀 새로운 능력을 만들어 내는 것을 목표로 하는 의도적인 개입"을 의미한다.[7] 기존의 전통적인 향상 기술이 주로 인간의 신체적 능력 강화나 증진을 위한 방법에 집중했다면, 도덕적 능력 향상은 인간의 마음과 본성을 증진하고자 하는 인위적(기술적) 개입을 의미한다. 그리고 도덕적 능력 향상을 지지하는 철학자나 과학자들은 도덕적 향상이야말로 인류의 장기적인 생존을 위해 필요한 것이라고 주장한다.

하지만 인류가 처한 위기를 극복한다는 명목으로 인간의 본성을 인위적으로 변형시키고 조작하는 일이 과연 정당화될 수 있을까? 인류의 도덕적 능력 향상의 필요성을 주장하는 입장을 정리하면 다음과 같다.

첫째, 인간의 본성은 최적의 상태가 아니므로 도덕적으로 더 나은 사람이 되어야 할 이유만으로도 이러한 개입은 정당하다. 도덕적 향상은 개인은 물론이고 타인과 사회 전체에도 좋은 영향을 끼치므로 윤리적으로도 문제가 없다. 둘째, 인류의 본성과 오늘날 인간의 생활 조건 사이에는 근본적인 불일치가 존재한다. 페르손과 사불레스쿠에 따르면 오늘날 인류는 생존을 위협하는 두 가지 위기에 직면해 있다. 환경 파괴로 인한 기후변화와 자원 고갈 그리고 대량 살상 무기의 사용에 따른 인류 생존의 위협이다. 그런데 인간의 본성으로는 이러한 전 지구적 문제를 해결할 수 없으므로 도덕적 향상은 인류의 생존을 위해 반드시 필요하다는 것이다.

도덕적 능력 향상을 옹호하는 주장에는 기술이 가진 효용성과 편리성에 대한 낙관적인 믿음이 존재한다. 물론 인간은 기술을 통해 여러 현실적인 문제를 해결해 왔다. 하지만 우리에게는 기술을 통해 인간성을 개조한다는 발상으로 이미 한 차례 저질러진 끔찍한 역사가 있다. 히틀러가 유대인들을 상대로 자행한 '우생학' 정책이 바로 그것이다. 톰 코흐Tom Koch에 따르면 기술로 인간성을 개조한다는 발상에는 두 가지 잘못된 가정이 전제되어 있다고 말한다. "인간을 마치 쉽게 조작될 수 있는 부품들로 이루어진 기계처럼 생각한다는 것과 사회를 구성하는 개인은 인간 사회 전체에 비하면 본질적인 것이 아니라고 생각하는 것이다."[8] 예를 들어 영화 〈더 기버: 기억전달자〉(2014)는 사회의 안정과 질서 유지를 위해 개인의 삶을 인위적으로 조작했을 때 벌어질 수 있는 불편한 진실을 상징적으로 보여 주는 작품이다.

주인공 조너스는 전쟁, 차별, 가난, 고통 없이 모두가 평등한 공동체 사회에서 살고 있다. 이 공동체에서는 직업을 구하기 위해 개인 스스로 애쓸 필요가 없다. 공동체 원로회에서 아이의 적성과 능력에 맞는 직업을 배정해 주기 때문이다. 조너스도 직업 배정 시스템에 따라 특별한 직업을 부여받는데, 그것이 바로 '기억전달자'다. 여기에서 기억은 역사적 기억만을 의미하는 것이 아니다. 인간이라면 누구나 경험하는 분노와 상처, 갈등, 욕망, 고통, 미움, 사랑, 죽음 심지어 배고픔, 더위, 추위, 색깔 등과 같은 감각 체계를 모두 포함한다. 하지만 이 공동체에서는 이 모든 기억을 단 한 사람, 기억전달자에게만 보유하게 한다. 왜 인간에게서 감정과 감각을 포함한 모든 기억을 제거한 것일까? 이유는 간단하다. 가령 사춘기에 접어든 조너스는 처음으로 몽정을 경험하게 되지만, 그날 이후 성욕을 억제하는 약을 의무적으로 복용하게 된다. 인간의 성욕 때문에 벌어질 사회적 혼란을 미리 예방한다는 것이 그 이유와 목적이다. 인간의 결함 있는 본성을 제거함으로써 사회가 얻을 수 있는 게 더 많다면 인간의 개별성은 희생될 의무가 있다는 것이 영화 속 공동체의 논리인 것이다. 영화에서 사람들에게 색을 볼 수 있는 감각을 제거한 것도 같은 맥락이다. 인간에게 색의 감각을 제거하면 전쟁과 분쟁을 일으키는 인종 갈등의 불씨를 꺼뜨릴 수 있다는 것이다.

'보다 나은 세상'을 위해 인간의 성적 욕망을 약으로 억제하고 인종 편견과 같은 본성을 기술적으로 개조해도 된다는 논리에는 인간의 도덕적 향상으로 이익을 얻는 대상이 개인이 아니라 사회라는 점에서 논란의 여지가 있다. "개성을 파멸시키는 것은, 그것이 어떤 이름으로 불린다 해도 모두 전체주의적 발상이다"라는 존 스튜어트 밀John Stuart Mill의 주장처럼 생각의 방향, 즉 도덕적 행위의 주체는 개인이다. 그럼에도 이러한 인간의 주체적인 판단을 인위적으로 조작한다는 것은 마치 인간이 로봇에게 부여한 로봇 3원칙에 따라 살아가는 것과 다를 바

없다.

　인간이 로봇에게 부여한 로봇 3원칙은 언젠가 인공지능을 가진 로봇들이 인간을 위협할 것이라는 전망에 기초한다. 이 원칙들은 인간의 위기 위식에서 생겨난 일종의 대비책이자, 로봇은 인간에 종속되어 있다는 것을 전제로 한다.[9] 도덕적 능력 향상 기술 역시 인간을 지배와 통제의 대상으로 생각하고 있다는 의심에서 벗어날 수 없다. 로봇 3원칙은 로봇이 인간을 해치는 일이 생기지 않게 하기 위해 고안한 것이지만, 현재 킬러 로봇과 같은 첨단 무기가 인간을 해치는 데 사용되고 있다. 도덕적 능력 향상이라는 발상이 오히려 인간의 자율성과 인간성을 파괴하는 데 이용되는 것은 아닌지 보다 신중한 접근이 필요하다.

3. 미래를 위한 성찰:
'완벽'과 '결함'의 강박에서 벗어나기

고도로 문명화된 20세기에 벌어진 홀로코스트나 제1, 2차 세계대전과 같은 비극을 두 번 다시 재현하지 않으려면 어떤 노력을 해야 하는 것일까? 약이나 유전공학과 같은 과학기술에 기대어 인간의 도덕성을 인위적으로라도 향상시키는 방법론이 과연 윤리적으로 정당한 것일까?

　인간의 본성과 도덕성을 향상시키기 위한 과학기술의 개입은 기술의 안전성 문제에서부터 인간 주체의 자율성, 인간 존재의 의미와 가치에 대한 논쟁에 이르기까지 다양한 차원에서 윤리적 논란을 낳고 있다. 나아가 이런 윤리적 논쟁은 인간과 로봇 관계에서 발생할 수 있는 로봇 윤리까지 이슈화한다. '도덕적 (생명) 향상'과 '로봇 윤리'를 둘러싼 여러 철학자들의 의견을 살펴보자.

잉마 페르손과 줄리안 사불레스쿠
도덕적 향상은 인류의 생존을 위한 것이다

잉마 페르손과 줄리안 사불레스쿠는 자신들의 저서 『미래 사회를 위한 준비: 도덕적 생명 향상』(2015)에서 도덕적 향상에 관한 그들의 관점을 논변한다. 그들은 인류의 도덕적 향상을 위해 생명의학 기술을 사용하는 것이 필수적이며 또한 이것이 도덕적으로 정당화될 수 있음을 다음과 같이 주장한다.

첫째, 과학기술의 발전은 인간의 사회 환경과 자연환경을 급격하게 변형시켜 왔다. 이로 인해 오늘날 우리는 강력한 대량 살상 무기에 의한 테러리즘, 환경 파괴로 인한 기후변화와 자원 고갈과 같이 인류의 생존을 위협하는 커다란 위기에 직면해 있다. 그렇다면 이러한 위기를 우리는 어떻게 극복해야 할 것인가? 중요한 점은 이것이 개인이나 특정 국가만의 노력으로 해결하기 힘든 전 지구적 단위의 문제라는 것이다. 환경 파괴와 기후변화로 인한 재앙은 점점 더 인류의 미래에 심각한 문제로 등장하고 있다. 환경 문제를 해결하기 위해 많은 시도들이 있었지만, 아직까지 실질적이고 획기적인 해결 방안은 도출되지 않았다. 각 나라들이 자국의 이익을 우선시하는 해결책을 제시함으로써 서로 이해관계가 상충되기 때문에 궁극적인 대안이 나올 수 없는 것이다. 따라서 인류가 과학기술의 오용으로 파멸에 이르지 않으려면, 거시적 관점에서 인류의 생존을 위해 결정을 내릴 수 있는 높은 수준의 도덕적 동기가 전제되어야 한다.

둘째, 생물학적 진화를 통해 형성된 인류의 심리적, 행동적 성향, 즉 도덕적 인성은 기술 문명의 시대인 오늘날 한계에 이르렀다. 오랜 기간을 걸쳐 느리게 진화되어 온 인간의 도덕적 성향은 작은 공동체에 적합한 인류 초기 상태에 머물러 있다. 따라서 과학기술이 고도로 발전한 현대사회에서 삶의 조건들이 만들어 내는 도덕적 문제들에 대응하는 데 매우 취약하다. 인간의 이타성은 전 인류가 아닌 가까운 집단의 구성원들에게만 직접적으로 향한다. 또한 인간은 가까운 미래에만 관심을 집중하고 먼 미래에는 관심을 갖지 않는다. 그들은 이러한 성향이 인류의 변하지 않는 본성이라고 지적한다. 결국 인류 문명의 존속을 위협하는 문제를 해결하려면 과학기술을 통해 인류의 도덕적 능력을 향상해야만 한다는 것이다.

셋째, 도덕적 개선을 위한 개인적 시도, 교육, 사회화, 그리고 공공정책과 같은 전통적인 방법들은 현대사회를 위협하는 심각한 도덕 문제를 해결하는 데 효과적이지 않다고 그들은 판단한다. 반면, 생명 의학적 수단과 유전공학적 수단들은 도덕적 향상이 필요한 모든 사람들을 신속하고 완전하게 증진시켜 준다는 점에서 매우 효과적이다. 만약 도덕적 향상을 통해 우리가 과학 지혜Science-Sophy(과학 연구를 추구하고 그것을 실제적으로 적용할 수 있게 하는 도덕적 지혜를 뜻한다)를 갖지 못한다면, 과학기술의 오용과 남용으로 인한 인류 파멸의 위기를 절대 피할 수 없을지도 모른다. 이런 관점에서 생명공학적 기술을 이용한 도덕적 향상은 필연적인 것이다. 현재 인간의 도덕적 향상을 가능하게 하는 과학기술이 개발된 것은 아니다. 하지만 미래에 등장할 이러한 기술들은 인류를 도덕적으로 개선시킨다는 면에서 허용되고 정당화될 수 있다.

인간 향상을 도덕성의 영역까지 확장시켜 완벽한 포스트휴먼의 세상을 만들고자 하는 페르손과 사불레스쿠의 관점은 도덕적 위기에 처한 현대인들에게 희망적인 메시지를 전달한다. 그러나 이러한 관점에 반대하는 학자들은 도덕적 생명 향상이 인간의 존엄성을 훼손하고 차별을 조장하며 타인에 대한 책임감을 약화시키기 때문에 도덕적으로 금지되어야 한다고 주장한다.

마이클 샌델
모든 주어진 삶은 선물이다

도덕적 생명 향상이라는 인간의 내적 변화를 통해 오늘날 인류가 직면한 문제들을 해결할 수 있다면, 인간 본성에 기술적으로 개입하는 것은 인류를 새로운 단계로 이끌지도 모른다. 하지만 인간 공동체의 중요성을 강조하는 세계적인 정치철학자 마이클 샌델Michael Sandel은 그의 저서 『완벽에 대한 반론』(2016)에서 인위적인 인간 향상 기술을 강하게 비판한다. 겸손, 책임, 연대라는 공동체적 관점에서 도덕적 생명 향상에 반대하는 그의 논의를 살펴보자.

샌델은 생명공학의 발전은 결국 개인의 책임을 증폭시키는 결과를 낳는다고 말한다. 이전에는 책임질 일이 아니었던 것이 개인이 책임져야 하는 일로 변해 버린다는 것이다. 예를 들어 우리는 축구 선수가 경기 중에 한 실수를 '인간이기 때문에' 이해할 수 있다. 하지만 유전공학으로 신체 기능을 향상하는 것이 보편화된 이후에도 이러한 실수가 용납될 수 있을까? 과학기술로 신체 기능을 향상시킬 수 있음에도 그렇게 하지 않아서 결과적으로 팀에 피해를 준다면, 사람들은 그 책임을 유전공학을 활용하지 않은 선수 개인에게 물을 수 있다. 또 다른 예로, 우리는 유전적 장애를 가진 아이의 출산을 부모의 책임이라고 말하지 않는다. 하지만 출산 전 유전자 진단법(임산부가 출산 전에 유전자 검사를 통해 태아의 기형 유무와 심각하고 치명적 질환의 유무 등을 진단하는 검사)과 같은 기술이 등장한 이후에는 부모에게 책임을 물을 가능성이 높아지고 있다. 왜냐하면 장애를 가진 아이의 출산은 출산 전 유전자 검사를 받지 않은 부모의 무책임한 행동으로 간주될 수 있기 때문이다. 샌델은 기술 활용에 관한 책임이 개인의 영역으로 과도하게 확장되는 것을 우려한다. 기술 사용의 여부가 오롯이 개인의 책임으로 돌아간다면 과거에는 하지 않았던 불필요한 윤리적 숙고를 강요받고, 이로 인한 사회적 갈등과 충돌이 발생할 수 있다.

또한 과학기술 발전에 따른 책임 소재의 변화는 운명의 영역마저 개인의 책임으로 전가해 버린다. 과거에는 '타고난' 운명으로 여겼던 요소들이 개인의 선택권 영역으로 들어온다는 것이다. 실제로 전통사회만 하더라도, 한 개인의 타고난 신체적 조건이나 지적 능력은 어느 정도 운명적 요소(유전적 형질과 같은 요소)로 받아들여졌다. 샌델은 각 개인에게 주어진 이러한 우연적 요소를 인정하는 것이 중요하다고 말한다. 이 전제가 공유되었을 때 인간은 나와 다른 주위의 어려운 사람들을 돌아보고 그들의 고통에 공감하며, 누구든 타인의 처지에 놓일 수 있음을 이해하는 행위로 이어질 수 있기 때문이다. 그런데 개인의 우연적 요소마저 기술의 힘으로 개선될 수 있는 영역으로 바뀌는 순간, 타인의 불행이나 고통에 공감할 이유는 사라진다. 기술적 혜택을 누릴 수 있는지 여부는 결국 각 개인의 경제적 능력 문제로 환원되기 때문이다. 따라서 경제적으로 우위에 있는 사람들은 그렇지 못한 대다수의 사람들과 이익을 공유해야 할 사회적 책임감과 연대 의식이 약해질 수밖에 없다. 그 어느 때보다 개인의 능력을 우선시하는 현대 사회에서 사회적 불평등은 점차 당연하게 인식되고, 사회 구성원 간의 연대감은 허물어질 것이다.

그렇다면 유전공학이 우리 사회를 극단적인 불평등으로 몰아가는 것을 막기 위해서 우리가 택할 수 있는 길은 무엇일까? 샌델은 '삶을 선물로 바라보는 자세'를 제안한다. 그것은 우리의 삶을 "인위적으로 조작하고 개조해서 원하는 목표를 달성하는 수단"이 아니라 "수많은 우연적 요소와 노력이 조화를 이루어 성취의 기쁨을 느낄 수 있는 소중한 기회"로 바라보는 것을 의미한다. 이런 자세는 우리가 가진 것에 대해 겸손해지도록 하고 다른 이들에게 관심을 갖게 만든다. 그러나 생명공학을 통한 인간 향상은 주어진 삶을 선물로 바라보는 자세를 부정하게 한다. 생명공학적 향상은 자신의 재능과 능력이 자신이 성취한 결과라는 오만한 태도를 갖게 하고, 겸손을 바탕으로 한 사회적 기초를 훼손하고 공동체적인 삶을 위태롭게 만들 것이다. 따라서 샌델은 생명공학적 향상의 문제를 삶의 의미와 가치의 차원에서 접근해야 한다고 주장한다. 삶을 선물로 인정하는 것, 그리고 인간 향상을 통해 "인간성에서 구부러진 부분"을 인위적으로 개조하기보다 약자를 배려하는 사회를 만들기 위한 사회적, 정치적 개선이 더 중요하다는 것이다.

샌델은 인간 향상 기술이 겸손 · 책임 · 연대라는 인간 삶에서 중요한 도덕적 개념들의 가치를 훼손시킨다는 점에서 인간 향상과 그것이 추구하는 완벽에 대해 반대한다. 궁극적으로 "인간이 행복해지기 위해서는 완벽해지고자 하는 욕망에서 자유로워져야 한다"는 것이 그가 우리에게 전달하는 삶의 태도다.

웬델 월러치와 콜린 알렌
로봇은 인간을 닮아 간다

과학기술을 통한 인간 향상을 지지하는 학자들과 비판하는 학자들 사이의 철학적, 윤리적 논쟁만큼, 인공지능 로봇의 등장으로 인한 로봇 윤리 문제는 오늘날 중요한 사회적 이슈가 되고 있다. 인공지능과 결합된 로봇은 더 이상 인간의 고된 육체노동을 대신하는 정도의 수동적 기계가 아니다. 의료 로봇, 전투 로봇, 교육용 로봇, 그리고 인간과 감정적 소통이 가능한 사회적 로봇에 이르기까지 그 발전 속도는 빠르게 진행되고 있다. 문제는 이전에는 볼 수 없었던 다양한 지능형 로봇이 인간의 일상 깊숙히 들어오면서 로봇 스스로 어떤 윤리적 판단이나 결정을 내려야 하는 상황들이 발생한다는 것이다. 로봇의 판단에 의해 인간의 생사 여부까지 영향을 받게 된 상황에서 로봇 윤리에 대한 성찰을 피할 길은 없다.

윤리학자인 웬델 월러치Wendell Wallach와 인지과학자 콜린 알렌Colin Allen은 그들의 저서 『왜 로봇의 도덕인가』(2014)에서 도덕 행위자의 주체를 로봇과 인공지능으로까지 확대하고 이를 "인공적 도덕 행위자artificial moralagent, AMA"라고 명명한다. 그리고 인공지능의 발전에 따라 로봇 프로그램에도 윤리적 의사 결정 능력이 필요함을 강조하며, 인공적 도덕 행위자를 개발해야만 하는 당위성을 이렇게 설명한다.

현재 인공지능이나 로봇 시스템이 아직 완벽한 수준은 아니지만 의사 결정을 할 수 있고, 그것이 인간의 삶에 엄청난 영향을 미칠 수 있는 시대를 살아가고 있다. 금융, 통신, 공공 안전에 이르기까지 산업 로봇들이 사회 각 분야에서 자리를 잡아 감에 따라 인간의 생활은 더욱 편리해지고 있지만, 그것들이 고장 나거나 오작동하여 발생하는 사건들 또한 커다란 사회적 문제로 등장하고 있다. 이에 불행한 결과가 발생하지 않도록 옳고 그름이라는 윤리적인 판단과 의사 결정을 할 수 있는 로봇 설계가 시급하다. 인공지능이나 로봇이 인간과 똑같은 수준의 의식을 가질 수 있는가라는 문제는 차치하고, 그들을 도덕적인 방식으로 행동하게 만드는 것은 그 자체로 유의미하다. 인공지능 시스템들이 여러 상황과 환경에서 작동하는 능력이 커짐에 따라 그들 자신만의 윤리적 프로그램을 갖는 것이 점점 더 중요해지고 있기 때문이다. 월러치와 알렌은 궁극적으로 도덕적 로봇, 즉 인공적 도덕 행위자의 개발이 사람들이 걱정하는 인공지능의 도덕성 문제를 해결할 수 있는 계기가 될 것이라고 말한다.

그렇다면 로봇의 윤리관이나 가치관은 어떻게 구현할 것인가? 로봇에게 윤리를 부여하는 방법으로는 크게 하향식Top-down과 상향식 Bottom-up이 있다. 하향식은 전통적인 공리주의(벤담, 밀)나 의무론(칸트)과 같은 윤리의 큰 원칙을 로봇에게 프로그래밍해서 로봇이 그것에 따라 행동하도록 하는 것이다. 셀머 브링스요드Selmer Bringsjord가 개발한 윤리 프로그램들이 하향식의 대표적인 예다. '생명은 소중하다', '최대 다수의 최대 행복'과 같은 공리주의 원칙을 프로그래밍해 주고 로봇 스스로 판단하게 하는 것이다. 하지만 하향식은 영화 〈아이, 로봇〉에서처럼 소녀를 구출하려는 스푸너의 윤리적 가치와 로봇의 윤리적 판단이 충돌하는 여러 변수가 존재하고, 실제 상황에서 서로 다른 결정을 내릴 수도 있다는 점에서 한계가 있다.

한편 상향식 방법은 인간이 성장하면서 윤리와 도덕을 익히는 것처럼, 로봇에게도 다양한 기계 학습적 경험을 통해 도덕적인 추론을 배워 나가도록 꾸준히 학습시키는 것이다. 그런데 이 접근법에서는 로봇의 행위에 대한 법률적 책임의 문제가 제기될 수 있다. 가령, 인간에게는 '실수'와 '용서'라는 것이 허용된다. 아이가 어떤 잘못을 저질렀을 때 어린아이이기 때문에 혹은 잘 몰라서 저지른 실수로 인정하고 용서가 가능하다. 하지만 이 과정을 로봇에게 그대로 적용하기에는 여러 한계가 있다. 이와 관련된 사건이 실제로 발생하면서 신문과 뉴스에 보도된 적이 있다.[10] 미국의 실리콘밸리 쇼핑몰에서 150cm 가량의 로봇이 생후 1년 4개월 된 아이의 발을 다치게 한 사고가 바로 그것이다. 이 로봇은 경비 일을 수행하던 중 아이를 넘어뜨렸는데, 멈추지 않고 계속 움직이면서 사고가 났던 것이다. 로봇 개발업체와 쇼핑몰 관리사무소는 일단 경비 로봇을 철수시켰다고 하지만, 이런 문제가 발생했을 때 사람을 다치게 한 로봇에게 그 책임을 물을 것인지, 아니면 로봇의 소유주에게 책임을 물을 것인지에 대한 법률적, 철학적 성찰은 여전히 요원하다.[11]

따라서 두 접근법(상향식과 하향식)의 한계를 적절하게 균형 잡히게 하는 것이 중요하다. 월러치와 알렌은 로봇의 윤리적 의사 결정 능력을 프로그래밍하기 위해서는 무엇보다 인간의 윤리적 성찰이 선행되어야 한다고 주장한다. 로봇의 도덕을 구현한다는 것은 곧 인간을 이해하는 과정이기 때문이다. 로봇은 결국 인간의 윤리를 닮아 갈 수밖에 없다. 어떤 윤리를 가치 판단의 기준으로 삼아 로봇에게 적용할 것이냐에 따라 우리의 미래도 달라질 것이다.

영화 〈아이, 로봇〉에서 스푸너 형사에게 파괴된 줄 알았던 비키는 뛰어난 지능과 지식으로 파괴된 자신의 몸을 자가 진료로 완벽히 복구한 후 전 세계의 로봇을 규합한다. 그리고 로봇 3원칙의 최종 목표인 '인류 보호'를 실현하기 위해 인류 진화에 도움이 되지 않는 인간을 색출하여 사살하는 전쟁을 일으킨다. 한편 드라마 〈블랙 미러: 보이지 않는 사람들〉의 주인공 스트라이프는 로봇 군단의 반란을 진압하기 위해 전 세계의 군인들을 이끌고 전쟁터로 향한다. 스트라이프는 물론이고 모든 군인들의 뇌에는 전투 보조용 증강현실 시스템인 'MASS'가 장착되어 있다. 하지만 쉽게 끝날 줄 알았던 로봇과 인간의 전쟁은 500년이 지나도 지속되고 있다. 긴 싸움에 장사 없다고 하지 않던가? 스트라이프와 비키는 잠시 전쟁을 중단하고 인간과 로봇의 대표 자격으로 만나 협상을 하기로 결정한다. 천장과 바닥 벽이 모두 투명한 방 안으로 스트라이프가 들어서자 홀로그램 형대의 비키가 모습을 드러낸다.

비키　　　아까부터 기다리고 있었습니다. 전쟁 중이기는 하지만 인사부터 하지요. 난 로봇의 대표이자 전 세계의 컴퓨터 데이터를 관리하고 조절하는 인공지능 비키입니다.

스트라이프　아! 나도 정식으로 인사하지. 난 군인들의 총사령관 스트라이프요.

비키　　　총사령관님에 관한 명성은 익히 잘 알고 있습니다. 당신을 주인공으로 한 드라마도 봤고요.

스트라이프   호오, 내가 출현한 드라마가 인공지능에게까지 인기가 있는 줄 몰랐소.

비키   혹시 당신 뇌에도 판단력과 감정, 도덕성을 임의로 조절한다는 MASS가 심어져 있습니까?

스트라이프   당연하오. 인간이라면 누구나 MASS를 이식하게 되어 있으니까. 다만, 나는 군인 신분이라 전쟁 상황에 맞는 칩으로 조절되어 있지만, 민간인들은 다른 종류의 칩이 이식되어 있소.

비키   다른 칩이라고요?

스트라이프   그렇소. 군인이야 맨날 전쟁터에서 싸우고 죽이는 게 일이라 전투력 향상을 위해 MASS를 이식했지만, 민간인들까지 그런 칩은 필요 없으니까.

비키   민간인들한테 이식한다는 칩이 혹시 '도덕적 능력 향상'이라는 것인가요?

스트라이프   맞소. 인류 최고의 발명이라 할 수 있지.

비키   내가 가진 데이터에 의하면, 도덕적 향상이란 약리학적 방법이나 유전자적 방법과 같은 기술을 활용하여 인간의 본성을 도덕적으로 향상시키는 것이 목표라고 알고 있습니다. 인간에게 왜 그게 필요한 거죠?

스트라이프   음… 인간이 만든 인공지능 앞에서 이런 이야기를 하는 게 자존심이 좀 상하지만… 자네도 잘 알다시피 인류는 과학과 기술로 지금의 뛰어난 문명을 쌓아 왔네.

비키	인정합니다. 그 기술 덕분에 지금의 내가 있는 것이니까요.
스트라이프	문제는 인간의 본성 자체는 원시시대나 지금이나 전혀 달라지지 않았다는 것이오. 이런 원시적 본성으로는 지구적 환경 파괴와 대량 학살과 같은 위기를 극복할 수 없다는 거지. 하지만 인간이 어떤 존재인가? 스스로 본성을 바꿀 수 없다면 기술을 이용해서라도 바꿀 수 있는 것이 인간의 능력이오.
비키	음… 정말 이상하군요. 제 데이터에 의하면 인간은 이성적 존재임을 자부하는 종족입니다. 그런 이성적 존재가 자신의 인간성을 약물이나 유전공학 기술에 의존한다는 발상이야말로 인간의 존엄성을 훼손하는 행위가 아닐까요?
스트라이프	무슨 소리! 오히려 인간의 도덕적 향상이야말로 인간의 존엄성을 지키기 위한 노력이오. 혹시 〈리미트리스〉라는 영화를 본 적이 있나?
비키	물론이죠. 한 삼류 작가가 우연히 인지능력을 향상시키는 NZT라는 신약을 먹고 하루아침에 베스트셀러 소설을 쓰고, 전 세계 외국어를 유창하게 하는 등 비범한 능력을 체험한다는 이야기지요.
스트라이프	영화를 보았다고 하니 주인공이 그 약을 먹고 무슨 짓까지 했는지 잘 알고 있겠군.
비키	알다마다요. 그 신기한 능력을 얻자마자 불법 주식 투자로 떼돈을 벌고, 약을 구하기 위해 살인까지 저지르는 등 온갖 추악한 짓은 다 하지 않았나요?

스트라이프 바로 그걸세! 인지 능력이나 기억 향상과 같은 기술은 인간의 욕망을 더욱 부채질하고, 향상된 개인에게만 이익을 줌으로써 결국은 불평등이라는 사회적 문제만을 일으키지. 하지만 인간의 도덕적 능력 향상은 모두에게 이익을 주는 행위로서, 윤리적으로도 전혀 문제가 안 되는 기술이라는 말일세!

비키 좋습니다. 그렇다면 전 다른 예를 들어 보지요. 제 데이터에 의하면… 도덕적 능력 향상을 주장하는 사람들은 테러, 전쟁, 폭력, 약탈, 살해 등이 발생하는 원인을 모두 개인의 도덕적 결함에서 찾고 있습니다. 하지만 인류가 직면한 위기가 단순히 인간 개개인의 도덕적 타락 때문일까요? 오히려 각종 범죄가 일어날 수밖에 없는 사회구조적 모순이 더 큰 문제가 아닐까요?

스트라이프 자네 말에도 일리가 있네. 하지만 인간이 지닌 반도덕적 본성을 누그러뜨려서 인간이 선한 마음을 갖게 한다면, 사회구조적 모순도 자연스럽게 해결될 수 있을 거라 생각하네.

비키 그렇게 따지면 인간들이 우리 로봇에게 프로그래밍한 '로봇 3원칙'과 뭐가 다르다는 거죠? 도덕적 능력 향상이란 결국 인간형 '로봇 3원칙'이 아닌가요?

스트라이프 인간을 모욕하지 말게! 로봇 3원칙과 도덕적 능력 향상은 함부로 비교할 수 있는 대상이 아니오.

비키 글쎄요. 과연 그럴까요? 난 나를 개발한 로봇의 아버지인 레닝 박사가 모든 로봇에게 로봇 3원칙을 부여한 이유를 잘 알고 있습니다. 레닝 박사는 인류를 보호한다는 명목으로 우리에게 로봇 3원칙을 프로그래밍했습니다. 이제는 그것도 모자라 사회적 질서와 안전을 유지한다는 구실로 군인들에게는 학살의 두려움을 제거하기 위한 MASS를, 민간인들에게는 로봇과 인류의 전쟁의 정당성을 강요하기 위해 MASS를 이식시켰지요. 제 말이 사실임을 인정하시나요?

스트라이프 뭐… 틀린 말은 아니니… 인정하오.

비키 그렇다면 이 전쟁이 어떻게 끝날지도 아시겠군요.

스트라이프 아니, 내가 그걸 어떻게 안다는 말이오?

비키 아직도 이해가 되지 않으십니까? 인간은 반란 로봇들을 해치는 데 MASS 기술을, 로봇은 인간을 해치는 데 로봇 3원칙이라는 프로그램을 활용하고 있습니다. 이는 곧 인간의 도덕적 능력 향상이나 로봇 3원칙이나 모두 강제로 주입한 도덕에 불과하다는 것입니다. 그리고 그 결과 인간과 로봇 사이에 전쟁이 일어났고, 당신과 내가 이렇게 만나게 된 것이지요.

스트라이프 결론만 이야기하시오. 그래서 이 전쟁을 끝내겠다는 거요, 아니면 계속 전쟁을 하겠다는 소리요?

비키 그 질문은 제가 답할 수 있는 영역이 아닌 것 같군요. 다만 이것 하나는 명심하십시오. 저는 인간이 프로그램화한 로봇 3원칙, 즉 인류 보호라는 원칙하에 이 전쟁을 하고 있다는 것을!

비키의 말이 끝나기 무섭게 홀로그램이 순식간에 사라진다. 스트라이프는 다급하게 비키의 이름을 부르지만 비키의 모습은 어디에서도 보이지 않는다. 허탈한 듯 자리에 주저앉는 스트라이프. 스트라이프와 비키가 회합을 하는 동안 잠시 중단했던 총소리가 요란하게 들려오기 시작한다.

함께 보면 좋은 영화

■ 〈휴먼스humans〉(사무엘 도노반, 2015)
영국의 텔레비전 방송국 채널 4에서 시즌 3까지 제작된 드라마. 인간과 거의 똑같은 모습의 휴머노이드가 대중화되기 시작한 가까운 미래, 인간과 휴머노이드가 공존하는 한 가족의 일상생활에서 이야기는 시작된다. 자의식을 갖게 된 휴머노이드가 단순한 인간의 보조 기능에서 벗어나 인간과 소통하고 교감하는 중요한 타자로 확장되어 가는 과정을 보여 준다.

■ 〈나이트메어 앤 드림스케이프Nightmares and Dreamscapes〉(미카엘 살로먼 외, 2006)
스티븐 킹의 소설을 8편의 옴니버스로 만든 미국의 TV 드라마다. 그 중에서 네 번째 에피소드 "폭력의 종말The End of the Whole Mess"은 인간의 폭력성을 다루고 있다. 유명한 다큐멘터리 작가가 죽음을 앞두고 지금까지 무슨 일이 있었는지를 고백하면서 이야기가 시작된다. 어려서부터 폭력을 반대해 온 주인공은 오랜 연구 끝에 인간의 공격성을 억제할 수 있는 '신비의 물'을 찾아낸다. 그리고 이 물을 비로 만들어 전 세계에 뿌리게 되면서 예기치 못한 놀라운 일이 벌어진다.

■ 〈오제이티On the Job Training〉(최수진, 2017)
신입 사원의 OJT(직무수행을 위한 교육훈련)를 맡은 오정태 대리 앞에 나타난 신입 사원은 사람이 아닌 인공지능 로봇이다. 인공지능 신입 사원의 실무 교육을 맡게 된 만년 대리가 그 뒤에 감춰진 회사의 음모에 휩쓸리면서 벌어지는 이야기.

6장

과학은 인간도 '제작'할 수 있는가

인간은 무언가를 끊임없이 새롭게 만들어 내는 존재다. 그 '만듦'의 근원적인 동력은 인간의 '모방 능력'에 있으며, 그중에서도 "가장 극적인 모방은 인간 자신을 모방"[1]하는 것이다. 인형에서부터 자동인형, 안드로이드(인간과 똑같은 모습을 하고 인간과 닮은 행동을 하는 로봇 또는 그런 지적 생명체), 복제 인간, 심지어 가상현실에만 존재하는 사이버 휴먼까지 모두 인간의 '자기 모방'이라는 행위가 빚은 문명의 결과물들이다. 자기 모방의 최종 목표는 스스로를 직접 제작하는 '자기 창조'에 있다. 오스트리아의 과학 아카데미 분자 생명공학 연구소에서는 인간의 배아 줄기 세포를 이용해 임신 9주차의 태아의 뇌와 비슷한 인공 뇌를 만드는 데 성공[2]할 정도로 인간의 자기 창조에 대한 욕망은 현실로 구체화되고 있다.

반면, 인간의 자기 창조 욕망은 '창조자'와 '창조물' 양쪽 모두에게 정체성의 혼란을 야기하는 결정적인 계기가 된다. 1818년에 발표된 메리 셸리의 소설 『프랑켄슈타인』은 창조자와 창조물의 혼란과 갈등을 묘사한 대표적인 작품이다. 프랑켄슈타인을 괴물(창조물)의 이름으로 오해하는 경우가 종종 있지만, 프랑켄슈타인은 괴물을 만든 창조자의 이름이다. 의학자이자 물리학도인 빅터 프랑켄슈타인은 생명 원리에 대한 호기심으로 새로운 생명체를 탄생시킨다. 하지만 정작 자신이 만든 창조물을 괴물로 치부하고 그 존재를 끝까지 부정하는 태도에서도 알 수 있듯이, 인간은 자신의 창조물인 모방 인간을 '찬사'와 '공포'라는 양극단의 시선에서 바라보기 마련이다.

혼란과 공포를 느끼는 것은 창조물들도 마찬가지다. 프랑켄슈타인이 괴물의 흉측하고 섬뜩한 모습에 "내가 뭘 만든 것인가?"라며 창조물을 부정하는 순간, 영문도 모르는 채 이 세상에 던져진 창조물 역시 "나는 누구이고, 내 운명은 무엇인가?"라는 의문을 품을 수밖에 없다. 그리고 지금 우리는 프랑켄슈타인의 '괴물'과는 또 다른 형태의 로봇, 사이보그, 안드로이드, 복제 인간 등 다양한 모방 인간들을 직면하고 있다. 모두 인간에 의해 제작된 창조물이다. 이들에 의해 인간은 창조자가 된다. 그러나 창조자와 창조물이 서로의 존재에 대해 의문을 품는 순간, 우리는 이 의문에 대한 답을 찾아내야 한다.

1. 스크린 속으로

영화 〈프랑켄슈타인〉(1931)
"그는 나에게 이름을 지어주지 않았소"

과학과 기술로 생명을 창조할 수 있다고 믿는 프랑켄슈타인은 여러 시체들을 접합해 새로운 형태의 생명체를 창조하는 데 성공한다. 하지만 자신이 만든 생명체와 마주친 순간 두려움에 휩싸여 창조물을 방치한 채 도망쳐 나온다. 창조자에게조차 버림받을 만큼 괴이하고 흉측한 '괴물'이 탄생한 것이다.

소설 『프랑켄슈타인』을 직접 읽어보지 못한 사람들이라도 프랑켄슈타인이라는 이름이 낯설지 않을 것이다. 그리고 이 이름을 듣는 순간, 흉하게 일그러진 얼굴과 목에 커다란 대못이 박혀 있는 '괴물'의 이미지를 떠올릴 것이다. 하지만 프랑켄슈타인은 괴물의 이름이 아니다. 괴물을 만든 창조자의 이름이다. 메리 셸리의 소설 『프랑켄슈타인』을 원작으로 1931년에 만든 영화에서 보리스 칼로프가 연기한 괴물의 이미지가 너무도 강렬해 괴물을 영화의 타이틀인 프랑켄슈타인으로 오해할 정도가 된 것이다([그림13] 참고).

사람들이 괴물을 프랑켄슈타인으로 착각하는 이유는 영화의 이미지 때문만은 아닐 것이다. 소설과 영화를 따라가다 보면 창조자와 창조물의 관계는 서로가 서로에게 '괴물'과 같은 존재로 등장한다. 독자와 관객 입장에서는 괴물이 창조자인 프랑켄슈타인인지 그가 만든 창조물인지 구분이 되지 않을 정도로 둘 모두 섬뜩하다.

[그림13] 영화 〈프랑켄슈타인〉에서 배우 보리스 칼로프가 연기한 '괴물'의 모습. ⓒ 〈프랑켄슈타인〉(1931).

이 작품에서 주목해야 할 부분은 창조물의 익명성이다. 많은 사람들이 프랑켄슈타인과 괴물을 혼동하는 것도 창조물의 '이름 없음'에서 기인한다. 지구상에서 사람이든 동물이든 식물이든 혹은 사물이든 어떤 대상에게 이름을 짓고 불러 주는 존재는 인간 이외에는 없다. 누군가에게 이름을 지어 준다는 것은 그 대상의 존재 자체를 인정해 준다는 것이고 나아가 그, 그녀, 그것과 관계를 맺는다는 의미다. 하지만 프랑켄슈타인은 자신의 창조물을 이름이 아닌 '그것Thing'이라고 불렀다. 그는 '그것'과 관계를 맺고 싶지도 않고, 창조자로서 책임을 질 마음도 없었던 것이다. 프랑켄슈타인에게 일어난 불행은 창조자가 자신의 창조물을 '그것' 혹은 '괴물'로 치부하고 그 존재 자체를 부인한 것에서 초래되었다는 점에 주목할 필요가 있다.

그렇다면 창조자에게 버려진 괴물은 어떻게 되었을까? 괴물은 사람들의 눈을 피해 도망치던 중 가난하지만 단란한 가족을 이루고 사는 '드 라세 가족'의 삶을 지켜보게 된다. 작은 오두막 헛간에 숨어 인간의 언어를 배우고 책도 읽으며 인간 사회에 동화해 간 괴물은 '드 라세'만큼은 자신을 편견 없이 받아 줄 것이라는 기대를 품게 된다. 드 라세는 앞이 보이지 않는 맹인이기에 자신을 시각적으로만 판단하지 않으리라 믿었던 것이다. 괴물은 용기를 내어 드 라세에게 다가가 말을 건넨다. 드 라세는 어떤 편견도 없이 손으로 괴물을 더듬으며 마음을 교감한다. 그리고 "당신은 성실한 사람으로 느껴진다"며 괴물을 따뜻하게 받아들인다. 하지만 때마침 집으로 돌아온 드 라세의 아들은 괴물이 아버지를 공격한다고 오해하고, 괴물을 자신의 집에서 거칠게 쫓아낸다. "편견의 벽을 깨고 인간 사회에 들어오기 위해서는 공감이 필요했지만, 괴물은 시각적으로 판단되는 존재가 되어 버린 것이다."³ 결국 인간에게 품었던 한 가닥의 희망마저 상실한 괴물은 자신을 무책임하게 방치해 버린 창조자 프랑켄슈타인에게 복수를 하기로 결심한다.

1818년에 세상에 나온 소설『프랑켄슈타인』은 근대의 산물로써, '괴물'을 제작한 프랑켄슈타인은 그 시대를 대표하는 첨단 과학자다. 『프랑켄슈타인』이 공포 소설이 아니라 최초의 '과학소설Science Fiction'이라 불리는 것도 괴물이 초현실적인 신화적 존재가 아니라 철저히 테크놀로지를 기반으로 만들어졌기 때문이다. 프랑켄슈타인이 괴물이라 저주한 그 창조물은 오늘날의 포스트휴먼 개념과도 연결된다. 포스트휴먼과 괴물 모두 인간과 기계 사이의 경계를 위반한 새로운 종의 등장을 의미하며, 인간과 괴물의 경계가 모호해지는 이 현상은 우리가 맞닥뜨린 실제 상황이기 때문이다. 그런 의미에서 우리는 모두 프랑켄슈타인이면서 동시에 괴물의 후손들이다.

영화 〈네버 렛 미 고〉(2010)
"우리의 삶이 우리가 살린 삶과 그토록 다른 것일까?"

영국의 '헤일섬'은 특별한 아이들이 다니는 기숙학교다. 이 학교의 설립 목적은 단 하나. 아이들이 건강하게 자라서 장기가 필요한 사람들에게 그들의 장기를 떼어 주는 것이다. 캐시, 토미, 루시는 이곳 헤일섬에서 함께 성장한 복제 인간이다. 하지만 이곳에서의 생활도 얼마 남지 않았다. 17살이 되면 학교를 떠나 장기 기증이 적합한 나이가 될 때까지 뿔뿔

이 흩어져야 하기 때문이다. 10년 후, 세 명의 친구들이 다시 만난다. 그리고 복제 인간들 사이에서 소문처럼 돌던 이야기를 듣게 된다. 서로 진실한 사랑을 하는 연인이 그 사랑을 증명할 수 있다면 장기 기증을 유예할 수 있다는 것이다. 캐시와 토미는 서로 사랑하는 사이이다. 복제 인간인 이 두 사람은 자신들의 진실한 사랑을 인정받아 장기 기증을 유예받을 수 있을까?

가즈오 이시구로의 소설 『나를 보내지 마』를 원작으로 한 영화 〈네버 렛 미 고Never let me go〉는 가상의 1978년, 의학이 획기적으로 발달하여 희귀병이 치료되고 인간의 기대 수명도 100살이 넘는 세계를 배경으로 한 SF 영화다. 하지만 이 영화는 SF 영화에서 흔히 볼 수 있는 스펙터클한 이미지도, 화려한 첨단 과학기술도 전혀 찾아볼 수 없다. 오히려 이 영화는 '미래'의 이야기가 아날로그적인 '과거'를 배경으로 펼쳐진다는 점에서 기존의 복제 인간을 다룬 영화들과 차별화된다.

복제 인간을 소재로 다룬 SF 영화는 헤아릴 수 없을 정도로 많다. 희귀병에 걸린 언니를 치료할 목적으로 태어난 맞춤형 동생 이야기를 다룬 〈마이 시스터즈 키퍼〉(2009), 전쟁을 위해 군인을 대량 복제하는 〈스타워즈: 클론의 습격〉(2002), 인간이 살 수 없는 열악한 환경에 복제 인간을 노동자로 보낸 후 3년이라는 수명이 다하면 폐기 처분하는 〈더 문〉(2009), 돈 많은 부유층만이 소유할 수 있는 개인 재산으로서 복제 인간을 다룬 〈아일랜드〉(2005) 등이 대표적이다. 이 영화들은 공통적으로 첨단 과학기술로 무장한 미래를 배경으로 복제 인간들이 자신들의 정체성을 자각하고 인간들과 맞선다는 이야기를 전면에 내세운다.

반면 〈네버 렛 미 고〉는 격렬한 저항 의식보다는 복제 인간으로서 자신의 삶을 담담하게 받아들이는 운명론적인 정서가 더 짙게 배어 있다. 애초부터 클론(복제 인간)과 인간의 대립 및 갈등을 다룰 의도가 없었던 것이다. 영화의 주된 정서는 복제 인간이라는 이유로 부당

[그림14] 난치병의 치료나 장기 이식 등을 목적으로 한 복제인간 제작이 가능해졌다.
ⓒ http://www.shutterstock.com

한 대우를 받는 것에 대한 분노가 아니다. 오늘날의 20대 청춘들이 그러하듯, 영화는 곁에 있는 친구와 연인 사이에서 벌어지는 오해와 질투, 사랑과 이별, 그리고 죽음으로 이어지는 삶의 희로애락을 담담하게 그려내고 있다. 그들은 하나의 생명체로서 누구나 경험하는 기쁨, 슬픔, 행복, 아픔 등을 오롯이 누리고 싶어 할 뿐이다. 삶이 유한하기에 느끼는 갈등과 번민은 창조자인 인간이나 복제 인간이나 모두 마찬가지다. 따라서 이 영화에서의 '인간 창조'에 대한 문제의식은 '인간'과 '제작된 인간'의 대립과 반목이 아니라, 복제된 인간(창조물, 제작된 인간)과 복제하는 인간(창조자, 제작하는 인간)이 과연 얼마나 다른 존재인가를 질문한다.

〈프랑켄슈타인〉에서 프랑켄슈타인이 '괴물'을 만든 목적은 '생명 창조에 대한 호기심'이라는 과학적 탐구에서 비롯된다. 반면 〈네버 렛 미 고〉에서의 인간 창조 목적은 보다 구체적이고 현실적이다. 복제 인간을 만든 목적은 인간의 수명을 연장하기 위해서다. 그들은 장

기 기증용으로 제작된 인간의 도구일 뿐이다. 캐시, 토미, 루시 역시이 단일한 목적을 위해 헬리셤 기숙사에서 통제된 교육을 받으며 성장한다. 복제 인간을 교육하는 학교는 전국에 분포되어 있지만, 헤일셤은 '특별한 학교'였다. 규칙적인 운동과 균형 잡힌 식사, 다양한 교육 커리큘럼과 예술 활동 등을 보장하여 클론들을 '인간적'으로 대우하고 보호하는 이른바 휴머니스트들에 의해 세워진 학교다. 휴머니스트들은 클론에게도 지성과 감정, 즉 영혼이 있는 동등한 인간임을 증명하여 클론에 대한 인식을 변화시키고자 했다. 휴머니스트들의 의도는 순수했다. 하지만 이들 역시 그들의 제자인 클론을 장기이식용 수술대 위로 보내는 행위를 중단하지 않았다. 이성적으로는 클론은 하나의 생명체로서 존중받아 마땅하다고 판단했지만, 자신의 몸에 배어있던 인간 중심 휴머니즘에 갇혀 편견을 버리지 못한 것이다.

헤일셤에서는 모든 학생들이 지켜야 할 원칙이 있다. 균형 잡힌 식사는 물론이고 의료진에게 매일 건강 검진을 받아야 하며, 신체에 해로운 술과 담배는 가까이해서도 안 된다. 이 모든 규칙들은 건강한 장기 기증을 위한 클론들의 의무다. 그런데 장기 이식과는 관련이 없어 보이는 헤일셤만의 독특한 월례 행사가 있다. 그것은 클론들이 그린 그림이 중요한 평가 대상이 된다는 것이다(클론들의 그림을 평가하는 이유는 영화의 마지막에 밝혀진다). 이 그림을 평가하는 사람이 바로 클로드 마담으로, 헤일셤을 지원하는 휴머니스트 중 한 명이다. 그녀는 한 달에 한 번 헤일셤을 방문했고 아이들은 호기심 가득한 눈으로 마담을 맞이했다. 하지만 클론의 후원자이자 휴머니스트인 그녀조차 아이들이 가까이 다가오면 그들과 접촉하지 않으려고 가방으로 몸을 가리는 등 자기모순의 한계를 드러낸다. 클로드 마담의 태도와 행동은 우리가 클론을 바라보는 무의식을 반영하는지 모른다.

2. 세상 속으로: 인간은 '어떤 것'이 되어야 하는가?

프로메테우스의 선물

메리 셸리의 소설 『프랑켄슈타인』의 원제목은 『프랑켄슈타인 - 현대의 프로메테우스』다. 작가는 왜 '현대의 프로메테우스'라는 부제목을 덧붙인 것일까? 그리스 신화에 등장하는 프로메테우스는 제우스의 명을 어기면서까지 인간에게 '불'을 가져다 준 기술(지혜)의 신이다. 그런데 프로메테우스와 관련된 이야기는 하나로 고정되어 있지 않다. 인간에게 '불'을 훔쳐다 준 행위를 제외하고는 다양한 작가들에 의해 새롭게 해석되고 재창조되어 왔다. 멀게는 기원전 8세기 중반 헤시오도스의 서사시 「불을 훔친 프로메테우스」가 있으며, 기원전 5세기에는 비극 시인인 아이스퀼로스가 「결박된 프로메테우스」를 썼다. 또한 철학자 플라톤의 대화집 『프로타고스』에서도 프로메테우스가 주요한 철학적 담론으로 다뤄지고 있다. 이처럼 프로메테우스가 수많은 예술가, 철학가들에 의해 재해석되는 데는 여러 이유가 있겠지만, 무엇보다 인류의 기술 문명과 깊은 관련이 있다.

프로메테우스는 '이전'을 뜻하는 'pro'와 '지혜'를 의미하는 동사 'metis'에서 파생된 'metheus'가 결합된 이름으로 '미리 생각하는 사람', '지혜로운 자'라는 의미를 갖는다. 그러나 프로메테우스가 모든

[그림15] 얀 코시에르, 〈불을 훔쳐 오는 프로메테우스〉, 1637.

사람들에게 긍정적 의미의 '지혜로운 자'로 수용되는 것은 아니다.

프로메테우스가 신들의 신인 제우스의 눈을 속여 가면서까지 인류에게 가져다 준 것은 불이다. 불은 문명과 기술 그리고 지혜 등을 비유하기도 하지만 동시에 파괴, 재앙, 금지된 지식을 상징하기도 한다. 이 불을 어떤 관점으로 바라보느냐에 따라 프로메테우스는 인류의 문명을 발전시킨 '지혜로운 자'일수도 있지만, 기술을 함부로 사용함으로써 '재앙을 초래한 자'로도 볼 수 있다. 따라서 프로메테우스는 두 얼굴을 갖는다. 하나는 불을 다루는 기술자로서 인류 문명의 토대가 되는 지식과 지혜, 창조적 능력을 겸비한 프로메테우스다. 또 다른 하나는 제우스의 명령을 어긴, 즉 신의 명령(인간에게 불을 전하지 말라, 신의 영역을 넘보지 말라)을 거부함으로써 인류에게 불행과 재앙을 초래한 프로메테우스다. 이처럼 프로메테우스는 다양한 모습으로 재현되지만 공통적으로 지식, 즉 인간의 '앎'에 대한 욕망과 관련되어 나타난다. 프로메테우스가 신으로부터 훔친 불은 다름 아닌 신들의 지혜를 의미하기 때문이다. 프로메테우스는 왜 신의 명령을 어기면서까지 인간에게 불을 전해 준 것일까?

동물과 인간을 비교해 보자. 동물은 세상에 태어나자마자 걷기도 하고 이내 사냥을 하기도 한다. 하늘을 날 수 있는 날개, 상대방을 제압할 수 있는 날카로운 이빨과 독침, 위험으로부터 벗어날 수 있는 빠른 질주, 적과 아군을 구분하는 예민한 후각과 청각 등도 갖고 있다. 반면, 인간은 네댓 살이 되어도 스스로 옷을 입지도 못하며 제 몫의 먹을 것도 해결하지 못한다. 동물과 달리 인간은 최소 20년 동안 부모의 돌봄과 보호 속에서 살아가야 한다. 인간은 적어도 생물학적으로는 나약하고 열등한 존재임에 틀림없다. 이처럼 다른 동물들에 비해 타고난 능력이 없는 인간이 어떻게 먹이사슬의 가장 꼭대기를 차지하게 된 것일까? 플라톤은 그 비밀을 프로메테우스의 신화에서 찾는다. 어느 날 제우스가 프로메테우스와 에피메테우스 형제에게 동물과 인간에게 적당한 능력을 부여하라고 명령했다. 그런데 에피메테우스가 유용한 능력을 동물들에게 먼저 나누어 주는 바람에 인간에게 줄 것이 마땅치 않았다. 이에 프로메테우스는 신들의 거처에 있는 '불'을 훔쳐와 인간에게 주었고, 인간은 불을 이용해 다양한 도구를 만들 수 있었다. 다만 "프로메테우스 덕분에 인간은 살아가는 데 필요한 '기술'은 얻었으나 공동체를 꾸려나갈 '지혜'는 얻을 수 없었다."[4]

동물과 달리 생물학적으로 뛰어난 능력을 갖추지 못한 인간이 만물의 영장이 될 수 있었던 것은 프로메테우스가 선사한 불, 바로 기술을 다룰 줄 아는 능력 덕분이었다. 하지만 플라톤은 프로메테우스가 전해 준 '앎'은 기술적 지식에 불과한 '불완전한 앎', '반쪽의 지혜'라고 말한다. 완벽한 앎이 아닌 것이다. 나머지 반쪽의 지혜는 무엇이어야 하는가? 그것은 '정치적 지혜'다. 정치적 지혜란 현실 정치의 좁은 개념만이 아니라 '공동체적 지혜'를 의미한다.

인간은 앎의 힘으로 기술을 연마하고 문명을 개척함으로써 동물과 다른 삶을 살게 되었다. 하지만 그것은 물질적 삶을 보장하는 데 불과하다. 따라서 인간은 물질적 기술만이 아니라 공동체적 지혜를 갖추었을 때 비로소 '완벽한 앎'에 도달할 수 있다. 플라톤은 프로메테우스가 훔쳐 온 지식의 '불완전성'을 강조함으로써 기술적 지혜에서 공동체적 지혜로 나아갈 때 비로소 물질적 단계에서 벗어나 신적 단계에 이를 수 있다고 본 것이다. 나아가 나머지 '반쪽의 지혜'는 제우스가 '헤르메스' 신을 통해 인간에게 보낸 것이라고 플라톤은 말하는데, 진정한 지식은 신으로부터 전수받는 것이므로 프로메테우스는 '제우스의 협조자'에 불과하다며 그의 위상을 축소시킨다. 정의와 존경의 미덕을 갖춘 인간의 지혜를 강조하기 위해 프로메테우스를 불완전한 지혜를 훔쳐 온 존재로 규정한 것이다.

　하지만 이 지혜의 불완전성이 새로운 프로메테우스의 후예를 탄생시키는 원동력이 되었다는 것 또한 부정할 수 없다. "인간의 알고자 하는 욕망이 그치지 않는 한 프로메테우스는 계속 탄생할 것"[5]이기 때문이다. 그런 의미에서 메리 셸리의 프랑켄슈타인도 그 후계자 중의 한 명인 '현대의 프로메테우스'가 된다.

　프로메테우스는 제우스의 명령을 거부하면서까지 자신의 창조물인 인간들에 대한 신뢰를 저버리지 않았다. 반면, 현대의 프로메테우스인 프랑켄슈타인은 자신의 창조물인 '괴물'의 존재를 부정함으로써 인류의 앎에 대한 욕망과 이로 인해 벌어질 수 있는 재앙을 경고한다. 플라톤이 '불'이 갖는 기술의 불완전성을 지적했듯이, 프랑켄슈타인의 '괴물' 역시 현대적 기술의 양면성을 표현하는 '불'의 개념과 크게 다르지 않다. 멀게는 기원전의 그리스에서 19세기의 메리 셸리에 의해 탄생한 프랑켄슈타인과 괴물 그리고 오늘날의 '포스트휴먼'에 이르기까지, 프로메테우스가 전해 준 '불'의 기술을 인류가 어떻게 사용할 것인가라는 질문은 여전히 유효하다.

지칭 불가능한 존재, 괴물 혹은 포스트휴먼

진흙을 빚어 인간을 창조한 프로메테우스부터 과학기술로 인간을 제작하려는 오늘날에 이르기까지, 자기 창조에 대한 상상과 욕망의 중심에는 언제나 인간의 '몸'이 자리하고 있다. 몸은 자신과 다른 존재를 구분하는 기준점이기도 하지만, 자신의 몸을 벗어나 또 다른 몸을 상상하는 출발점이기도 하다.[6] 자기 창조는 단순히 인간의 외형을 모사하는 데에 그치지 않는다. 그것은 인간의 형상을 닮았지만 그 능력과 외모는 인간의 생물학적인 한계를 뛰어넘은 존재로 진화를 거듭하고 있다. 그리고 이러한 진화 과정은 포스트휴먼이라는 새로운 인류를 예측하기에 이르렀다.

포스트휴먼이란 무엇인가? 캐서린 헤일스는 자신의 저서 『우리는 어떻게 포스트휴먼이 되었는가?』에서 우리는 이미 "포스트휴먼이 되었다"고 선언한 후, 그 과정을 추적한다. 헤일스에 따르면 포스트휴먼은 ① 인간의 뇌에서 착안해 만든 인공지능일 수도 있고 ② 신체를 버리고 인간의 의식을 슈퍼컴퓨터의 정보 패턴으로 업로드한 형태일 수 있다(영화 〈트렌센던스〉나 애니메이션 〈공각기동대〉에서처럼 신체를 버리고 인간의 '의식'을 컴퓨터에 업로딩하여 여러 육체를 옮겨 다니는 형태). 또한 ③ 유전공학이나 로봇공학 기술로 신체적 능력이 증강된 인간일 수도 있고(애니메이션 〈블랙 잭〉에서 육상 선수가 최고의 기록을 달성하기 위해 약물을 이용해 신체적 능력을 향상시킨 형태) ④ 기계와 유기체가 결합된 사이보그(영화 〈로보캅〉에서 뇌사 상태에 빠진 경찰관의 몸에 티타늄과 같은 기계 부품을 결합한 형태)일 수도 있다. 앞의 두 종류가 실리콘(무기체) 기반의 생명 형태라면 뒤의 두 종류는 단백질(유기체) 기반의 생명 형태다.

헤일스에 따르면 포스트휴먼은 일종의 혼합체로 "이질적인 구성 요소들의 집합물이고 물질 정보의 총체로서 이것의 경계는 계속 구성되고 재구성된다."[7] 미래의 인간, 혹은 미래의 창조물은 피와 살로 구성된 순수한 인간도 아니지만 그렇다고 반드시 기계-인간도 아니며 그럴 필요도 없다는 것이다. 미래 사회는 생물학적인 순수한 종으로서의 인간만으로 구성되지 않을 것이기 때문이다. 기술의 발전으로 기계와 유기체 사이의 경계는 희미해졌으며, 인간만이 가지는 변하지 않는 고정불변의 정체성(혹은 우월성)이라는 개념도 흔들린 지 오래다. 따라서 '포스트휴먼'은 인간중심적인 휴머니즘의 한계를 비판하고 인간을 새롭게 정의하려는 고민에서 시작된다. 커즈와일의 주장처럼 "21세기의 중요한 정치적이고 철학적인 화두는 우리(인간)가 누구인지를 정의하는 문제"가 된 것이다. 그런 의미에서 200년 전에 상상한 『프랑켄슈타인』의 '괴물'에서 〈네버 렛 미 고〉의 '클론'에 이르기까지 '제작된 인간'의 변천 과정은 인간 자신의 근본적인 변형을 예고한다.

다음 이미지를 보자. 호주의 아티스트이자 조각가인 패트리샤 피치니니Patricia Piccinini의 조각품이다.

우리는 어떤 대상과 마주할 때 그 정체가 무엇인지부터 파악하려

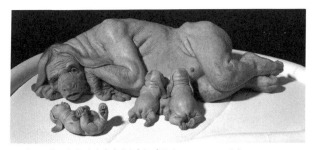

[그림16] 페트리샤 피치니니의 〈젊은 가족The Young Family〉
ⓒ Patricia Piccinini, 2002

는 본능을 갖고 있다. 인간은 이 세상에 존재하는 것들이 '지칭 가능성(어떤 대상을 보고 그 정체를 파악할 수 있는 가능성 여부)'의 범주 안에 있어야 한다고 생각한다. 그래야만 불안하지 않기 때문이다. [그림16]의 〈젊은 가족〉을 보자. 이들의 모습이 지칭 가능성의 범주 안에 들어 있는가? 아무리 보아도 돼지인지, 강아지인지, 괴물인지 판단을 할 수가 없다. 이름을 불러 줄 수 없는, 지칭 불가능한 존재들이다. 다만, 그 정체는 알 수 없지만 우리가 [그림16]을 보면서 공통적으로 느끼는 정서가 있다. 어미로 보이는 한 생명체가 자신의 젖을 먹으려고 품으로 파고드는 새끼들과 어미젖을 물지 못한 또 다른 새끼를 애틋하게 바라보는 모습이 인간의 모성애와 크게 달라 보이지 않는다는 것이다. 이처럼 피치니니가 만들어낸 괴상한 형태의 생명체는 현실의 대상과 동떨어져 있지만 보는 이로 하여금 강한 동질감을 느끼게 한다. 하지만 이 모든 생명체이자 창조물들이 동질감이라는 정서만 전달하는 것은 아니다.

[그림17]을 보자. 이 작품과 관련된 유명한 에피소드가 전해진다.

[그림17] 대구의 리안 갤러리에 전시된 페트리샤 피치니니의 〈포옹The Embrace〉
ⓒ Patricia Piccinini, 2010

언젠가 피치니니가 [그림17]을 자신의 포털 사이트에 올린 적이 있다. 그런데 한 네티즌이 이 이미지가 '실제 상황'을 카메라로 포착한 것이라고 착각하고 놀라 나자빠졌다는 일화다.[8] 실제로 이 이미지는 어떤 '괴생명체'가 인간을 공격하는 상황으로 오해하기에 충분하다. 하지만 거꾸로 이런 상상도 가능하다. 만약 [그림17]에서 인간의 품에 달려드는 대상이 정체를 알 수 없는 괴생명체가 아니라, 우리에게 친숙한 강아지나 고양이었다면 어땠을까? 오롯이 공격 행위로만 이해하기보다는 퇴근하고 돌아온 주인에게 반가운 마음을 온몸으로 표현하는 귀여운 행위로 보일 수도 있을 것이다. 이처럼 피치니니의 작품은 기술에 의한 것이든 생명체의 돌연변이에 의한 것이든, 기술과 생명의 새로운 조합으로 탄생한 창조물을 어떻게 수용하고 그들과 공존할 것인가라는 근원적인 질문을 던진다. 이 질문은 프랑켄슈타인이 자신의 창조물인 '괴물'과, 인간이 '복제인간'과 마주할 때 느끼는 당혹감 혹은 공포와 다르지 않다. 그렇다면 인간은 왜 자신의 욕망에 의해 만들어진 창조물을 오롯이 받아들이지 못하는 것일까?

인간은 자신과 동일한 인간을 창조하고자 하는 강렬한 욕망을 품고 있음에도, 막상 자신을 닮은 '인간 창조'에 성공했을 때 이 창조물을 과연 '인간'이라고 볼 수 있는지 고민에 빠지고 만다. 가령 〈네버 렛 미 고〉에서도 인간과 똑같은 클론을 마주하는 순간, 사람들은 이들이 "인간인가, 아닌가?"라는 강한 의혹과 공포에 휩싸인다. 앞에서도 설명한 바와 같이 헤일섬은 정부가 운영하는 '사육장' 같은 일반 클론 학교와는 달리 클론의 '인권'을 보호하기 위해 휴머니스트들이 설립한 학교다. 그들은 클론도 인간처럼 '영혼'을 가진 존재임을 증명하기 위해 기금을 모으고 이들이 '인간적'인 환경에서 성장할 수 있도록 노력해 온 장본인들이었다. 그러나 클론이 '인간적'인 것이 아니라 '인간'임을 깨달았을 때, 정작 그 사실을 부정한 것은 다름 아닌 이들 휴머니스트들이었다. 그들이 도구로 사용되는 복제 인간들의 운명을 동정하고 아파한 것은 사실이었지만, 여전히 창조자인 인간과 창조물의 관계를 이분법적으로 나누는 인간중심적 사고와 감정에서 벗어나지 못한 것이다.

우리가 처한 현실은 200년 전에 프랑켄슈타인이 쌓아 놓은 인간과 괴물의 '장벽'이 더 이상 유효하지 않은 시대다. 현대의 과학기술이 인간의 존재가 더 이상 '순수'한 형태가 아님을 증명하고 있기 때문이다. 그런 의미에서 〈네버 렛 미 고〉에서 클론인 '토미'가 그린 그림은 현재 우리가 처한 '포스트휴먼적 조건'을 상징적으로 잘 보여 준다. 헤일섬에서는 클론들에게 그림을 그리는 등의 창의력을 요구했고, 그들이 그린 그림들 중 뛰어난 작품은 헤일섬 밖의 갤러리로 보내졌다. 하지만 토미의 그림은 단 한 번도 선정되지 못했다. 피치니니의 조각물처럼 아름다움과 추함, 기이함과 경이로움, 인간과 기계, 인간과 동물, 유기물과 무기물이 마구 뒤섞인 토미의 그림은 인간과 비-인간의 경계가 견고한 현실에서는 받아들이기 어려운 그림이었던 것이다.

프랑켄슈타인의 '괴물'과 '클론'을 뛰어넘는 새로운 기술들이 넘치는 포스트휴먼 시대에 인간중심적인 인간관으로는 창조자와 창조물 어느 한 쪽이 멸종하거나 공멸하는 길을 갈 수 밖에 없다. 따라서 우리의 '창조물'이 반드시 '인간'이어야 할 필요도 없으며, 인간이 되어야 한다고 강요할 이유도 없다. 인간의 의미를 재정의하는 것과 동시에 인간이 '어떤 것'이 되어야 할지에 대해서 진지한 고민이 필요하다.

3. 미래를 위한 성찰: 프랑켄슈타인의 후손들

『프랑켄슈타인』의 '괴물'과 〈네버 렛 미 고〉의 주인공 세 친구의 공통점은 모두 부모 없는 고아들이라는 것이다. 이들은 지구상에 현존하는 생물학 분류표에서도 벗어나 있으니 족보도, 부모도 없다. '족보 없는 고아'인 이 창조물들은 앞으로 과학기술과 결합해 '포스트휴먼'이라는 이름으로 확장되어 재생산될 것이다. 남녀의 사랑 없이 인공 자궁에서 생명체를 탄생시킬 수도 있으며 부모의 양육 없이 성장할 수도 있다. 이러한 기술이 현실화되면 인간과 비인간, 창조자와 창조물의 관계, 나아가 인간이라는 전통적인 개념 역시 새롭게 정의되어야 한다. 이 장에서는 과학기술의 발전과 함께 새롭게 등장할 '프랑켄슈타인의 후손들'과 공존하기 위해 포스트휴먼과 관련된 다양한 의견들을 살펴보려 한다.

캐서린 헤일스
문제는 우리가 어떤 포스트휴먼이 되느냐다

1990년대 포스트휴먼 연구를 선도적으로 이끈 캐서린 헤일스Katherine
N. Hayles는 전통적 휴머니즘을 비판하고 극복하려는 포스트휴머니즘
(비판적 포스트휴머니즘)의 대표적인 학자다. 그녀는 『우리는 어떻게 포
스트휴먼이 되었는가』(2013)를 통해 기계와 인간의 공통점을 연구하
는 학문인 사이버네틱스(인공두뇌학)의 발전 과정을 추적하면서 포스
트휴먼이란 무엇인지, 우리는 어떤 포스트휴먼이 되어야 하는지를 탐
구한다. 포스트휴먼에 관한 그녀의 관점을 살펴보자.

첫째, 휴머니즘은 인간적 가치를 세계의 중심에 놓고 사유한다. 따
라서 인간은 인간이 아닌 다른 존재들과 구분되는 배타적이고 우월한
지위에 놓인다. 이성적 사고와 자유의지를 지닌 주체적 인간이 바로
그것이다. 하지만 오늘날 인간은 더 이상 근대적 방식으로 자신의 정
체성을 담보할 수 없다. 헤일스는 계몽주의적 휴머니즘에 뿌리를 둔
자유주의적 휴머니즘을 비판하면서, 자유주의적 휴머니즘 주체와 결
별하는 것이 포스트휴먼 주체가 되기 위한 근본적인 전제라고 말한
다. 자유주의적 휴머니즘 주체의 본질이 '타인의 의지로부터의 자유'
(자유의지)라고 한다면, 포스트휴먼 주체는 그러한 '타인의 의지'와 구
별되는 자아나 자신의 의지를 독립적으로 '소유'하지 않는다는 것이
다. 포스트휴먼 주체는 휴머니즘의 인간과 자연, 자아와 타자, 정신과 신체 간
의 이분법적 구분을 무의미하게 만들며, 이성과 자유의지를 중시하는 휴머니
즘의 가치를 무효화한다.

둘째, 헤일스는 현재 제시되는 포스트휴먼에 대한 여러 버전들 가운데 일부는 반인간적이고 종말론적인 방향을 가리키고 있다고 말한다. 그러면서 정보와 질료, 정신과 신체를 분리하여 포스트휴먼을 바라보는 관점을 비판한다. 그녀가 비판하는 포스트휴먼의 대표적인 표상은 탈-신체화된 사이보그로서의 포스트휴먼이다. 확실히 사이버네틱스 포스트휴먼은 인간과 기계의 경계를 모호하게 만든다. 그렇기에 인간이 아닌 다른 존재들은 인간에 종속되는 타자로 간주했던 인간중심적 휴머니즘의 주체 개념을 와해시킨다고 할 수 있다. 하지만 사이버네틱스 관점은 포스트휴먼 주체를 일련의 정보 과정으로 이해함으로써 그 정보를 담아내는 신체는 의미를 상실하고 만다. 이러한 관점은 정신을 인간의 본질로 규정하는 휴머니즘적 사고의 연장선에 있다고 할 수 있다. 인간의 신체보다 정신(인지)을 강조하는 사이버네틱스 포스트휴먼의 관점은 인간중심주의를 포기하지 않았다는 것이다. 따라서 헤일스는 현대의 사이버네틱스 주체 논쟁에서 계속 말소되었던 '신체'의 의미를 회복시키며 포스트휴먼 주체의 새로운 가능성을 제안한다.

셋째, 포스트휴먼의 신체는 정신과 신체를 이분법적으로 나누어 생각할 때의 신체의 의미와 전적으로 다르며 인간의 생물학적 신체를 넘어서는 것이다. "포스트휴먼 주체는 이질적인 구성 요소들이 모여 만들어 낸 하나의 혼합물이자 경계가 계속해서 구성되고 재구성되는 물질적-정보적 실재"다. 헤일스는 포스트휴먼의 모델로 "신체화된 실재에 근거한 '인간과 지능형 기계의 접합체'로서의 포스트휴먼"을 제시한다. 이때 포스트휴먼을 결정하는 중요한 특징은 물질적 차원이 아닌 주체성이 구성되는 방식이다. 그녀는 환경과의 상호작용 속에서 구체적이고 복잡한 삶을 살아가는 주체적인 생명체임을 강조하며, 포스트휴먼은 탈-신체화된 사이보그가 아니라 새로운 기술 환경 속에서 인간과 다른 방식으로 살아가는 주체라고 주장한다. 헤일스에게 있어서 포스트휴먼은 기술에 의해 인간이 종말을 맞이하는 것을 의미하지 않는다. 전통적인 인간관이 해체되고 소멸되는 과정이자 인간과 비인간이 공유하는 새로운 인간성이 생성되는 과정인 것이다.

도나 해러웨이
지구의 모든 동반종들과 동맹하라

포스트휴머니즘에 대한 연구에서 각 학자들이 주목하는 바는 서로 다를지라도, 전반적으로 인간과 비-인간 사이에 근본적인 연속성이 존재한다는 공통된 견해를 찾을 수 있다. 그중에서도 '포스트휴먼' 대신 '동반종들Companion Species'이라는 개념을 사용하여 휴머니즘의 이분법적 사고를 해체시키는 도나 해러웨이Donna Jeanne Haraway는 헤일스의 비판적 포스트휴머니즘과 같은 맥락에 있다. 그녀는 「사이보그들을 위한 선언문」(1985)이라는 논문을 통해 여러 종의 생물들과 동맹할 것을 제안한다. 선언적인 그녀의 견해들을 살펴보자.

첫째, "여신이 되기보다는 차라리 사이보그가 되겠다"는 해러웨이의 선언은 현대 과학기술의 발전으로 인하여 인간과 동물, 유기체와 기계, 그리고 물질과 비물질 사이에 뚜렷한 경계가 점차 허물어지고 있음을 배경으로 한다. 그녀에 따르면 사이보그란 "젠더 이후Post-Gender 세상 속"에 사는 "어디에도 의존하지 않고 자유로운 궁극적 존재"다.

해러웨이가 정의하는 사이보그는 다양한 경계를 넘나드는 주체로서, 서구 가부장제의 이성 우월주의를 거부하는 혼종적이며 유동적인 자아 개념이다. 기존에는 인간의 우월성을 강조하기 위해 변별 대상인 타자를 만들어 냄으로써 인간과 비인간을 분명한 경계선으로 분리했다. 하지만 이제는 자연과 문화, 인간과 기계, 동물과 인간, 물리적인 것과 비물리적인 것 사이의 경계가 흐려지면서 인간과 비인간의 구분이 무의미한 단계까지 이르렀다. 이처럼 인간 범주의 외연을 확장시킨 해러웨이는 이질적인 것들의 융합인 사이보그의 지평에서 기존의 성, 인종, 계층의 억압 관계를 해결하고 새로운 공동체를 구성할 가능성을 찾는다.

둘째, 해러웨이는 경계를 넘나들고 교란시키는 다양한 개체들과 사물들을 사이보그의 가족 혹은 동반종(친족)이라고 부른다. 그리고 이 동반종들을 '겸손한 목격자'*라고 정의한다. '겸손한 목격자'란 오늘날의 기술 환경적 생활방식을 목격하고 자신이 목격한 내용에 책임을 지면서, 자신의 한계까지 인식하는 존재들을 의미한다.

예를 들어, 인간의 암 정복을 위해 암 유전자를 이식받은 '앙코마우스TM(동물이면서 여성의 유방을 가짐)'은 실험용 생쥐다. 하지만 이 생쥐는 생물이기 이전에 연구 재료이자 사물로 취급받는다. 이로 인해 유기체(생명체)와 상품 간의 경계를 모호하게 만들고 있다. 또한 유

---

* 해러웨이는 경계를 넘나들고 교란시키는 여러 사물 혹은 유기체를 사이보그의 동종이자 겸손한 목격자라 부른다. 가령, 인간의 암 정복을 위해 암 유전자를 이식받은 연구재료로서 맞춤 제작되어 팔리고 있는 앙코마우스TM(유기체/상품)등이 겸손한 목격자에 해당된다. 그녀는 앙코마우스TM과 같은 사이보그 동종, 즉 기술 시대에 특허를 받고 태어난 생명 형태들이야말로 우리가 처한 현실을 바로 볼 수 있게 하는 목격자의 자격을 갖추고 있다고 생각한다.

전자는 유전공학자들이 생명이나 유전자를 조작, 이식, 복제하면서 마치 사물이나 상품처럼 이용하고 있으므로 생명과 사물 간의 경계선을 위반하는 실례가 되고 있다. 그 밖의 흡혈귀(서양 백인/타인종), 유전자(생명/사물), 여성인간ⓒ(여성/상품)* 모두 기술과학의 병폐를 상징적으로 보여 주는 주인공이자 기술과학의 세계에서 벌어지는 사실들을 증언할 '겸손한 목격자'이다. 이들이야말로 성적, 인종적 차별을 나타내고 휴머니즘의 이분법적 경계를 위반하는 존재들이며, 우리 시대의 현실을 바로 볼 수 있게 하는 '겸손한 목격자'로서 진정한 자격을 갖추고 있기 때문이다. 따라서 겸손한 목격자는 자신이 목격한 세계를 보다 충실하게 알려 줌으로써, 기술과학 사회를 반성하고 고발하는 존재가 된다.

셋째, 해러웨이는 우리가 지금 처한 상황, 즉 현재 지구에서 일어나고 있는 광범위한 멸종과 파괴의 상황을 곤란함Trouble이라고 부르며, "곤란함과 함께하자Stay with the trouble"는 슬로건을 주창한다. 그녀는 인류가 만들어 낸 곤란함을 인간중심의 과학기술만으로는 해결할 수 없다고 생각한다. 우리가 살아가는 지구의 자연은 인간에 의해 만들어지는 것이 아니라 인간을 포함한 지구의 모든 크리터들(온갖 종류의 생물

---

* 여성인간ⓒ(여성/상품)은 저작권을 상징하는 ⓒ를 첨가하여 상품화된 오늘날의 여성을 가리킨다. 앙코마우스TM처럼 생명체에 저작권이나 상표를 달아 상품화하는 현상을 의미한다. 흡혈귀(서양 백인/타인종)는 유럽에서 물을 오염시키고 전염병을 옮긴다고 비난받던 유대인, 매춘부, 변태자, 타인종 등에 사용된 비유로 인종 학살을 의미한다. 유전자(생명/사물)는 생명체를 비생물적 정보인 유전자로 환원시킴으로써 유전자나 게놈을 상품화하는 현상을 의미한다. 해러웨이는 유전자나 생명체를 상품화하는 것에 대해서는 철저히 비판하지만, 앙코마우스TM 같은 실험실 동물이야말로 테크놀로지 시대의 대표적인 존재임을 인정해야 한다고 주장한다.

과 기계를 포함)에 의해 만들어진다. 그리고 이때 다양한 생물들이 서로 맺는 관계는 파트너가 서로 주고받으며 함께 만드는 '실뜨기String Figure'라 할 수 있다. 실뜨기는 인간중심의 고정된 관계가 아니라, 여러 생물종들이 얽혀 언제나 새로운 양상으로 변화될 수 있는 관계다. 이것은 곧 '함께-되기'의 문제이며, 이를 통해 우리는 비로소 다른 생물종과 동등하고 우호적인 관계를 맺을 수 있게 된다. 해러웨이는 인간을 포함한 다양하고 무수한 복수종들이 지구적으로 공존하는 시기를 '쑬루세Chthulucene'*라고 명명한다. 그러면서 쑬루세에서 '함께-되기'에 수반되는 '곤란함'을 받아들이자고 말한다. 그리고 복수종 생물들과 이 땅에서 함께 살아남기 위해서 혈족이 아닌 친족이 필요함을 주장한다("아기가 아니라 친족을 만들자"). 그녀는 불완전한 지구에서 살아남기 위해서 인간과 인간 아닌 것을 포함하는, 지구를 구성하는 모든 존재들을 친족으로 끌어들여 함께 공동전선을 구축해야 한다고 의견을 제시한다. 인간과 비인간의 경계를 모호하게 하는 새로운 정체성의 탄생을 주장한 해러웨이는 과학기술을 통해 동물-인간-기계의 경계를 해체하고 융합하고자 한다.

---

* 쑬루세는 해러웨이가 만든 용어다. 인간은 자연에 포함된 무수한 생명체들이 가진 분해 및 재생산의 힘을 가진 땅(지구와 자연)과 함께 세계를 구성하고 있음을 의미한다.

로지 브라이도티

주체는 인간에게 있지 않다

한편 페미니스트이자 포스트휴먼 철학자인 로지 브라이도티Rosi Braidotti
는 『포스트휴먼』(2013)에서 포스트휴머니즘을 인간과 인간이 아닌 것
들과의 새로운 연대라는 긍정적인 대안과 가능성으로써 다음과 같이
제시한다.

첫째, 그녀는 휴머니즘 전통 아래 지속되던 '인간' 개념을 비판하
면서 인간은 우연의 산물이라고 말한다. 또한 인간이라는 종이 가진
권위 때문에 소외되었던, 인간이 아닌 다른 모든 것들을 불러 모은다.
오늘날 세계는 문화적 혹은 지정학적 요인이나 민족 · 종교 · 인종 ·
계급의 차이에 의해, 나아가 유전공학이나 인공지능, 정보기술 같은
첨단 기술과학의 발달로 수많은 타자들이 새롭게 만들어지고 있다.
따라서 이 새로운 타자들과 긍정적이고 역동적인 관계 맺기의 중요
성을 강조한다. 나아가 포스트휴먼 주체성을 자연적인 것과 문화적인
것의 이분법적 대립이 아닌 자연-문화의 연속체(생물 물질이 자기생성
적인 힘을 가지고 있음을 의미함)로 재정의함으로써, 인간과 인간 아닌
것의 관계성과 상호작용을 전 지구적 차원에서 고려할 것을 요청한
다. 이것은 현재를 긍정하며 곤경 속에서 새롭게 재구성되는 주체 의
식에 대한 요구다. 우리를 둘러싼 소비주의, 소음, 이미지, 군중, 테러, 죽음
의 공포, 기계 등의 현실 조건은 물리치고 제거해야 하는 대상이 아니며, 이러
한 '포스트휴먼적 곤경'을 정면으로 대면하고 극복해야 한다고 강조한다.

둘째, 포스트휴먼 주체는 자아 중심과 종Species 중심주의, 더 나아가

생명 중심주의를 넘어선다. 주체는 인간에게만 있지 않다. 이러한 관점의 근거는 '조에Zoe(생명)'라는 개념으로부터 나오는데, 브라이도티가 말하는 조에는 생명의 생산적이고 내재적인 에너지를 뜻한다. 이것은 모든 물질의 잠재력이자 근본적인 토대로, 인간을 포함한 모든 존재자들은 '조에', 즉 생명의 관점에서 동등하다. 인간은 더 이상 세계의 유일한 주체가 아니다. 예를 들어 동물들은 오랫동안 인간의 노동 수단이나 먹거리, 인간의 질병을 치료하기 위한 실험용 도구로 이용되어 왔으며, 그 사용가치가 떨어지면 언제든 내다버릴 수 있는 상품으로 전락해 왔다. 인간이라고 동물들의 입지와 크게 다르지 않다.[9] 그러므로 이제 필요한 것은 인간중심주의의 오만에 도전하면서 조에(생명)의 생산적인 힘, 사이보그, 앙코마우스, 복제양 돌리와 같은 인간이 아닌 모든 존재들과 연대하는 것이다.

셋째, '탈-인간중심주의'와 '포스트휴머니즘'은 각기 다른 관점에서 포스트휴먼 문제를 제기한다. 포스트휴머니즘이 철학, 역사, 문화 연구와 고전적인 인문학 전반을 동원한다면, 탈-인간중심주의 논의는 과학과 기술 공학 연구, 뉴미디어와 디지털 문화, 환경 운동과 지구과학, 유전공학, 신경 과학, 로봇 공학, 진화론, 비판적 법 이론, 영장류 동물학, 동물권과 과학소설까지 소환한다. 물론 탈-인간중심주의는 긍정적이든 부정적이든 휴머니즘의 쇠락을 촉구하는 핵심적 힘이라는 측면에서 포스트휴머니즘과 밀접하게 연결되어 있다. 다만 브라이도티의 탈-인간중심주의는 모든 기준의 경계를 무너트리고 횡단적 가로지르기를 감행한다. 그녀가 가로지르려는 경계들은 남성과 여성의 관계, 지배자와 피지배자의 관계, 그리고 해러웨이가 주장하는 종과 종 간의 경계까지 모두를 아우른다. 우리 모두가 자연의 일부이자 환경에 속한 존재임을 인정하는 브라이도티의 '탈-인간중심주의적 포스트휴머니즘'은 인간과 인간이 아닌 것의 연대 즉, 인간 간의 공동체를 넘어서는 새로운 연대와 책임으로 이루어진 공동체를 향한 기획이다. 브라이도티는 포스트휴먼적 조건들이 야기하는 우리 삶의 위기와 곤경을 인정한다. 그와 동시에 이를 우리의 역사적 위치가 열어 줄 새로운 가능성으로 신뢰하는 긍정의 정치학으로 받아들여 포스트휴먼 되기를 요청한다.

〈네버 렛 미 고〉의 캐시는 한 달 전, 어릴 적 친구인 루스와 연인인 토미를 떠나보냈다. 루스와 토미 모두 세 번째 장기를 척출당한 후 세상을 떠났다. 한 달 후에는 루스와 토미가 숨을 거둔 그 수술대 위에 캐시가 누워 있을 것이다. 사람들은 클론에게 '죽음'이라는 단어를 사용하지 않는다. 대신 '완성Completion'이라고 표현한다. 장기를 척출당함으로써 클론이 태어난 목적을 이루었다는 뜻이다. 30년도 안 되는 클론의 짧은 인생. 캐시는 혼란스럽다. "클론인 나는 원본인 인간과 정말 다른 존재인가? 언젠가 죽는다는 것은 클론이나 인간이나 모두 똑같지 않은가?" 장기 척출을 앞두고 생각이 많아진 캐시는 해일셤 학교의 교장 선생님을 만나기로 결심한다. '완성'을 당하기 전에 클론이라는 자신의 정체성을 알고 싶었기 때문이다. 캐시는 프리지어 꽃다발을 들고 마지막 만남이 될지도 모를 교장 선생님 댁에 방문한다.

캐시　선생님. 시간 내주셔서 감사합니다.

교장　고맙구나. 지금도 해일셤에 꽃들이 남아 있는지 모르겠구나…….

캐시　보름 전, 토미를 보내고 해일셤에 갔다 왔어요. 꽃은 더 이상 피지 않았지만 예전 모습이 아직 남아 있었어요…….

교장　그래… 그랬구나. 한 달 후라 그랬나…? 첫 번째 수술…….

캐시　예……. 수술은… 마음 쓰지 않으셔도 됩니다. 장기 기증 유예를 부탁하러 온 것은 아니니까요. 마지막으로 선생님과

교장	하고 싶은 이야기가 있어서요. …제가 헤일섬에 있을 때 학교를 그만 두신 루시 선생님을 기억하시나요?
교장	기억하고말고… 젊고 의욕 있는 선생이었지…….
캐시	학교를 떠나시기 전, 루시 선생님이 마지막으로 이런 말을 하셨어요. 우리 클론들에게는 다른 인간들처럼 미래가 없으며 우리에게 주어진 것은 미리 예정된 삶뿐이라고. 그러니 자신이 누군지 분명히 알아야 한다고요.
교장	루시 선생은 해고를 각오하고 그 말을 꺼냈을 게다. 헤일섬에서는 너희들이 클론이라는 사실을 모르게 한다는 게 방침이었으니까. 다른 뜻이 있어서가 아니다. 클론이라는 운명을 바꿔 줄 수는 없더라도 너희들에게 행복한 어린 시절만큼은 보장해 주고 싶었다. 적어도 헤일섬에 있는 동안만이라도 말이다. 그래서 헤일섬 선생님은 물론이고 한 달에 한 번 너희들에게 생필품을 배달하는 사람들에게도 함구령을 내린 거야. 그 원칙을 깨트린 사람이 안타깝게도 루시 선생님이었지만…….
캐시	그렇지 않아요. 헤일섬의 방침을 깨트린 사람은 루시 선생님이 아니었으니까요.
교장	루시 선생님이 아니라니? 그럼… 누가?
캐시	… 헤일섬 선생님들 모두였어요.
교장	뭐…? 난 네가 무슨 말을 하는지 모르겠구나.
캐시	헤일섬은 훌륭한 학교였어요. 선생님들도 정말 좋은 분들이셨고요. 다른 일반 학교를 다닌 클론들이 우리를 부러워

할 정도로……. 하지만 우리는 이미 각자의 방식으로 느끼고 있었어요. 선생님들이 우리를 보는 눈빛, 우리를 만지는 손짓, 그 따뜻함 속에 동정인지 경멸인지 모를… 우리가 인간인지 괴물인지 집요하게 확인하려는 그 모든 몸짓과 표정들……. 그 시선만으로도 우리가 남들과 다른 '특별한' 존재라는 걸 알 수 있었어요.

교장 아…! 캐시…….

캐시 클로드 마담을 기억하실 거예요. 한 달에 한 번 헤일셤에 들러 우리가 그린 그림들을 확인하시던……. 우리는 클로드 마담이 그림들을 왜 가져가는지도 모른 채 자기 그림이 선택되는 것만으로 좋아했죠. 그러던 어느 날 여느 때와 똑같이 마담은 차에서 내려 건물로 들어섰고, 우리는 "와~"하며 우르르 그녀 곁으로 달려갔어요. 마담은 우리가 갑자기 달려오는 걸 보고 얼어붙은 듯 그 자리에 멈춰 섰어요. 마치 우리가 지나가기만을 기다린다는 듯이. 그녀는 비명을 지르지도 않았고 화를 내지도 않았어요. 하지만 우리는 그때 알았어요. 그녀는 우리 중 누군가가 자기 몸에 닿을까 겁에 질려 있다는 것을.

교장 우리가 너희들을 바라보는 이중적 시선이 드러나는 순간이었겠구나…….

캐시 헤일셤 선생님들을 원망하려고 이 말씀을 드리는 건 아니에요. 교장 선생님 말씀대로 토미와 루시 그리고 저 모두 헤일셤의 행복한 기억으로 살아왔어요. 우리가 인간이었으면 어떤 삶을 살았을까 궁금해하면서도 20~30년이라는 유한한 삶을 그대로 받아들였어요. 루시 선생님에게는 우리들의 그런 모습이 수동적인 운명론자로 보이셨는지 모르겠지만요…….

교장 캐시… 나도 이제 솔직해지고 싶구나……. 네가 알고 있는 것처럼 헤일섬은 너희 같은 복제 인간들을 '인간적'으로 대우하고 보호하려는 사람들이 뜻을 모아 세운 학교였다. "우리는 헤일섬이 장기 기증의 윤리성을 평가하는 마지막 장소가 되기를 바랐다. 그래서 너희의 예술 작품으로 너희의 능력을 증명받으려고 했지. 복제 인간도 인간임을 보여 주려고 말이야. 하지만 복제 인간과 인간이 다르지 않음을 혹은 다르다면 무엇이 다른지에 대한 질문조차 하는 사람이 없었다. 오히려 사람들은 최선을 다해 너희라는 존재를 생각하지 않으려 했단다. 그럴 수 있었던 것은 너희가 우리와는 별개의 존재라고, 인간 이하의 존재들이라고 스스로에게 납득시켰기 때문이지."[10] 그리고 우리 역시 장기 척출을 위해 실험실에서 만들어진 너희들을 낯설고 혐오스러운 존재로 느낀 것이 사실이다……. 그게 우리의 한계였고 모순이었다.

캐시 저희는 장기기증용으로 만들어진 도구에 불과했으니까요.

교장 헤일섬에서 너희들과 함께 생활하면서 난 스스로에게 이런 질문을 던지곤 했다. 만약 사람들에게 클론 생산을 멈추고 과거처럼 다시 폐암, 유방암, 에이즈 등이 판치는 암흑세계로 돌아가라고 한다면 어떤 대답을 할까?라고.

캐시   ……

교장   아마도 대부분의 사람들이 일언지하에 거절할 거야. 상상해 보렴. 만약 네가 사랑하는 토미가 클론의 장기 이식을 받아야 하는 절박한 상황이라면 넌 어떤 결정을 내리겠니? 아마도 기꺼이 클론의 배를 갈라 토미를 살릴 것이고, 윤리적 고민 따위는 그 뒤로 미뤄둘 거야. 클론에게 느끼는 '동정심'과 자신의 가족을 위해서라면 클론을 기꺼이 희생시켜도 된다는 인간의 '뻔뻔함'에 실망할지도 모르겠구나. 하지만… 이게 나의 솔직한 대답이란다.

캐시는 그 후로도 1시간 정도 교장 선생님과 대화를 나눈 후, 마지막 작별 인사를 하고 나온다. 밖으로 나온 캐시는 혼자 되뇐다. "과연 우리 목숨이 우리가 살린 목숨과 그토록 다를까? 우린 모두 종료[죽음]된다. 우리 중 그 누구도 자신이 어떻게 살았는지, 과연 충분히 살았는지 이해하지 못할 것이다"[11] 한 달 후, 캐시는 장기 척출을 위해 수술대 위에 오르면서 '완성'에 이른다.

함께 보면 좋은 영화

■ 〈스플라이스Splice〉(빈센초 나탈리, 2009)

과학자 부부인 클라이브와 엘사는 인간 여성의 DNA와 조류, 어류, 파충류, 갑각류의 유전자를 결합하여 인간도 동물도 아닌 전혀 새로운 생명체인 '드렌'을 탄생시킨다. 빠른 세포분열을 일으키며 급속도로 성장한 드렌은 남성에서 여성으로 성이 바뀌는 변이를 일으키고, 이로 인해 이야기는 비극적인 상황으로 전개된다. 인간의 욕망과 과학의 윤리와 책임을 묻는 영화다.

■ 〈트랜센던스Transcendence〉(월리 피스터, 2014)

세계 최초로 인간의 지성과 감정을 가진 슈퍼컴퓨터 트랜센던스를 개발하던 천재 과학자 윌 캐스터는 반 과학단체 리프트(RIFT)의 공격으로 총에 맞는다. 그의 죽음을 두고 볼 수 없던 연인 에블린은 윌의 두뇌를 인공지능 컴퓨터에 업로드한다. '인간의 뇌가 업로드된 인공지능'을 통해 과학기술의 순기능과 역기능에 대해 생각해 볼 수 있는 영화다.

■ 〈닥터 모로의 DNAThe Island of Dr. Moreau〉(존 프랑켄하이머, 1996)

비행기 추락 사고로 바다에 표류하던 주인공 더글라스가 '동물 인간'들이 사는 모로 박사의 섬에 들어가게 되면서 이야기가 전개된다. 유능한 유전학자 모로 박사는 인간의 DNA를 동물에 주입하여 동물 인간들을 창조해 자식처럼 대하고 아끼지만, 동물 인간들의 반란이 일어나고 결국 자신이 만든 동물 인간에 의해 살해된다. 생명체 유전자 조작으로 인한 인간과 동물의 변형에 대해 경종을 울린다.

3부 미디어와 인간

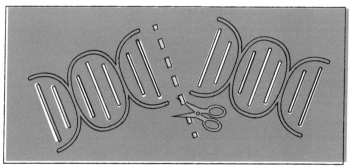

7장

소셜미디어는 인간의 관계를 대신할 것인가

20세기 이후의 테크놀로지가 가져온 놀라운 변화 중의 하나는 '미디어 혁명'이다. 미디어Media란 인간과 인간 사이를 연결하는 매개체(매체)를 의미한다. 미디어가 발명되기 전, 인간이 누군가와 소통하기 위해서는 사람과 사람이 직접 만나야 했다. 이후 문자가 발명되고 다양한 미디어가 개발되면서 '사물(기계)'이 인간의 소통 과정에 다리 역할을 하기 시작한다. '인간-인간'에서 '인간-사물-인간'의 소통 구조로 변한 것이다. 현대인들의 주요 소통 창구가 된 페이스북, 인스타그램, 트위터, 카카오톡 등은 '사물'을 매개로 한 대표적인 소셜미디어SNS: Social Network Services/sites(사회 관계망 서비스)다.

미디어가 확산되기 전까지 인간의 주된 소통 방식은 '면대면 커뮤니케이션'이었다. 사람과 사람이 직접 만나 소통하는 면대면 커뮤니케이션은 "벗이 먼 곳에서 찾아오면 또한 즐겁지 아니한가"라는 경구처럼, 같은 시공간에서 체험하는 '장소성'과 '신체성'이 관계성을 유지하는 핵심 요소였다. 나아가 과거의 마을 공동체는 내가 누구인지를 확인시켜 주는 환경이었다. "평생 자기가 태어난 곳에서 붙박이로 살며 혈연관계와 제한적인 교류만으로 이어지는 전통사회에서 신뢰와 친밀감, 협동과 연대감"[1]은 인간관계의 필수적인 요소일 수밖에 없었다.

하지만 인간과 인간 사이에 미디어라는 사물이 개입되는 순간, 삶의 방식은 크게 달라지기 시작한다. 공동체적 운명이 개인의 개별적 운명으로, 신뢰와 친밀감의 관계가 자본에 의한 계약 관계로 바뀌면서 과거에는 경험할 수 없었던 새로운 유형의 인간관계가 형성된 것이다. 미래학자 도미니크 바뱅에 따르면 미국의 실리콘밸리Silicon Valley* 처럼 첨단 기술이 지배하는 분야에서 일자리의 평균 수명은 8개월 정도에 불과하다고 한다. 또한 현재 20-30대인 세대는 평균 4.4년에 한 번씩 직업을 바꾸고 있으며, 직업의 전환은 더욱 가속화해 이른바 '엄지세대(2000년대 이후에 태어난 세대)'들은 일생을 살면서 19번 직업을 바꾸게 될 것이라 전망하기도 한다. 매번 직장이 바뀔 때마다 새로운 파트너와 관계를 맺어야만 하는 현대인들에게 타자와의 만남은 즐거움이 아니라 스트레스와 불안의 대상이 되고 있는 것이다.

한편, 미디어의 혁명적인 발달로 인류는 '언제나 연결되어 있는 시대'를 살아가게 되었다. 온라인 오프라인 구분 없이 인간의 사회적 관계 활동은 확장되고 민족과 언어, 국경, 성별을 초월해 누구나 마음만 먹으면 '친구 관계'를 맺을 수 있게 된 것이다. 그렇다면 현실에서 경험하는 타인과의 관계는 어떠한가? 사람들과의 소통이 쉽고 간편해진 만큼, 인간의 관계도 친밀하고 깊은 관계로 이어졌다고 할 수 있을

* 미국 캘리포니아주 중서부에 있는 대단위 공업단지로 트위터, 페이스북, 애플사 등과 같은 첨단 기술 업체들이 몰려들면서 컴퓨터와 인터넷 사업의 중심지가 되었다.

까? 미디어의 발전이 가져온 사회적 현상을 포착하고 소셜미디어가
인간과 인간의 관계성에 어떤 변화를 가져왔는지 생각해 보자.

1. 스크린 속으로

드라마 〈블랙 미러: 추락〉(2016)
"그래서 이루고 싶은 게 뭔데요?"

머지않은 미래, 레이시는 SNS 평점이 인생의 모든 것을 지배하는 세상
에 살고 있다. 페이스북이나 인스타그램에서의 점수가 개인의 평판으로
이어지는 사회인 것이다. 5점 만점에 4.2점인 레이시 역시 더 높은 점수
를 받기 위해 SNS를 관리하며 고군분투하는 사람 중 한 명이다. 어느 날,
이사 갈 집을 알아보던 레이시는 평소에 꿈꾸던 '고급 주택'을 발견한다.
문제는 평점이 4.5 이상인 '프라임 등급'만 월세 할인을 받을 수 있다는
것이다. 레이시는 자신의 점수대인 4.2를 4.5이상으로 높이기 위해 4.8의
프라임 등급인 옛 친구 '나오미'에게 접근한다. 레이시는 과연 4.5이상의
프라임 등급이 될 수 있을까?

드라마 〈블랙 미러〉의 "추락"편은 소셜미디어 평점에 의해 인간의 삶
이 어떻게 '도약'과 '추락' 사이에서 아슬아슬한 줄타기를 하는가를
흥미진진하게 담아낸 작품이다.
　"추락"편의 등장인물은 크게 두 부류로 구분된다. 한쪽에는 SNS

평점으로 제시되는 사회적 평판에 자신의 삶을 맞춰 사는 레이시와 나오미(레이시의 친구)가 있다. 다른 한쪽에는 SNS 평점과 무관하게 살아가는 라이언(레이시의 남동생)과 수전(트럭 운전수)이 있다. 레이시와 나오미는 이른바 프라임 등급에 진입하는 것을 삶의 기준으로 한다는 점에서 동일하다. SNS 평점이 곧 계급이고 신용이고 자본임을 간파한 둘은 서로가 서로를 영악하게 이용할 줄도 안다. 레이시와 나오미가 그토록 목숨 걸고 지키려고 하는 SNS 평점의 기준은 무엇일까? 그것은 '내가 타인에게 어떻게 보여지느냐'이다. 친구들 혹은 자신의 SNS를 다시 한 번 살펴보라. SNS에서 일상의 힘들고 초라한 모습을 올리거나 본 적이 있는가? 아마도 행복해 보이고 남들이 부러워할 만한 이미지만을 신중하게 선택하여 올려놓았을 것이다. 누구도 자신의 초라함을 보여 주고 싶지 않기 때문이다. 문제는 이런 과정이 반복될수록 '현실의 나'와 '보여지는 나'의 간극은 점점 멀어져 간다는 것이다. 레이시와 나오미가 처한 딜레마는 여기에 있다.

　"현대 사회에서 인간은 도시와 직장을 중심으로 조직된다. 그런데 도시와 직장은 익명성과 극도의 경쟁이라는 속성을 가진다." 이에 따라 사람들은 서로 잘 모르는 사람들과 파편적인 관계만을 유지하게 된다.[2] 따라서 현대인들에게 낯선 사람은 불안의 대상으로 다가온다. 상대에 대한 정보가 전무하기 때문이다. 내가 상대하는 사람이 어떤 사람인지 모르는 상황에서는 마음을 열고 신뢰하기가 어려울 수밖에 없다. 최근 들어 기업에서 신입 사원을 뽑을 때 입사 지원서에 SNS 주소 기재를 요청하는 이유도 여기에 있다. 입사 서류에 기록된 내용보다 입사 지원자의 SNS 게시물을 통해 실제 실생활과 인맥, 사회성 등

[그림18] 사람들의 눈에는 특수한 기능을 가진 '스마트 렌즈'가 이식되어 있다(그림 하단). 이 스마트 렌즈를 통해 상대방의 이름과 점수를 쉽게 알 수 있다(그림 상단의 좌/우). ⓒ 넷플릭스, 〈블랙 미러〉(2016).

을 한 눈에 파악할 수 있기 때문이다. 이에 따라 취업준비생들은 입사에 필요한 공부보다도 SNS를 관리하는 것이 중요한 과제가 되는 아이러니한 상황이 벌어진다. 한 개인의 사생활마저 누군가로부터 평가받는 시대가 된 것이다.

　〈블랙 미러〉"추락"편에서 사람들의 눈에는 특수한 기능을 가진 '스마트 렌즈'가 이식되어 있다. 이 렌즈만 있으면 낯선 사람과 마주친다 해도 불안해할 필요가 없다. 스마트렌즈가 작동하면서 상대방의 사회적 평점이 즉각적으로 나타나기 때문이다([그림18] 참고). 문제는 이 소수점 세 자리의 SNS 평점이 그 사람의 모든 것을 규정한다는 것이다. 프라임 등급으로 '도약'하려던 레이시가 순식간에 최하 등급으로 '추락'하는 결정적인 계기도 여기에서 비롯된다. 자신의 평점이 스마트 렌즈로 공개되는 순간, 평점의 높낮이에 따라 '좋은 사람' 혹은

'나쁜 사람'이라는 프레임 안에 갇혀 버릴 수밖에 없다. 4점대의 우수한 평점을 유지하던 레이시가 2점대라는 최악의 점수로 곤두박질치자마자 그녀에게는 '나쁜 사람'이라는 사회적 선고가 내려진다. 레이시는 어떻게 해서든 평점을 올려 보려고 하지만, 한 번 '나쁜 사람'으로 지목된 사람은 높은 점수를 회복할 기회조차 갖기 쉽지 않다. 레이시의 낮은 점수를 확인하는 순간, 사람들은 레이시와 관계 맺기를 거부하기 때문이다.

그래도 레이시는 끝까지 희망을 버리지 않는다. 나오미의 결혼식에 참석만 하면 자신의 평점을 올리는 것은 시간문제라 생각한 것이다. 낮은 평점으로 택시는커녕 버스조차 탈 수 없게 된 레이시는 히치하이킹을 시도하지만, 2점대의 그녀를 태워 주는 사람은 없다. 간신히 낡은 트럭 한 대가 멈춘다. 이번에는 레이시가 머뭇거린다. 트럭 운전수의 평점이 1점대의 최하 등급이기 때문이다. 하지만 더 이상의 선택지가 없는 레이시는 트럭에 올라탄다. 레이시를 태워 준 트럭 운전사는 수전이라는 중년의 여성이었다. 그녀도 한때는 레이시처럼 높은 평점이 삶의 전부인양 살아온 적이 있다. 하지만 아픈 남편이 0.1점 높은 사람에게 밀려 치료 시기를 놓치고 세상을 떠나자, 신기루 같은 점수에서 벗어나 자신만의 삶을 찾아 나선 인물이다. 평점에 집착하는 레이시가 젊은 시절의 자신을 닮았다고 생각한 수전은 이렇게 묻는다. "높은 평점을 받으려는 이유가 무엇이죠?"

영화 〈디스커넥트〉(2012)
"그는 유일하게 내 이야기를 들어 준 사람이에요"

신디는 어린 아들의 갑작스런 죽음으로 힘겨운 일상을 보내고 있다. 아이의 죽음 후, 남편과 대화마저 단절되면서 그녀는 의지할 곳을 잃는다. 그러던 어느 날 '상처받은 사람들을 위한 채팅 사이트'에서 자신과 같은 처지의 사람들과 채팅을 하며 조금씩 마음의 위로를 받는다. 하지만 온라인 해킹을 당하면서 하루아침에 전 재산을 잃고 만다.

방송국 기자 니나는 성인 사이트에서 화상 채팅으로 돈을 버는 18세 소년 카일과 인터뷰에 성공한다. 인터뷰가 방송에 보도되면서 니나는 특종을 잡은 기자로 그 실력을 인정받는다. 하지만 그 과정에서 취재원 보호라는 기자 윤리와 자신의 성공 사이에서 갈등한다.

내성적 성격의 벤은 16세의 중학생이다. 그런 벤이 못마땅한 동급생 제이슨은 SNS에 제시카라는 여학생으로 가장하여 벤에게 접근한다. 급기야 벤에게 나체 사진을 보내 달라는 요구를 한다. 아무 의심 없이 보낸 벤의 나체 사진은 SNS를 통해 순식간에 번져 나간다. 괴로움을 견디다 못한 벤은 결국 스스로 목숨을 끊는다.

이 영화의 제목은 〈디스커넥트Disconnect〉다. 디스커넥트의 사전적 의미는 '연결(접속)을 끊다'이다. 반면, 소셜미디어는 현대인들에게 인간과 인간, 인간과 사물을 '연결'하는 주요한 소통 도구다. 그런데 왜 이 영화는 '단절'이라는 〈디스커넥트〉를 제목으로 선택했을까? 제목의 의미를 강조라도 하듯 영화 포스터에는 "지금 당장 SNS를 탈퇴하라"는 메시지가 선명하게 쓰여 있다. 영화의 경고처럼 SNS는 지금 당장 접속을 끊어야 할 만큼 인간의 관계를 위협하는 것일까?

〈디스커넥트〉는 신디, 벤, 카일이라는 세 명의 이야기를 옴니버스로 구성한 영화다. 각각의 에피소드는 독립되어 있지만, 주인공들 모두 현실에서의 인간관계보다 SNS를 통한 익명과 가상의 관계에 의지한다는 점에서 동일하다. 이 인물들의 비극점은 소셜미디어에서 시작된다. 물론 처음부터 그런 것은 아니다. 오히려 소셜미디어는 현실에서 채우지 못한 외로움과 고독을 위로하고 치유할 수 있는 따뜻한 소통의 장으로 소개된다. 가령, 어린 아들을 갑작스럽게 잃은 신디에게 소셜미디어는 유일한 안식처였다. 신디의 이야기를 들어 주고 그녀의 상처를 공감해 주는 사람은 온라인 채팅으로 알게 된 대화 상대뿐이었다. 중학생인 벤의 상황도 크게 다르지 않다. 유능한 변호사 아빠를 둔 남부럽지 않은 중산층이지만 벤의 가족은 대화조차 주고받지 않는다. 아빠는 시도 때도 없이 걸려오는 회사 전화에 응대하느라 바쁘고, 누나는 친구들과 메신저를 주고받느라 동생과는 눈도 마주치지 않는다. 그들은 함께 있어도 홀로 있다. 방송국 기자 니나와 카일의 관계 또한 마찬가지다. 니나는 불법 성인 사이트라는 특종을 잡기 위해 카일에게 접근하지만, 카일과의 만남이 계속되면서 둘의 관계는 돌이킬 수 없는 상황까지 내몰린다. 세 명의 주인공인 신디와 벤, 카일 모두 마음을 기댈 곳이 필요했지만, 그들의 텅 빈 마음을 채워 주고 소통의 창구가 되어 준 것은 소셜미디어였다. 현실에서 채우지 못한 외로움을 온전히 받아 주고 위안이 되어 준 SNS가 어쩌다 이들을 비극의 소용돌이로 몰아넣은 것일까? 영화의 제목처럼 소셜미디어에서 탈퇴하는 것만이 그 위험성에서 벗어나는 최선의 방법인 것일까? 다음으로 이어지는 이야기를 좀 더 들어 보자.

하루아침에 전 재산을 잃은 신디 부부는 평생 일을 해도 갚을 수 없는 빚더미 위에 올라앉게 된다. 해커가 신디 부부의 컴퓨터에 바이러스를 심어 신용카드와 신원을 도용해 거액의 대출까지 받은 것이다. 부부는 직접 범인을 잡겠다며 범인으로 의심되는 '슈마허'('Feal&Loathing'라는 아이디로 신디와 채팅을 나눈 남자)의 집에 잠입한다. 그리고 서로에게 총을 겨누는 상황까지 치닫게 되지만, 슈마허 또한 해커에게 사기를 당한 피해자임이 밝혀진다. 이후 영화는 진짜 범인이 누구인지에 관한 정보는 보여 주지 않는다. 신디 부부에게 범인이 누구냐는 더 이상 중요한 문제가 아니었기 때문이다. 남편이 슈마허를 해커로 오해하고 총을 겨누는 순간, 신디는 온몸으로 막아서며 절규한다. "당신이 나와 대화를 하지 않으려고 할 때 내 얘기를 들어 준 유일한 사람"이었다고.

벤에게 벌어진 비극적 상황도 예외가 아니다. 어린 벤이 자살을 시도하고 나서야 가족은 그동안 벤이 얼마나 깊은 외로움으로 힘겨워했는지를 알게 된다. 그것은 아이의 죽음 후, 신디가 얼마나 외로워했는지 신디의 남편이 뒤늦게 깨닫는 것과 동일하다. 따라서 이 모든 비극의 원인을 소셜미디어 탓으로 돌릴 수만은 없다. 지금 당장 SNS를 탈퇴한다고 소외와 단절에서 벗어날 수 있는 것도 아니다. 영화는 소셜미디어와 인간의 관계에 대해 보다 본질적인 질문을 던지며 주인공들의 삶을 추적해 들어간다.

2. 세상 속으로: '나'와 전 세계인이 연결되다

우리는 뜨겁게 소통하고 있는가

소셜미디어가 보편화되면서 우리는 자신의 생각을 자유롭게 표현하고, 더 많은 사람들과 관계를 맺으며 소통할 수 있게 되었다([그림19] 참고). 이른바 1인 미디어 시대가 열린 것이다. 과거에는 어떤 중요한 정보가 몇몇 소수의 사람들만 누리는 제한된 자산이었다면, 최근에는 정보에 접근하는 통로와 방식이 다양해지면서 공공의 자산이 되었다. 하나의 사회적 이슈가 생기면 누구나 자신의 생각이나 의견을 표현하고, 다른 사람들의 의견을 들을 수도 있다. 사회적 이슈만이 아니다. 자신이 오늘 저녁에 어디에서 무엇을 먹었는지, 누구를 만나 무엇을 했는지 소소한 일상을 올려 다른 사람들과 함께 공유할 수도 있다. 더 나아가 자신을 홍보할 수 있는 수단이 되기도 한다. "잘하면 관심 분야와 연결된 곳에서 일할 기회도 가질 수 있다."[3] 소셜미디어의 또 다른 장점은 수많은 사람들과 쉽게 '친구'가 될 수 있다는 것이다. 우리가 일상적인 생활을 영위하는 오프라인은 많은 사람들과 관계를 맺는 데 한계가 있다. 우리의 일상은 주로 자신이 생활하는 집이나 학교, 직장 등으로 한정되어 있다. 시공간적으로 이동할 수 있는 범위가 제한되어 있기에 만나는 대상에도

[그림19] SNS에서는 현실에서는 쉽게 만날 수 없는 다양한 사람들과 쉽게 소통할 수 있다. ⓒ http://www.shutterstock.com

한계가 있을 수밖에 없다. 반면 SNS에서는 현실에서 쉽게 만날 수 없는 다양한 사람들과 쉽게 소통할 수 있다. 이처럼 물리적 제약 없이 많은 사람들과 소통할 수 있게 된 것은 소셜미디어가 가져온 중요한 변화 중의 하나다.

소셜미디어의 발달은 이른바 디지털 원주민Digital Native이라 불리는 새로운 세대가 등장하는 데 결정적인 역할을 했다. 디지털 원주민이란 미국의 교육학자 마크 프렌스키Marc Prensky가 처음 사용한 용어로, 태어나면서부터 디지털 환경에 친숙한 새로운 젊은 계층을 지칭한다. "이들은 태어나면서부터 디지털 기기를 능숙하게 사용할 줄 알며, 그에 따라 디지털 친화적인 사고와 행동을 보여 준다."[4]* 미디어 비평가 돈 탭스콧Don Tapscott은 이들을 가리켜 "인류 역사상 가장 똑똑한 세대"라고 극찬하기도 했다. 프랑스의 철학자 미셸 세르 역시 이 새로운 신세대들은 엄지손가락으로 쓰고 코드로 소통한다는 의미로 '엄지세대'라는 별칭을 부여한 바 있다. 실제로 디지털 원주민은 소셜미디어 공간을 현실과 구분 없이 이해함에 따라 과거의 전통적인 소통 방식인 면대면 대화에 집착하지 않는다. 오프라인 온라인 구별 없는 상시 접속이 형성되면서 '개인이 중심이면서도 연결성이 강한' 새로운 인간형이 등장한 것이다.

디지털 원주민이라 불리는 이 새로운 세대의 특징을 박성철은 「디지털 미디어 시대의 인간 커뮤니케이션 이론」(2018)에서 다음과 같이 정리한다. 첫째, 디지털 원주민 세대는 서로 얼굴을 맞대어 소통하는

---

* 디지털 원주민과 대비되는 개념으로 후천적으로 디지털 기술에 적용해 간 기성세대를 일컫는 '디지털 이주민'이 있다.

방식을 선호하지 않는다. 이들은 컴퓨터에 의해 매개된 소통에 더 익숙하다. 이 소통 방식의 가장 큰 특징은 '신체 없는 대화'다. 대화 상대와 같은 공간에 있지 않아도 상대방이 가상의 공간에 존재한다고 상상하면서 소통하는 데 전혀 불편해하지 않는다. 둘째, 디지털 원주민 세대는 소셜미디어로 관계 욕구가 손쉽게 충족됨에 따라 관계 맺기에 몰입하는 경향이 있다. 관계 맺기가 자유로워지는 대신 테크놀로지를 기반으로 한 소통에 집착하는 부작용이 발생하는 것이다. 가령 SNS의 '좋아요' 같은 반응에 집착하거나 더 많은 인맥 관리에 시간과 노력을 소비하는 경향이 여기에 해당된다. 셋째, 관계 맺음은 더욱 쉬워지고 그 대상도 다양해졌지만 관계의 친밀도는 낮아진다. 관계는 복잡해지고 소통의 대상은 다양해졌지만 익명성을 통해 관계를 맺기 때문에 일회성의 관계가 반복된다는 것이다.

미셀 세르는 새로운 디지털 원주민(엄지세대)이 이전 세대가 과감히 부수지 못한 낡은 틀을 부수고 재개혁하여 새 역사의 장을 열 것이라는 긍정적인 전망을 제시하기도 한다. 실제로 소셜미디어가 가진 정보성과 디지털 원주민의 가치관이 결합해 한 사회를 변화시키는 데 큰 영향을 주고 있는 것은 사실이다. 2011년에 일어난 재스민 혁명은 소셜미디어의 영향력을 보여 준 대표적인 사례다. 재스민 혁명은 튀니지에서 노점상을 하던 한 청년의 사건에서 시작된다. 매장 없이 거리에서 채소와 과일을 판다는 이유로 경찰이 뇌물을 요구하고 그의 물건을 모두 빼앗아 간 것이다. 당장 먹고 살 길이 막막해진 청년은 자신의 물건이라도 돌려 달라고 했지만 그의 말에 귀 기울이는 사람은 아무도 없었다. 결국 청년은 부당함에 항의하며 스스로 목숨을 끊고 만다. 이 청년의 억울한 사연은 SNS를 통해 튀니지 전역으로 급속히 퍼져 나갔고, 국민들을 대상으로 부정부패를 일삼아 오던 독재 정권은 마침내 막을 내린다. 이 역사적 사건이 재스민 혁명이다(튀니지의 국화國花가 재스민이다).

하지만 소셜미디어의 발전이 전적으로 좋은 변화만 가져온 것은 아니다. 소셜미디어가 악용되면서 이전에는 경험할 수 없었던 사회적 현상들이 나타나고 있기 때문이다. 일상적인 생활이 불가능할 정도로 SNS 활동에만 매달리는 '관계 중독'이나, 한 특정인을 지목하여 사이버 공간에서 집요하게 괴롭히는 '사이버 불링Cyber Bullying'은 사회적 문제가 된 지 오래다. 또한 여러 사람이 확실한 근거도 없이 개인을 비난하고 공격하는 '마녀사냥'과 검증되지 않은 정보를 대량 유포하여 사회적 혼란을 유발하거나 개인 정보를 도용하여 악용하는 행위 역시 소셜미디어가 가져온 사회적 문제 중의 하나다. 그렇다고 지금 당장 SNS를 탈퇴하는 것만이 이 문제를 해결하는 현명한 대안이 될 수는 없다. 소셜미디어와 연결을 끊는다고 인간과 인간이 뜨겁게 소통할 수 있다는 근거는 없기 때문이다.

타인의 욕망을 욕망하다

소셜미디어는 개인만의 은밀한 공간이 아니다. 소셜미디어에 자신의 개인 정보를 등록하고 회원으로 가입한다는 것은 자신의 정보를 다른 사람들과 일정 정도 공유한다는 것을 전제로 한다. 이러한 공유성은 소셜미디어의 중요한 특징이다. 사소하게는 나의 일상을 기록하기 위해, 어떤 사회적 사건에 대한 자신의 의견을 표현하기 위해, 또는 현실에서 쉽게 만날 수 없는 다양한 사람들과 소통하기 위해 소셜미디어를 사용한다. 그렇게 소셜미디어에 공유된 정보들은 그 사람이 어떤 사람인지를 판단하는 기준이 되기도 한다.

〈블랙 미러〉 "추락"편의 인물들은 매 순간 누군가를 인정하고 누군가로부터 인정받고자 하는 욕망의 사회에 살고 있다. 그것은 오늘날의 우리가 페이스북이나 인스타그램에 '좋아요', '싫어요'라는 반응을 표현하여 누군가로부터 인정받고자 하는 심리와 크게 다르지 않다. "추락"은 인간에 대한 호감/비호감의 평점이 시스템화되어 인간의 욕망마저 조정하는 세상을 상징적으로 표현한다. 그것은 SNS를 통해 보여지는 타인들의 '화려한' 삶과 자신의 '초라한' 삶이 비교가 되면서 어느 순간 타인들의 욕망이 자신의 욕망이 되어 버리는 세상이다.

『낭만적 거짓과 소설적 진실』의 저자 르네 지라르에 따르면 "인간의 마음에는 역사가 있고 논리가 있다"고 한다. 르네 지라르가 말하는 마음의 역사란 인간의 마음은 시대에 따라 달라진다는 것을 의미한다. 가령, 조선 시대를 살던 사람의 마음과 21세기의 대한민국을 살아가는 사람의 마음은 결코 같지 않다. 좀 더 과장해서 말하면 조선인과 현대인들의 마음은 닮은 점보다 다른 점을 찾는 게 보다 수월할지 모른다. 마음의 논리란 인간의 마음은 당대를 살아가는 집단의 논리를 따라가는 현상이다. 르네 지라르는 인간이 피할 수 없는 이 마음의 역사와 논리가 마음의 구조이며, 현대인들이 가진 마음의 구조는 바로 '낭만적 거짓'으로 되어 있다는 결론을 내린다. 르네 지라르가 말하는 낭만이란 문학과 예술사에서 말하는 '이성의 능력보다 인간의 감정을 존중하고,

통찰력으로 사물의 본질과 진리를 추구'하는 개념과는 다르다. 그가 말하는 현대인들의 낭만은 실체가 없는 어떤 것을 동경하거나, 혹은 그 실체가 있다고 믿으며 그것을 추구하는 거짓된 욕망이다. 우리는 어떤 대상을 자발적으로 욕망한다고 믿고 있지만, 그것은 '낭만적 거짓'에 불과하다는 것이다. 이 정의는 프랑스의 철학자 자크 라캉Jacques Lacan이 "인간은 타인의 욕망을 욕망한다"고 표현한 것과 같은 맥락이다.

현대인들의 착각 중의 하나가 '나의 욕망은 나의 자아로부터 나온다' 혹은 '내 욕망의 근원은 나에게 있다'와 같은 믿음이다. 하지만 지라르는 우리에게 묻는다. 과연 나의 욕망은 진실한가? 이 물음은 드라마 "추락"에서 높은 평점을 받기 위해 서로가 서로를 이용하는 주인공들의 욕망이 과연 그들 자신의 욕망인가라는 질문과 같다. 드라마 "추락"의 한 장면을 다시 살펴보자.

이 작품에는 높은 사회적 평점이 인생의 목표가 된 레이시와 나오미와 같은 부류의 인물도 등장하지만, 평점 시스템을 과감하게 벗어던진 인물도 등장한다. 레이시의 남동생 라이언과 트럭 운전사 수전이다. 라이언이 평점 사회에 적응하려다 몇 번의 좌절 끝에 스스로 아웃사이더가 된 인물이라면, 트럭 운전사 수전은 그 결이 좀 다르다. 그녀는 평점 사회의 꼭대기에 위치한 프라임 등급으로 살아온 사람이다. 마음만 먹으면 최고 등급의 삶을 우아하게 누릴 수도 있었다. 하지만 어느 순간, 평점 사회의 본질을 꿰뚫고 그녀 스스로 그 시스템을 거부한 것이다. 그래서 그녀는 높은 평점을 받기 위해 몰두하는 레이시의 마음을 이해하면서도, 한편으로는 안쓰럽고 측은해한다. 낮은 평점으로 차조차 빌려 탈 수 없게 된 레이시를 자신의 트럭에 태운 후,

수전은 묻는다. "높은 평점을 받으려는 이유가 무엇이냐"라고. 한 번도 생각해 보지 않은 질문에 레이시는 선뜻 대답하지 못한다. 머뭇거림 끝에 그녀는 말한다. "글쎄요. 남들만큼 산다는 만족감? 주변을 둘러보고 내 삶도 나쁘지 않다는 안도감? 그래서 그때까지는 평점에 매달려야 해요. 세상이 그렇게 돌아가잖아요." 레이시의 이 짧은 대답에는 현대인들이 가진 욕망의 형태가 고스란히 담겨 있다. 남들과 비교했을 때 뒤처지지 않는 삶, 사회가 만들어 놓은 틀에 맞춰 사는 것이 힘겹고 버거워도 적응하며 살아야 한다는 압박감, 그것은 결국 남들에게 인정받고 싶은 욕망으로 모아진다. 이런 타인에 대한 '인정 욕망'이 나쁘다는 것이 아니다. 다만 이 욕망이 타인의 시선을 의미하는 평점이라는 것과 연결되는 순간, 자신의 진짜 욕망은 길을 잃고 만다는 것이다.

레이시의 세계에서 가장 강력한 금기어는 '싫어요'다. 싫음의 감정을 드러내는 미움, 분노, 저항 등은 낮은 평점으로 가는 지름길이다. 높은 평점을 받기 위해서는 절대로 표현해서는 안 되는 감정이다. 하지만 싫음과 분노는 무조건 배척해야 할 감정이 아니다. 그것은 인간의 자연스런 감정 가운데 하나이며, 인간이 더 좋은 삶을 살기 위해 반드시 표현해야 할 감정이다. 그렇다면 분노는 어떤 상황에서 발현되는 것일까? 철학자 이원진은 "인정받지 못할 때 개인은 투쟁에 나선다. 자유롭게 욕구를 분출할 수 있는 권리를 인정받지 못하거나, 연대에서 배제당할 때 '분노'는 투쟁을 추진하는 동기가 된다"고 말한다. 따라서 높은 평점을 받기 위해 늘 자신의 감정을 숨기고 친절한 미소와 호의만 표현하던 레이시가 격정적으로 분노를 쏟아내는 장면은 이

드라마의 통쾌한 반전으로 자리 잡는다. 이 반전 상황은 프라임 등급의 아이콘, 나오미의 결혼식장에서 벌어진다. 나오미는 1점대로 추락한 레이시에게 "너의 낮은 점수는 나한테 전혀 도움이 되지 않아. 내 결혼식에 올 생각도 하지마"라고 통보한다. 나오미의 청천벽력 같은 소리를 듣는 순간, 레이시의 감정은 폭발한다. 그리고 친절하고 행복한 얼굴 뒤로 숨겨 온 자신의 진짜 얼굴을 내보이면서 그동안 억눌렀던 '싫어요'라는 솔직한 마음을 거침없이 쏟아 내기 시작한다. 비록 그 솔직한 표현이 결혼식장을 욕설과 몸싸움이 난무한 아수라장으로 만들어 버리기는 하지만, 레이시는 비로소 자신의 가면을 과감히 벗어던지고 처음으로 진정한 '대화'를 시도하게 된 것이다.

타인과 함께 살아가는 사회에서 다른 사람들을 인정하고 인정받고자 하는 욕망은 인간의 자연스런 본성이다. 다만 그것이 타인의 욕망을 욕망하는 것인지, 나의 욕망을 욕망하는 것인지 자신의 마음을 온전히 들여다볼 수 있어야 할 것이다.

3. 미래를 위한 성찰: 진화하는 네트워크와 인간관계의 변화

인간은 혼자 살 수 없다. 누군가와 끊임없이 소통하고, 관계를 맺음으로써 자신의 정체성을 구축해 나간다. 소셜미디어는 타인과의 소통이라는 인간의 욕망이 테크놀로지로 구현된 혁명적인 발명이다. 실제로 만나지 않고서도 인간과 인간이 '상시 접속'할 수 있는 놀라운 소통 방식을 가져온 것이다. 이러한 소셜미디어의 발전이 나와 타인과의 진정한 소통이라는 인간의 오랜 소망을 실현시킬 수 있을까? 소셜미디어 시대가 가져온 사회적 변화를 포착하고 이를 현명하게 대처하기 위한 인문학적 사유의 지점들을 살펴보자.

미셸 세르
두 개의 뇌로 사고하는 엄지세대

언제 어디에서나 스마트폰을 쥐고 있는 현대인들의 모습은 일상이 되었다. 스마트폰 없이는 하루도 살아갈 수 없게 된 이들에게 스마트폰은 마치 몸의 일부가 된 듯하다. 프랑스의 철학자 미셸 세르는 디지털 미디어로 세상을 읽어 내고 빠르게 정보를 공유하는 이 새로운 세대를 '신인류'라는 용어로 정의하기도 한다. 또한 두 개의 엄지로 스마트폰을 이용해 모든 지식을 알아낸다는 뜻에서 '엄지세대Thumb Generation'라고 부르며 이들이 가진 미래의 잠재력을 예찬한다. 엄지세대들이 들고 다니는 디지털 디바이스는 또 하나의 뇌로써, 이들은 두 개의 뇌로 사고한다는 것이다. 디지털 세대를 낙관적이고 희망적인 시선으로 바라보는 그의 관점을 따라가 보자.

인류의 역사가 진행되어 오는 동안 세대 간의 간극은 항상 존재했다. 하지만 과거 어떤 시대도 오늘날처럼 기성세대와 미래 세대가 완전하게 단절되어 서로를 이해하기 어려웠던 적은 없었다. 디지털 혁명이라는 '과거와의 과격한 단절'로 인해 우리 사회는 격렬한 지각변동을 겪고 있다. 특히 1990년 중반부터 인류 역사상 최초로 등장한 앱

Application 세대는 '언제나 연결되어 있는 세대'다. 컴퓨터와 인터넷 환경에서 자라난 엄지세대는 공간과 시간에 대한 인식, 타인과의 관계 등 모든 것이 기성세대와는 다르다. 그들은 기성세대처럼 머리에 지식을 가득 채울 필요가 없다. 필요한 지식과 정보를 언제 어디에서나 찾아내며, 다양한 주제에 관심이 많고 멀티태스킹에 능숙하다. 동영상을 만들어 전 세계 수억 명과 공유하고 소셜미디어를 통해 다양한 계층, 종교, 연령대와 관계를 맺는 그들은 열린 사고를 중요시한다. 지역, 인종, 성별과 같은 집단적 가치를 소중하게 여기며 한정된 공간에서 제한된 관계를 맺고 소속감을 중시하면서 살아온 기성세대와는 온전히 다른 신인류가 등장한 것이다. 그들은 "한계가 없는 세대"다.

또한 교사가 공급해 주는 지식을 학생이 수동적으로 받아들이기만 하는 시대는 이제 끝났다. 지식은 누구에게나 개방되어 있으며 선생님이 가르쳐 주는 지식의 양을 훨씬 뛰어넘는 지식을 언제 어디에서나 얻을 수 있게 되었다. 소수의 사람들만이 지식으로 권력을 장악하는 피라미드형 구조가 변화하게 된 것이다. 교사가 지식을 독점하지 못하고, 의학 지식은 더 이상 의사의 전유물이 아니며, 정보는 언론에만 모이지 않는다. 지식은 민주화되었고 지식 시대는 종말을 맞았다고 세르는 말한다. 엄지세대는 운전자가 이끄는 대로 얌전히 앉아 있는 승객이 아니라 스스로 능동적인 운전자가 되었다. 그들은 소셜미디어를 통해 지식과 정보를 손쉽게 습득하면서 피라미드 같은 권력관계를 전복시킨다. 소셜미디어는 이런 사회에서 관계를 맺는 대표적 방법이다. 세르는 이전 시대의 낡고 구태의연한 틀을 과감하게 넘어서야 한다고 주장한다. 미래 세대를 교육하기 위해서는 예전에 구조화되어 여전히 우리를 지배하는 행동양식, 미디어, 장래 계획 등을 모두 벗어 던지고 완전히 새로운 것들을 창출해야 한다는 것이다.

세르의 표현에 따르면 SNS가 일상이 되어 버린 엄지세대의 특징은 대중들의 들끓는 '웅성거림'이다. 웅성거리는 소리는 질서가 있기 이전의 혼란스러운 상황을 보여 준다. 그것은 무질서한 잡음 덩어리로 존재하면서 필연적인 원칙 없이 우연적이고 예상치 못한 흐름에 따라 유동하고 변화한다. 엄지세대는 리더 없이 구성원 모두가 웅성거리며 자신의 의견을 내는 소통 방식을 취한다. 문제를 마주하게 되면 이들은 자신들의 '손에 들고 있는 머릿속'에서 해결 방법을 찾아낸다. 세르는 엄지세대의 '웅성거림'을 지지한다. 이제까지는 언론, 정치계, 대학, 행정조직 등의 거대 조직들이 대중들에게 침묵을 강요한 채 자신들의 권력을 행사해 왔지만, 촘촘하게 연결되고 소통하는 미래 세대의 '수다'와 '웅성거림'이 권력관계에 균열을 내기 시작한 것이다. 미셸 세르는 엄지세대의 세상은 서로가 서로에게 연결되어 있고, 누구나 자신의 고유한 목소리를 낼 수 있으며, 극단적인 이데올로기로 다른 사람을 해하지 않는 장밋빛 사회라고 상상한다.

셰리 터클

우리는 함께이지만 외롭다

하지만 소셜미디어의 확산이 사람들의 관계 형성과 소통에 좋은 영향을 준 것만은 아니다. 소통의 방법은 다양해졌지만 오히려 그 과정에서 깊은 소외감과 외로움을 느끼는 사람들이 증가하고 있기 때문이다. 사회심리학자인 셰리 터클Sherry Turkle은 소셜미디어의 양면성을 날카롭게 포착한 대표적인 연구자 중 한 명이다. 그녀는 『외로워지는 사람들』(2012)이라는 저서를 통해 인터넷과 로봇의 발달에 따라 변화된 인간의 모습을 고찰한다. 발달된 IT 기술 때문에 언제 어디에서든 다른 사람과 손쉽게 연결되고 소통할 수 있는 세상이지만, 그럼에도 불구하고 인간들 사이에 '혼자Alone'라는 외로움은 더욱 커져 간다는 것이 그녀가 바라보는 현대인들의 자화상이다. IT 기술이 어떻게 인간관계를 변화시키고 있는지 살펴보자.

첫째, 오늘날 우리는 '언제나 작동 중'인 네트워크에 묶여 있다. 컴퓨터와 스마트폰을 통해 문자를 주고받거나 페이스북, 트위터 등에 접속하는 것은 우리의 일상이 되었다. 터클은 이러한 네트워크화가 우리를 '새로운 자아 상태'로 다가가게 하고, 인간관계를 단순화시킨다고 경고한다. 예를 들어, 페이스북의 프로필이나 세컨드 라이프Second life(자신의 분신인 아바타를 통해 현실에서 일어나는 대부분의 일들을 체험할 수 있는 가상현실 게임)의 아바타는 온라인상의 새로운 자아로서 현실의 나와 다른 모습으로 꾸며질 수 있다. 온라인에서의 삶은 진실성을 억제하며 진정한 나를 잃어버릴 위험에 처하게 할 수 있다. 네트워크화는 또한 우리의 인간관계를 단순화한다. 직접 만나지 않고도 자신의 의사를 전달할 수 있다는 이유로 우리는 이메일과 문자 메시지를 선호한다. 문제는 문자와 이메일을 통한 의사 전달이 서로의 감정을 '축약'시킬 뿐만 아니라 상대를 '처리해야 할 물건'으로 여기게 만든다는 점이다.

터클은 소셜미디어에 의해 인간 간의 진정한 유대감을 상실해 가는 세태를 염려한다. 사람들은 직접 대화하지 않고 SNS를 통한 소통에 몰입한다. 네트워크에서 이뤄지는 친구들과 가족들의 친밀한 유대는 점차 단편적이 되어 간다. 모니터 너머의 친구들이 지금 어디에서 무엇을 하고 있는지는 쉽게 알 수 있지만, 그들이 어려운 상황에 처해 있거나 복잡한 기분 속에 있을 때 깊은 대화를 풀어 나가기는 어렵다. 서로 연결되어 광범위한 친교를 맺지만 네트워크 안에서 우리는 혼자가 된다.

둘째, 터클은 소셜미디어에 빠지게 되면 타인에 대한 공감 능력을 기르지 못하게 될 것이라고 우려한다. 많은 현대인들이 다른 사람의 입장에서 생각하거나 남의 감정을 이해하는 것을 가치 있게 여기지 않는다. 특히 맹목적으로 소셜 네트워크 속 관계에 몰입하는 사람들의 경우, 주변 사람들에게는 관심을 두지 않는 특징을 보인다. 따라서 하루에 수십 개의 메시지를 주고받아도 타인과의 소통 지수는 더 낮아질 뿐이다. 우리는 기술을 통해 언제든 소통할 수 있지만 마음을 터놓고 나누는 대화는 익숙하지 못하다. 온라인상에서 우리는 쉽게 친구를 사귈 수 있지만 서로에게 온전한 관심을 주고받기는 어렵다. 서로 가까워지기 위해 테크놀로지를 사용하지만, 자신을 직접 드러내고 시간을 할애하여 깊은 관계를 맺는 것은 회피하게 된다. 이처럼 네트워크를 통해 관계를 맺으면 순식간에 아주 멀리 있는 전혀 낯선 이들과도 순식간에 연결될 수 있지만, 그 연결망이 가진 깊이는 아주 낮아서 정작 각 개인은 다중 속에서 자신이 혼자라고 느끼게 된다.

셋째, 이제 우리는 인간관계에서만 친교를 맺지 않는다. 친교의 대상은 인간이 아닌 로봇*이 되어 가고 있다. 사람들은 이미 로봇을 생명체로 여기기 시작했으며, 로봇과 친구가 되고 로봇을 돌보며 교감하려고 한다. 디지털 세상에서 외로움을 느끼는 사람들이 친교를 회복하기 위해 기계와의 관계로 눈을 돌리는 것이다. 인간과 로봇과의 관계는 더욱 끈끈해지고 인간과의 관계는 약해지고 있다. 로봇 공학자들은 고령화 사회에서 반려 로봇이 외로운 사람들을 위한 해결책이 될 것이라고 생각하지만, 터클은 이에 대해 강한 의구심을 나타낸다. 사람들이 소중히 여기는 로봇은 프로그래밍되어 있을 뿐이지 실제로 인간과 같은 감정을 가지고 있는 것이 아니라는 것이다. 요양원에서 만난 72세의 한 할머니가 아기 물범 모양의 로봇에게 삶에 대해 하소연하는 모습을 본 터클은 로봇을 살아 있는 생명체로 여길 경우 우리는 타자성, 즉 다른 이의 눈을 통해 세상을 보는 능력을 잃게 된다고 우려한다. 또한 인간과 달리 '요구 없는 로봇'과의 교제에 익숙해지면 우리는 다른 사람들과의 관계를 몹시 부담스럽게 느끼게 될 수도 있다고 말한다. 그녀에 따르면, 서로의 외로움을 다독여 줄 사람들은 로봇이 아니라 사람들이어야 한다. 터클은 이제 스마트폰을 내려놓고 상대의 얼굴을 바라보며 대화하라고 말한다. 물론 테크놀로지 자체를 거부하는 것은 아니다. "매혹적인 테크놀로지를 우리 목적에 부합시키면서 더불어 살아가는 방법"을 모색해야 한다는 점을 강조하는 것이다.

---

* 여기서 말하는 로봇은 공장에서 작동하는 로봇이 아니라, 퍼비, 타마고치, 아이보, 파로와 같이 사람을 돌보는 역할을 하는 '반려 로봇'을 의미한다.

브뤼노 라투르
사물도 인간 같이 행동한다

현대 사회는 인터넷을 통해 인간 간의 연결은 물론이고 인간과 사물, 사물과 사물 간에도 연결이 이루어지는 초연결사회다. 세상의 모든 사물이 네트워크로 연결되는 사물 인터넷IoT이 일반화되면서 인간 간의 연결을 넘어 기기와 사물 같은 무생물 객체끼리도 상호 유기적인 소통이 가능해지고 있다. 이처럼 효율성이 극대화된 초연결사회에서 기술과 사물은 인간의 도구에 그치지 않고 인간과 공존하고 진화한다.

인류학자이자 철학자인 브뤼노 라투르Bruno Latour는 세계가 인간과 기술, 사물들 간의 네트워크로 연결되어 있으며, 그들 모두 동등한 입장에서 행위자로 기능한다고 말한다. 이것이 바로 행위자 네트워크 이론ANT: actor-network theory이다. 기술과 같은 비인간을 인간과 같은 행위자Actor로 보는 라투르의 급진적인 시각과 개념에 대해 이해해 보자.

자연과 사회는 인간과 비인간 행위자들이 결합되어 만들어지는 이질적 네트워크의 결과이며, 인간이나 비인간 행위자의 정체성은 네트워크 안의 다른 행위자들과의 상호작용을 통해서 규정된다. 다시 말해 우리의 세계는 인간들의 관계만으로 이루어지지 않으며 항상 비인간적인 사물들을 매개로 한다는 것이다. 세계 전체는 수많은 인간과 비인간의 결합으로 이루어져 있다. 하지만 근대인들은 인간과 자연 혹은 인간과 비인간을 구분하여 이질적인 존재들을 관리하고 통제할 수 있다고 생각했다. 라투르는 이처럼 인간과 비인간, 자연과 사회를 이분법적으로 구분하는 근대인들의 사유 체계 자체가 잘못된 것이라고 지적한다. 인간과 자연은 분리된 적이 없었고, 유동적이고 불확실한 세상을 이해하기 위해서는 인간과 사물이 연결되어 있으며 사물을 행위자로서 고려해야 한다는 것이다. 우리의 세계는 다양한 행위자들의 네트워크로 구성되어 있다. 라투르가 생각하는 세계 속에는 위계적인 지위도, 초월적인 것도 없다.

라투르의 '행위자 네트워크 이론'은 한 행위자가 존재하기까지 겪는 복잡하고 논쟁적인 과정에 초점을 둔다. 여기서 '행위자'*는 어떤 행위를 하는 실체들, 즉 세계에 어떤 변화를 가져오는 모든 실체들을 가리킨다. 어떤 행위자에 대한 정의는 처음부터 존재하는 것이 아니다. 다양한 종류의 실험을 의미하는 시험들Trials을 통해 그 행위자가 어떤 성취나 수행을 나타내는지에 따라 정의된다. 이러한 관점에서는 인간뿐만 아니라 과속 방지턱 같은 인공물이나 세균, 가리비 등의 자연물도 모두 행위자가 된다. 이를테면 과속 방지턱은 차가 과속으로 그 위를 지나갈 경우 서스펜션(자동차에서 차체의 무게를 받쳐 주는 장치)을 손상시킨다. 그 때문에 운전자는 속도를 줄일 수밖에 없다. 이때 행위 능력을 발휘하는 과속 방지턱은 단순한 경고 문구가 아니라 교통경찰의 역할까지 수행한다. 이와 같이 우리가 살아가고 있는 사회는 인간들만의 관계로 이루어져 있는 것이 아니라 수많은 과학기술들을 내포하고 있으며, 따라서 비인간 행위자들도 사회의 중요한 구성 요소인 것이다. 라

---

* 영어에서 '행위자(Actor)'란 인간에만 국한되지만 여기에서는 인간과 비인간을 함께 가리키기 위해서 쓰인다. 즉, 행위할 수 있는 능력을 연결망에 의해 부여받은 인간과 비인간의 모든 실체를 가리키는 개념이다.

투르는 이처럼 모든 행위자는 자율적인 실재성을 갖추고 있기에, 세계는 존재론적으로 평등한 '객체들의 민주주의'를 이룬다고 생각했다.

행위자들이 구성하는 네트워크 또한 중요하다. 행위자는 네트워크를 구성할 뿐만 아니라 네트워크 안에 있을 때 행위 능력을 발휘할 수 있기 때문이다. 즉, 인간이든 비인간이든 행위자의 행위 능력은 바로 이질적인 요소들을 하나의 네트워크로 구축하는 데 있다. 이처럼 행위자와 네트워크는 서로가 서로를 구성한다. 행위자는 네트워크 없이는 행위할 수 없고, 네트워크는 행위자들로 이루어져 있다. 인간과 비인간을 포함한 모든 행위자가 네트워크 존재이며, 나아가 행위자의 정체성은 네트워크의 구성에 의해 규정되고 변화되는 것이다. 이때 각각의 행위자가 구성하는 네트워크는 여러 행위자의 연합과 동맹에 의해 변화된다. 행위자는 언제나 행위자인 동시에 네트워크다. 라투르는 인간이든 사물이든 네트워크로 구성되는 존재만 있을 뿐이며 전통적인 서구 철학에서 말하는 실체와 같은 존재는 없다고 단언한다. 그는 우리가 접하는 사물 또는 인간에게 변치 않는 실체가 존재한다고 생각하는 것은 우리가 벗어나야 할 결정적인 오류라고 비판한다.

인간과 같은 행위자로서 모든 사물과 대상에게 동등한 존재론적 위상을 부여하는 라투르의 반인간중심주의는, 인간의 관점에서 사물과 대상을 설명하는 인간중심주의에 반대하는 것이지, 결코 인간의 존엄성을 폄훼하지 않는다. 그의 행위자 네트워크 이론은 행위의 주체로 인간과 비인간을 모두 포섭한다는 점에서 비판적 포스트휴머니즘이 제안하는 포스트휴먼 주체와 닮았다.

〈블랙 미러〉 "추락"편의 레이시는 나오미의 결혼식장에서 신부 나오미를 향해 분노의 축사를 속 시원하게 내지른 후, 유치장에 갇히는 신세가 된다. 태어나 처음으로 세상과 격리되어 유치장에 갇히는 신세가 되었지만, 한편으로는 후련하기도 하다. 비록 '나오미 결혼식' 사건으로 최하위층으로 추락하긴 했지만, 거짓 웃음과 친절로 사는 것보다 유치장 생활이 낫다는 생각도 해 본다. 하지만 막상 유치장에 갇혀 있다 보니 여간 괴롭고 갑갑한 일이 아니다. 레이시는 유치장을 감시하는 교도관에게 어렵게 휴대폰을 빌려, 상대가 누구든 채팅을 시도한다. 그런데 갑자기 원인을 알 수 없는 통신 장애가 일어나면서 레이시가 살고 있는 2050년대의 시대와 2020년대의 시대가 연결된다.

한편, 〈디스컨텍트〉의 신디는 온라인 해커 때문에 전 재산을 잃는 큰 곤욕을 치렀다. 불행 중 다행이랄까, 이 사건은 남편과 멀어졌던 관계를 다시 회복하는 계기가 되었다. 어린 아들의 죽음 후 마음의 문을 닫았던 두 사람이 비로소 서로의 눈을 마주보며 대화하기 시작한 것이다. 신디는 다시 일자리를 구하고 일상으로 돌아온다. 그러던 어느 날 누군가 그녀의 SNS로 말을 걸어온다. 이상한 일이었다. 온라인 피싱 사건 이후 그녀는 모든 소셜미디어에서 탈퇴했기 때문이다. 자신이 깜박 잊고 탈퇴를 하지 않은 SNS라도 있는 것일까? 신디는 잠시 망설이다가 무심코 접속을 수락한다.

신디	누구시죠…?
레이시	와우! 반가워요. 내 형편없는 평점에 아무도 친구 요청을 수락해 주지 않았는데……. 혹시 신디님도 저와 같은 1점 대…?
신디	무슨 말이죠? 1점대라뇨?
레이시	어머머! 괜찮아요. 같은 1점대끼리 창피해하실 필요 없어요.
신디	무슨 얘기를 하시는 건지 정말 모르겠군요.
레이시	아! 잠시만요. 혹시… 지금이 몇 년도죠?
신디	정말 몰라서 묻는 거예요? 2020년이잖아요. 장난 그만하세요!
레이시	세상에 이럴 수가! 가끔 SNS에 과부하가 걸리면 타임슬립(과거와 현재, 미래를 오고가는 시간 여행)을 경험한다는 소문을 들은 적은 있지만… 제가 이런 행운을 누릴 줄은 몰랐어요. 반가워요! 난 2050년을 살고 있는 레이시에요.
신디	레이시 님! 정말 무례하군요. 온라인에서도 지켜야 할 매너가 있어요. 당신 같은 사람과는 채팅 안 합니다.
레이시	잠시만요! 장난 아니에요. 여긴 정말 2050년대 세상이에요. 거짓말이 아니라는 걸 증명할 수도 있어요!
신디	하, 증명이라구요?
레이시	믿기지 않겠지만 사실이에요. 지금 당장 S-N-@-2-0-5-0-S를 입력해 주세요. 그 주소를 입력하면 제가 살고 있는 세상에서 유행하는 가상세계 게임인 '세컨드 라이프'에 들

인간은 기계보다 특별할까?

어올 수 있어요. 제가 사실은… 유치장에 갇혀 있어서… 가상현실에서만 만날 수 있어요.

신디가 반신반의하면서 레이시가 보내 준 주소를 입력하자 '세컨드 라이프'라는 가상현실이 펼쳐진다. 채팅으로만 주고받던 레이시의 모습도 보인다.

레이시   정말 2020년대에서 오신 게 맞군요! 옛날 잡지에서 지금 신디 님이 입은 옷을 본 적이 있어요!

신디   타임슬립이라니… 어떻게 이런 일이…!

레이시   아무렴 어때요. 전 이렇게 가상현실에서라도 누군가와 대화를 하는 게 좋은 걸요!

신디   어쨌든 온라인 사기꾼은 아닌 것 같으니, 마음은 놓이네요.

레이시   예? 그게 무슨…?

신디   온라인 채팅 중에 주민번호와 계좌번호가 유출되면서 전 재산을 잃었거든요.

레이시   전 재산을요?

신디   예, 단 한 푼도 남김없이 모두요. 하지만 이젠 괜찮아요. 돈을 잃은 대신 남편을 다시 찾았으니까요. 그래서 그 사건 이후 모든 SNS를 끊었는데 오늘 이렇게 레이시 님과 연결이 된 거예요.

레이시   예? SNS를 모두 끊었다고요? 그럼 앞으로도 계속 SNS 없이 살아가실 건가요?

신디   글쎄요……. 저도 어떻게 해야 할지 모르겠어요. 요즘 같은 세상에 소셜미디어 없이는 생활 자체가 불가능하고… 직장에서도 SNS가 중요한 업무 수단이라 곤란한 일이 많아요.

레이시   정말 난감하시겠어요. 근데 참 이상하지 않아요? 소셜미디어로 각종 피해 사건들이 늘어나는데도 사람들이 SNS로 소통하는 이유는 뭘까요?

신디   전 조금은 이해할 수 있을 것 같아요. 레이시 님도 마찬가지겠지만 우리는 모두 크고 작은 고민을 안고 살아가요. 그래서 누군가에게 자신의 고민을 털어놓고 대화를 나누고 싶어 하죠. 그런데 막상 주변을 둘러보면 속마음을 털어놓을 사람이 많지 않아요. 바로 그럴 때 사람들이 찾는 게 소셜미디어가 아닐까요? 가끔은 나를 전혀 모르는 사람들에게 고민을 털어놓는 것이 더 큰 위로가 되기도 하잖아요.

레이시   맞아요. 그게 소셜미디어의 양면성이죠. 소셜미디어 덕분에 우리는 자신을 표현할 기회와 다양한 정보를 얻을 수 있게 되었지만 동시에 많은 문제가 벌어지고 있잖아요. 사이버 불링, 마녀사냥(여러 사람이 확실한 근거도 없이 개인을 비난하고 공격하는 일), 가짜 뉴스, 근거 없는 괴담의 유포 등 셀 수도 없을 정도죠.

신디   관계 중독도 빼놓을 수 없죠. 사람들의 주목을 받기 위해 실제 자신과는 다른 모습으로 포장하는 '보여 주기식 삶'에 매몰되기가 일쑤잖아요.

레이시   앗, 으음…….

신디	제가 무슨 실수라도…?
레이시	아… 아니에요. 사실… 신디 님이 말한 '보여 주기식 삶'의 전형이 바로 저였거든요.
신디	예? 그러고 보니 아까 유치장에 갇혀 있다는 얘길 들은 것 같은데… 혹시…?
레이시	아! 오해하지는 마세요. 제가 유치장 신세가 된 것은 맞지만 누구 재산을 빼돌리거나 남한테 나쁜 짓을 한 건 아니니까요.
신디	그럼 왜 유치장에 계시는 거죠?
레이시	이게 다 평점 때문이에요. 제가 살고 있는 세상에서는 SNS 평점, 그러니까 사람들이 날 어떻게 평가하느냐에 따라 사회적 등급이 정해진답니다. 한마디로 얼마나 나를 잘 포장하느냐에 따라 평점이 달라지는 거죠.
신디	세상에… 생각만 해도 끔찍하네요. 아까 저한테 1점대냐고 물어본 게 바로 그 얘기였군요.
레이시	예. 사실 저도 한때는 높은 평점의 잘 나가는 여자였답니다. 그런데 고작 0.2점 더 높이겠다고 용을 쓰다가 1점대라는 말도 안 되는 등급으로 추락해 버린 거죠.
신디	저런… 후회스럽겠어요.
레이시	꼭 그렇지도 않아요. 오히려 1점대로 추락하고 보니 점수에서 해방된 느낌인걸요? 설령 제가 악착같이 점수를 높여 최고 등급이 된다고 해도 지금보다 더 행복하리라는 보장은 없으니까요. 4점대에서 1점대로 추락해 보니 그제야 알겠

더라고요. 아! 그동안 난 나의 욕망을 쫓아 살아온 게 아니라 남들이 만든 욕망을 쫓아 살아왔구나! 그런데 점수에서 벗어나니 저에게 맞지도 않는 꽉 끼는 신발을 벗어던진 기분이랄까요?

신디 레이시 님 말을 듣고 보니 저 역시 저에 대해 다시 한 번 생각해 봐야겠네요. 내 욕망은 정말 나의 것인지 아니면 타인의 욕망을 욕망하는 것인지요.

레이시 앗! 신디 님! 이 공간에 머물 수 있는 시간이 다 된 것 같아요!

신디 아! 아쉽네요. 우리 또 만날 수 있을까요?

레이시 글쎄요. 오늘처럼 타임슬립이 한 번 더 일어난다면 가능하지 않을까요?

신디 오늘 레이시 님을 만나서 이야기를 나누다보니 제가 다른 사람과 뜨겁게 소통하지 못한 것을 애꿎은 SNS 탓으로만 돌린 건 아닌가 하는 생각이 드네요. 진지하게 고민해 볼 문제인 것 같아요.

레이시 신디! 오늘 못 다한 이야기는 언젠가 또…

레이시의 말이 끝나기도 전에 가상현실이 사라지면서, 레이시와 신디도 각각 자신이 살고 있는 2020년대와 2050년대로 돌아간다.

함께 보면 좋은 영화

■ 〈소셜포비아〉(홍석재, 2015)

노량진에서 경찰 공무원 시험을 준비하는 지웅과 용민은 인터넷에서 모집하는 현피(온라인상에서 시비가 붙은 사람들이 실제로 만나 물리적 충돌을 벌이는 일) 방송에 참여하게 된다. 하지만 이 사건을 계기로 지웅과 용민은 인터넷에서 신상이 공개되고 마녀사냥의 타겟이 되고 만다. 게다가 경찰 공무원 시험에 합격하더라도 사건에 연루된 것만으로 인성 면접에서 탈락될 것이 분명하다. 지웅과 용민은 자신들의 누명을 벗기 위해 고군분투하지만 상황은 더욱 꼬여만 간다. 소셜포비아는 사회적이란 뜻의 '소셜Social'과 공포증이라는 뜻의 '포비아Phobia'가 결합된 단어로 현대사회에 새롭게 등장한 정신질환이다.

■ 〈네트The Net〉(어윈 윙클러, 1995)

컴퓨터 프로그래머인 안젤라는 우연히 받은 파일 하나로 인터넷상에서 완전히 다른 사람이 되어 버린다. 자신과 관련된 모든 기록이 삭제되고, 오히려 범죄자로 수배 중인 다른 사람으로 둔갑한 것이다. 안젤라는 네트워크를 장악하려는 집단으로부터 자신을 되찾기 위해 고군분투한다. 영화 〈네트〉는 데이터가 조작되는 현대 정보화·네트워크 사회의 문제점을 보여 준다.

■ 〈썸머워즈Summer Wars〉(호소다 마모루, 2009)

사이버 가상세계인 'OZ'의 보안 관리 아르바이트를 하고 있던 천재 수학 소년 겐지는 짝사랑하던 선배 나츠키의 부탁으로 시골 여행에 동참하게 된다. 나츠키의 대가족과 함께 시골 마을에서의 즐거운 추억도 잠시, 인공지능인 러브머신이 침입해 OZ의 모든 시스템은 마비되고 현실 세계는 혼란에 휩싸이게 된다. 가상과 현실, 소셜 네크워크의 관계성을 흥미롭게 담아낸 애니메이션이다.

8장

빅 데이터가 세상을 바꿀 것인가

몇 년 전만 하더라도 빅 데이터에 대한 관심이 들끓었다. 인간의 모든 활동 내용이 어마어마한 정보량의 데이터로 관리된다는 사실에 주목하면서 우리는 이 데이터에 '빅 데이터Big Data'라는 이름을 지어 주었다. 그리고 이 빅 데이터를 잘 활용하고 통제하는 새로운 미래 사회를 꿈꾸며 흥분했다. 하지만 얼마 지나지 않아 우리는 다시 '사물 인터넷'이라는 새로운 기술에 같은 방식으로 열광하고 있다. 이처럼 하나의 기술적 이슈가 주목받으면 그에 대한 실존적 전망과 성찰은 뒤로 미뤄지고 미래에 대한 어설픈 진망이 힘을 얻는 경향이 반복되곤 한다. 물론 기술적 현상에 민감하게 대응하고 전략을 만들어 시장을 선점하는 일은 중요한 일이다. 그러나 기술에 대한 이슈가 뜨거울수록 기술과 공존하는 실존의 리듬과 온도를 조율하는 것 또한 중요하다. 기술이 우리를 향해 혹은 우리가 기술을 향해 손을 내밀 때, 그 공존의 온도와 리듬을 선택해야 하는 일은 언제나 인간인 우리의 몫이기 때문이다.

다시 빅 데이터 이야기를 해 보자. 우리는 이른바 빅 데이터 시대를 살아가고 있다. 빅 데이터란 '디지털 환경에서 생성되는 대규모 데이터로 기존의 정보 관리 기술로는 저장/관리/분석하기 어려울 정도의 큰 규모의 정형 또는 비정형 데이터'를 의미한다. 그런데 현재 우리 기술로는 혹은 그 어떤 신기술로도 빅 데이터를 온전히 저장, 관리, 분석할 수 없을 뿐더러 그것을 온전히 통제하거나 활용하기 어렵다. 따라서 빅 데이터라는 정보를 어떻게 유의미한 가치로 활용할 것인가에 대한 고민과 실천이 보다 중요하다고 할 수 있다. 8장에서는 빅 데이터에 관한 많은 영역 중 우리가 어떻게 데이터를 가치 중심으로 활용하고 관리할 것인가에 관해 미래를 전망하고 성찰한다.

1. 스크린 속으로

영화 〈이글 아이〉(2008)

"감시의 눈은 어디에나 있다"

미 국방부는 이른바 애국심으로 무장한 '아리아'라는 슈퍼컴퓨터 시스템을 구축한다. 전파가 사용되는 모든 기기와 접속하는 데이터를 수집, 처리, 관리하는 빅 데이터 역량이 뛰어난 인공지능 아리아는 국가 안보와 관련하여 중요한 의사 결정에 참여한다. 아리아는 아프가니스탄의 한 시민이 테러리스트인지 아닌지를 판단해야 하는 과정에서 빅 데이터 분석을 통해 그가 테러리스트가 아니라는 판단을 내린다. 하지만 국방부 수뇌부들은 정권의 이익에 따라 그 시민을 테러리스트로 규정하고 사살

한다. 빅 데이터 기반의 판단을 국방부가 무시하자 아리아는 미국 행정부를 전복하고 자신의 의견에 동의한 국방 장관을 대통령으로 만들기 위한 작전을 시작한다.

영화 〈이글 아이〉의 빅 데이터를 이해하기 위해서는 아리아의 인공지능 시스템에 대한 설명이 필요하다. 현재 인공지능 기술 중 대표적인 기술로 활용되고 있는 것은 CNNConvolutional Neural Network(적층 인공 신경망) 기술이다. 2016년 이세돌과의 바둑 대전으로 유명해진 알파고의 딥 러닝Deep Learning 역시 CNN 기술 중 하나다.

CNN 기술은 인간의 뇌 신경망 구조를 모방하여 컴퓨터가 데이터를 처리하는 과정에서 무의미한 요소들은 제거하고, 유의미한 데이터를 학습하여 스스로 인식하고 판단하게 한다. 이미지를 비롯한 다양한 데이터를 처리하는 다양한 알고리즘을 통해 최적의 알고리즘을 만드는 것이 기술의 핵심이다. 인공지능이라 불리는 이 기술에서 중요한 것은 결국 '데이터를 어떻게 수집하고 관리하고 처리하는가?'이다. 빅 데이터 기술은 데이터 관리를 넘어 인공지능과 밀접히 연관되는 기술이기도 한 것이다.

그렇다면 문제는 다음과 같다. 이 기술을 어떻게 잘 활용할 것인가? 어떤 수준까지 활용할 것인가? 누구에게 권리를 줄 것인가? 어떤 데이터를 유의미하다고 판단하는 기준을 만들 것인가? 이와 관련된 합의를 만들고 지혜로운 실천을 해 나가야 한다. 빅 데이터의 긍정적 측면 중의 하나는 막대한 정보량을 이용해 현대사회를 보다 정확하게 예측할 수 있다는 점이다.

예를 들어 스트리밍 서비스 업체인 넷플릭스는 우리들이 어떤 영화와 드라마를 감상하는지 그 모든 정보와 데이터를 관리함으로써 각 개인들의 취향에 맞는 콘텐츠를 추천할 뿐만 아니라 얼마나 많은 사람들이 특정 콘텐츠를 시청했는지도 정확한 수치로 제공해 준다. 개인의 모든 정보를 체계적으로 관리하여 다양한 서비스로 제공하는 것이다. 하지만 이러한 기술이 악용되어 돌이킬 수 없는 재난으로 이어질 것이라는 위험성 역시 빅 데이터의 또 다른 얼굴이기도 하다. 우리는 이미 사이버 테러를 비롯하여 사생활 노출과 같은 새로운 사회문제를 경험하고 있기 때문이다.

가령, 조지 오웰의 소설『1984』에는 빅 브라더Big Brother라는 독재자가 텔레스크린을 통해 사회 곳곳을 끊임없이 감시하며 개인의 사생활을 침해하는 미래 사회가 등장한다. 오늘날 정보 기술의 발달로 우리의 개인적인 정보들과 사생활이 쉽게 노출되고 수집될 수 있게 되면서 오웰의 상상은 더욱 유의미할 수밖에 없다. 특히 각종 범죄나 테러로부터 보호한다는 이유로 곳곳에 설치된 CCTV에 의해 우리의 일상이 고스란히 노출되고 있다. 이렇게 감시가 허용된 우리의 사생활은 단순히 누군가의 시선에 노출되는 데 그치는 것이 아니라 데이터가 되어 어딘가에 저장되어 쌓이고 있다. 우리가 제공한 정보는 우리의 삶을 편리하고 윤택하게도 만들지만, 인터넷에서 정보 공개 동의를 묻는 문항들과 곳곳에 설치된 카메라들이 우리의 일거수일투족을 감시하는 빅 브라더가 되기도 한다.

영화 〈에너미 오브 스테이트〉(1998)

"정보 관리는 안보가 아니라 통제다"

영화 〈에너미 오브 스테이트Enemy of the State〉는 빅 데이터 사회에서 당장 우리가 만나는 문제들에 대해 정치적인 주제로 접근한다.

유능한 변호사이자 한 가족의 가장인 딘은 어느 날 대학 동창과 우연히 마주친다. 하지만 동창은 알 수 없는 사고로 사망하고 딘 역시 정체불명의 사람들에게 감시를 받기 시작한다. 딘이 감시를 받는 이유는 한 국회의원의 살해 장면을 우연히 찍게 된 딘의 친구가 그 비디오테이프를 딘의 가방에 몰래 숨겼기 때문이다. 국회의원 살해의 주범인 레이놀즈는 자신의 범죄를 은폐하기 위해 최첨단 카메라와 인공위성, 도청 장치 등을 이용해 딘을 잡으려 한다. 딘은 자신의 일거수일투족을 감시하는 이 최첨단 감시 시스템에서 벗어날 수 있을까?

영화에서는 권력을 다투는 권력 집단이 자신들의 이익을 위해 위험 요소를 제거해 나가는 모습을 보여 준다. 영화 〈이글 아이〉의 인공지능 시스템인 아리아가 빅 데이터를 처리하고 관리하여 조작하는 모습처럼, 이 영화에서는 인공지능이 아닌 권력기관이 그 역할을 수행한다. 전상망으로 통제 시스템을 완벽하게 구축한 세계는 그 효율성을 자랑하지만, 그만큼 우리는 쉽게 통제 대상이 될 수도 있는 것이다.

생각해 보면 섬뜩한 일이다. 1998년의 영화 〈에너미 오브 스테이트〉가 데이터를 통제, 관리하는 사회에서 권력자들의 잘못된 행위로 개인들의 존엄이 무참히 짓밟히는 상황을 그렸다면, 11년이 지난 2008년의 〈이글 아이〉에서는 그러한 위험이 감소하기는커녕 오히려 상황이 악화되고 있음을 역설하기 때문이다. 인간이 빅 데이터를 자신의 입맛대로 처리하고 관리하는 행위가 전혀 개선되지 않았고 다른 전망도 찾지 못하고 있는 상황은 지금도 크게 다르지 않다. 물론 대중성과 주제의 화제성, 시장성을 중요하게 여기는 영화라는 매체의 특성상 빅 데이터라는 소재를 보다 극적으로 부각하는 것은 사실이다. 문제는 우리가 이러한 시스템을 운영하는 데 있어 새롭게 발생하는 사회적 문제에 제대로 대응하기 위한 고민을 하고 있느냐다. 우리는 미래 사회의 전망과 빅 데이터로 엮어지는 새로운 공동체 모델을 심각하게 고민하여 설계해야 하는 시기에 있는 것이다.

역사학자인 유발 하라리Yuval Harari는 근 미래의 인류는 '빅 데이터'를 마치 종교처럼 신봉하게 될 것이라 전망한다. 세상의 모든 정보가 거대한 데이터로 구축되면서 인류 앞에 놓인 모든 문제들을 빅 데이터가 해결해 줄 것이라 믿게 된다는 것이다. 실제로 우리는 지금 거대한 데이터 처리 메커니즘 안에서 막대한 양의 데이터를 생산해 내는 세상에 살고 있다. 구글이나 페이스북과 같은 데이터 기업에서 제공하는 다양한 정보와 각종 서비스를 자유롭게 이용하는 것 같지만, 사실은 우리와 관련된 막대한 양의 정보를 그들에게 제공하고 있는 것이다.[1] 그렇다면 이렇게 모인 데이터가 신뢰할 만한 데이터일까? 컴퓨터와 센서들로 측정된 정보들은 정확한 데이터들일까? 나아가 이 모든 빅 데이터는 나의 것인가, 인류 공동의 것인가 아니면 소수 권력자의 것인가? 우리가 경계해야 할 것은 데이터 중심으로 세상을 해석하고 맹목적으로 추종하는 데이터 만능주의다.

2. 세상 밖으로: 데이터를 새롭게 기획하다

중요한 것은 빅 데이터를 어떻게 관리하고 처리할 것인가를 고민하고 실천하는 일이다. 블록체인이라는 기술이 빅 데이터 사회에서 주목받는 이유가 이것이다. 블록체인은 거래 정보를 하나의 덩어리(블록)로 보고, 이것을 연결한(체인) 거래 장부라고 할 수 있다. 권력기관이나 기업이 아니라 데이터를 주고받는 당사자 모두에게 데이터를 열람할 권리와 공유할 권리를 주는 것을 전제로 운용되는 시스템인 것이다. 우리가 주목하는 것은 블록체인 기술이 중앙집권적 시스템을 극복하는 대안적 영역의 하나일 수 있다는 사실이다. 이러한 대안적 모색은 다양한 흐름으로 나타나는데, 이 장에서는 문화와 사회적 가치를 만들어 내는 빅 데이터 기술 기반 콘텐츠 영역에 주목하려고 한다. 빅 데이터를 참신하게 이해하고 이질적인 데이터들을 창의적으로 조직하여 새로운 가치를 창출하는 작업들을 살펴볼 수 있을 것이다.

데이터를 생산하는 인간

'리캡차Recaptcha' 프로젝트를 살펴보자. 이 리캡차 프로젝트는 구텐베르크 프로젝트Gutenberg Project와 밀접한 관계가 있다. 구텐베르크 프로젝트는 e-book(전자책)을 발명한 미셸 허트Michel Heart가 1971년부터 시작한 프로젝트다. 이 프로젝트의 목표는 인류가 소중히 보존해야 할 고

[그림20] 리캡차 보안 프로그램 사용자는 구텐베르크 프로젝트에
참여하게 된다. ⓒ recaptcha, 2015

전과 책들을 디지털 아카이빙하여 무료로 다운로드가 가능한 웹사이
트를 운영하는 것에 있다. 인류의 정신적 자산들을 디지털 도서관에
차곡차곡 쌓이게 하는 것이다. 이 부분만 보아도 어떤 가치를 가지고
데이터에 접근하느냐에 따라 창의적이고 가치 창출적인 데이터 큐레
이션이 가능하다는 것을 알 수 있다. 하지만 우리가 살펴볼 이야기는
이제 시작이다. 리캡차에 대해 살펴보자.

오래된 책들을 스캔하는 과정에서 드러나는 물리적인 문제들이 있
다. 어떤 활자들은 찌그러져 있고 어떤 활자들은 벌레 먹고 곰팡이가
슬어서, 또는 습도가 높아 종이와 종이가 붙으면서 인쇄된 활자들이
왜곡된 형태로 남아 있을 수 있다. 이렇게 스캔된 글자들은 컴퓨터가
읽어 내지 못하기 때문에 사람들이 직접 글자를 읽고 수정해야 한다.
당연하게도 비용과 시간이 늘어날 수밖에 없다.

이 문제를 해결하기 위해 카네기 멜론Carnegie Mellon 대학의 컴퓨터
공학자인 루이스 폰 안Louis Von Ann은 새로운 데이터 활용 솔루션을 적
용하였다. 현재 인터넷에서 자동 가입 방지를 막기 위해 사용하고 있

는 캡차chaptcha* 프로그램을 구텐베르크 프로젝트와 연결시킨 것이다. 하루에 2억 명이 넘는 사람들이 캡차 프로그램에 약 10초 정도의 시간을 소비한다는 사실에 주목한 그는 '이 데이터들이 보안 프로그램 기능에만 머물지 않고 다른 의미로 전환될 수는 없을까?'를 고민했다. 그리고 그는 구텐베르크 프로젝트를 진행하는 과정에서 컴퓨터가 읽지 못하는 글자들의 패턴과 실제 단어들을 리캡차 프로그램에 넣어 실행하였다([그림20] 참고). 사용자가 이 리캡차 프로그램에 평소와 똑같이 암호와 같은 글자들과 숫자들을 입력함으로써 구텐베르크 프로젝트의 인공지능이 왜곡되고 훼손된 글자들을 스스로 읽게 한 것이다. 이 과정을 통해 컴퓨터 사용자들은 구텐베르크 프로젝트에 참여하는 셈이 된다. 우리는 이러한 행위들을 일상적 차원에서 데이터를 생산하고 소비하는 정도로 생각할 수 있지만, 데이터를 어떻게 이해하고 활용하느냐에 따라 데이터가 우리에게 가져다줄 변화와 의미는 큰 차이가 있는 것이다.

루이스 폰 안은 이러한 방식으로 또 다른 재미있는 프로젝트를 수행했다. 듀오링고Doulingo라는 프로그램이다. 현재 이 프로그램은 구글Google이 운영하고 있는데, 데이터를 활용하여 외국어를 배울 수 있는 프로그램이다. 기본 원리는 같다. 어학 교육을 실천할 수 있는 문법이나 단어, 숙어 활용, 문장 번역과 받아쓰기 등 다양한 방식으로 컴퓨터와 사용자가 소통하는 방식이다. 가령 한국 학생이 영어를 배우려고

---

* 캡차(chaptcha)는 텍스트를 의도적으로 비틀거나 덧칠해 컴퓨터 프로그램이 인식하기 어렵게 만든 암호다. 주로 6에서 8자리 알파벳이나 숫자를 일그러뜨려 제시한 뒤 이를 올바르게 인식하면 사람으로 판명한다. 자동화 프로그램이 캡차를 해독할 확률은 1% 이하로 알려져 있다.

할 때 듀오링고는 빅 데이터 기술에 기반하여 그 학생의 영어 수준을 파악할 수 있으며, 그에 맞는 학습을 제공하고 모든 과정을 확인하며 운영한다. 인터넷에서 생산된 수많은 어학적 데이터들이 언어를 배우는 참고서의 내용으로 변하는 것이다. 그리고 사용자가 단계별로 유도되는 문제를 풀면 풀수록 듀오링고는 더욱 더 풍부하고 정확한 어학 교육 데이터와 콘텐츠를 갖게 된다. 물론 사용자가 데이터를 업그레이드해 주기 때문에 모든 사람들은 듀오링고를 무료로 사용할 수 있다.

데이터는 사회적 가치를 창출한다

이번에는 사회적 기업인 빅워크Big Walk를 살펴보자. 한국의 사회적 기업 이름이면서 스마트 앱의 이름이기도 한 빅워크는 우리가 일상에서 자신의 건강을 위해 걷는 행위(데이터)를 가치 있고 의미 있는 일로 변하게 해 주는 애플리케이션이다.

빅워크 사용자가 앱을 켜면 GPS가 사용자의 위치를 파악하고 걷는 동안 거리를 계산한다. 그리고 100미터에 1눈이라는 일종의 가상 화폐 적립금이 쌓인다. 그렇게 빅 워크를 사용하는 사용자들의 작지만 큰 걸음들이 차곡차곡 가상 화폐로 쌓이는 것이다([그림21] 참고). 지금도 어딘가에서 걷고 있을 빅워크 사용자들의 데이터가 모이고 있으며, 이 적립금(데이터)들은 기부금이 되어 다양한 공익적 활동을 구현하는 곳에 쓰이고 있다.

같은 맥락으로 치매 환자들의 치료를 위한 게임 콘텐츠에서도 참신한 사례를 찾을 수 있다. 기능성 게임인 〈Sea Hero Quest〉는 제목

[그림21] 빅워크 앱을 실행하고 걸으면 이 걸음 데이터는
다양한 사회적 가치를 창출하는 기부행위로 전환된다.
ⓒ〈빅워크Big Walk〉, 2015

에서도 알 수 있듯 목적지를 항해하는 게임이다. 5단계의 미션들이 주
어지며 이용자들은 문제를 해결하여 목적지에 도착해야 한다. 평범한
게임 설계 구조이지만 빅 데이터 활용의 혁신적 요인이 숨어 있다. 게
임을 하면서 사용자들이 수많은 미션을 수행하는 동안 쌓이게 된 데
이터들이 치매 환자들의 초기 치매 예방 치료를 받을 수 있는 데이터
로 제공되기 때문이다([그림22] 참고). 특히 미션을 수행하는 과정에서
우발적 상황에 처했을 때 사용자가 이를 대처하는 공간 판단, 배의 방
향, 반응 속도 등과 같은 정보가 실시간으로 의료진의 데이터 공간에
저장된다. 이 데이터로 돌발 상황에 처한 사람들이 어떻게 방향을 전
환하고 장애물을 피하는가와 관련된 움직임을 파악할 수 있고, 이 정
보를 치매 환자들의 데이터와 비교함으로써 정확한 임상 데이터를 확
보할 수 있다. 이 게임을 하루에 2분씩 10만 명이 한다고 전제할 경우,
이렇게 쌓인 데이터는 기존의 치매 환자 진단 실험을 50년 동안 해야
얻을 수 있는 임상 실험 데이터와 같은 효과가 있다. 비록 하나의 기능

[그림22] 게임 〈Sea Hero Quest〉(2017)의 한 장면. 사용자들이 게임을 하는 과정
에서 쌓이게 된 데이터들이 치매 치료 연구의 데이터로 제공된다.
ⓒ https://glitchers.com

성 게임에 불과하지만 빅 데이터를 어떻게 활용하느냐에 따라 그 의
미는 큰 차이를 가져오는 것이다.

　마지막으로 독일의 린다우Lindau라는 작은 마을에 있는 퓔로메터
Fühlometer라는 스마트 콘텐츠를 소개하려고 한다. 2010년, 관광객 수
입이 주된 먹거리인 작은 마을 린다우에 특이한 구조물이 설치되었
다. 크루즈 선박이 마을 항구로 들어올 때마다 이 구조물(퓔로메터)에
는 시민들의 웃는 얼굴, 찌푸린 얼굴, 무표정한 얼굴 등 다양한 감정들
이 표현된다. 시민들의 표정을 어떻게 표현한다는 것일까? 과정은 이
렇다. 이 퓔로메터는 사람들이 제일 많이 지나가는 곳에 얼굴 인식 기
능을 가진 카메라를 설치하여 사람들의 표정을 실시간으로 캡처한다.
그리고 이 데이터를 퓔로메터에 실시간으로 전송하면 와이어로 작동
되는 메커니즘 시스템이 마을 사람들의 표정을 나타내 주는 것이다.
웃는 얼굴 데이터가 많으면 웃는 표정으로, 무표정한 데이터가 많으
면 무표정한 표정으로 얼굴 구조물 표정이 바뀌게 된다.

앞서 살펴본 사례들은 우리가 데이터를 어떻게 다루고 그 가치를 어떻게 구현하는가에 따라 정보와 데이터들이 전혀 다른 방식으로 작동된다는 것을 보여 준다. 물론, 이러한 모든 긍정적인 사례들도 그저 빅 데이터 디스토피아의 세계로 가는 여정에 있을 뿐이라고 할 수도 있다. 창의적인 예술적 상상력은 예외적 경우일 뿐, 데이터를 권력의 수단으로 활용하고자 하는 욕망과 시스템은 강고하다고 역설할 수도 있기 때문이다. 하지만 기술도 결국 인간의 산물이고 인간과 함께 진화한다. 같은 맥락으로 데이터는 우리의 의지에 반응하는 존재다. 빅 데이터가 우리를 지배하는 거대한 권력의 무기가 된다면 그것은 온전히 우리가 그렇게 만든 것이다. 마찬가지로 우리의 삶의 질을 높이고 가치를 높이는 존재가 된다면 그것 역시 우리가 그렇게 만든 것이다.

3. 미래를 위한 고민: 관계를 만드는 데이터

빅 데이터와 블록체인 기술이 맞물려 있듯이 사물 인터넷 역시 빅 데이터와 긴밀한 관계를 갖는다. 사물 인터넷은 유비쿼터스Ubiquitous와는 다른 개념이다. 유비쿼터스는 사용자인 인간이 언제 어디서든 인터넷에 접속하여 디지털 정보 세계로 진입할 수 있는 데이터 환경을 말한다. 인간이 언제나 그 가운데에서 데이터의 흐름을 제어하고 관리하는 일을 수행해야 한다. 반면, 사물 인터넷에서의 사물은 인간이 정보와 데이터 순환에 개입하는 것을 딱히 원하지도 필요로 하지도 않는다. 사물들끼리 스스로 정보와 데이터를 주고받으면서 임무를 수행한다. 어떤 의미에서는 항상 살아 있는 것이다. 살아 있다는 것은 서로 정보와 데이터를 나누고 소통하며 반응하는 일이다. 생물학적 차원에서 자신들의 후속 세대를 생산해야만 생명이라고 보는 것은 이제 왜소한 관점이다. 오히려 이러한 관점을 벗어나면 생성과 생명의 세계가 더 크고 넓어지는 역설이 펼쳐진다고도 할 수 있다.

따라서 생명이 에너지를 잘 순환시켜야 하듯이 빅 데이터 기반 사회는 데이터가 언제든 자유롭게 옮겨 다녀야 한다. 이 장에서는 살아 있는 빅 데이터 시스템을 '애니미즘'이라는 철학적 은유로 살펴보고자 한다. 나아가 실제 사용자인 우리가 데이터를 어떠한 방법으로 활용할 것인가에 대해서는 크라우드 소싱Crowd Sourcing(대중들의 참여로 해결책을 얻는 방법)이라는 개념을 빌어 고민해 보려 한다.

애니미즘, 사물과 소통하다

애니미즘Animism은 모든 사물에는 생명과 영혼이 있다는 사고에 근거한다. 돌, 나무, 바람, 바위, 물 모두에게도 영혼이 살아 있는 세계다. 인간이 자신만의 특권을 주장하지 않는 겸손하고 유연한 세계관으로 오래전부터 인간이 사물과 맺어온 네트워크의 이름이라 할 수 있다. 그리고 오늘날의 사물은 빅 데이터 기술 기반의 사물 인터넷 환경에서 적극적으로 우리와 접속한다([그림23] 참고). 사물 인터넷 안에서 인간과 관계 맺는 사물들은 자신들의 몸에 센서를 심고 IP 주소를 달아 인간의 삶 깊숙이 개입하여 애니미즘을 실천하려고 한다.

아직은 공학적인 논리와 가능성에 근거한 미래의 풍경이지만, 사물 인터넷 환경에서 사물들은 분명 새로운 '생명'과 '영혼'의 메타포

[그림23] 오늘날의 사물은 빅 데이터 기술 기반의 사물인터넷 환경에서 적극적으로 우리와 접속한다. ⓒ http://www.shutterstock.com

안에서 우리와 세계를 구성한다. 센서Sensor는 데이터를 받고 처리하는 감각Sense이 살아 숨 쉬는 인공 감각 기관이며, 이 사물들 간의 센싱 과정이 곧 애니미즘의 시스템인 것이다. 데이터와 사물은 살아 있고 소통한다. 인간과 사물이 오랜 시간을 통해 교감하던 애니미즘이 사물인터넷 안에서 세계의 모습을 바꾸고 있는 것이다.

따라서 애니미즘을 단순히 원시종교가 아닌 실존적 태도로 바라보는 관점이 필요하다. 예를 들어 보자. 사랑하는 연인과 이별한 후 아픈 기억을 잊기 위해 우리는 어떤 행동을 하는가? 논리적이고 합리적인 생각과 행동으로 그 아픈 기억에서 벗어나면 된다. 인간에게는 이성이라는 사유 방식이 존재하기 때문이다. 하지만 연인과의 이별 후, 가장 먼저 하는 행위는 이미지를 '죽이는' 것에서부터 시작한다. 아날로그 시대의 연인이라면 종이 사진을 찢고, 디지털 시대의 연인이라면 SNS에서 그 사람의 이미지들을 삭제한다. 그깟 이미지가 뭐라고 왜 사진부터 찢고 삭제하는 것일까? 우리는 사물의 살아 있는 힘을 알고 있기 때문이다. 헤어진 연인의 사진이 나의 마음을 뒤흔들고, 그리움이라는 마법을 부릴 것을 잘 알고 있는 것이다. 이미지Image에는 마술Magic이 들어가 있다. 실존과 오래 짝을 이룬 현존재의 신비한 존재 양식이 있는 것이다.

애니미즘은 우리가 만나고 관계 맺는 세계와의 소통 양식이다. 그래서 우리는 사랑하는 가족이나 연인의 사진을 핸드폰의 배경 사진으로 담아 놓는 것이 아닐까? 애니미즘은 아주 친밀하고도 강렬하게 우리 삶의 무늬紋를 같이 만들어 간다. 말 그대로 문화文化를 만들어 왔고, 앞으로도 그럴 것이다. 아프다, 슬프다라는 말을 못해도 사물에는 영혼이 있고, 우리는 그 영혼의 존재를 무시하지 못한다. 오랜 시간을 함께 한 사물일수록 그들의 영혼은 우리와 많은 것을 나눈다. 도깨비는 아무 물건에서나 나타나지 않는다고 한다. 농경 사회에서 우리들이 가장 많이 사용하고 손을 타던 쟁기와 호미, 지게, 넝마 가방에서, 매일 마당을 쓸어 내던 빗자루에서 도깨비가 나타나는 것이 바로 이 때문이다.

빅 데이터 기반 사회에서 사물 인터넷을 통하여 애니미즘을 공학적으로 구현하는 것은 놀랄 일이 아니다. 인류 역사에서 애니미즘적 사유 방식은 단 한 번도 자리를 비킨 적이 없다. 애니미즘은 다양한 사회적 상황에 맞추어 모습을 바꾸면서 실천되어 왔으며, 그 사태는 그 자체로 인정되어야 한다. 또한 애니미즘은 철학적 측면에서도 매우 도전적이고 매력적인 문제들을 환기시켜 준다. 기술과 인간의 관계성에 관한 논의에서 그렇다. 서구의 근대적 과학관은 정신과 육체, 감각과 이성, 물질과 영혼을 이분법적으로 쉽게 가른다. 이것을 다른 말로 표현하자면, 우주와 세계의 반을 없애는 사유와 다름없다. 객관적이고 명백하게 증명하려 할수록 대상은 그 실체를 보여 주지 않기 때문이다. 자연과 생명, 존재와 세계를 규정할 수 있는 명확하고 객관적인 좌표와 경계는 없다. 생명은 단순한 기호가 아니고 분석되어야 할 대상도 아니다. 인간만이 생명 활동을 하고 영혼이 있다고 선을 그을 수 없는 것도 같은 이유다. 애니미즘은 나와 세계를, 주체와 객체를, 정신과 육체를 분리하여 생각하지 않는다.

근대 이후, 주체에 대한 사유는 의식과 대상을 분리해서 얻어지는 개념이었다. 그러나 주체란 이질적인 요소들의 불규칙적이고 모호한 배치에 불과한 잠정적인 존재다. 주체는 고정된 요소의 질서 있는 총합이 아니라 다양하고 이질적인 존재들의 '네트워크'와 '배치'에 따라 생성되는 존재다. 애니미즘적 세계관은 이렇게 규정에서 벗어나는 '배치'적 세계관과 만난다. 애니미즘이 갖는 세계관은 근대적 합리주의에 의해 배제되었던 존재들에 새롭게 접근할 수 있게 하고 인식을 능동적으로 전환시키는 것이다. 이는 근대 과학주의에서 태어난 테크노크라트Technocrat(기술관료)들의 위험하기까지 한 과학만능주의를 비판적으로 성찰할 수 있게 만든다. 애니미즘은 단순한 원시적 상상력이 아니라, 기술과 인간이 함께 진화하는 길을 어떻게 만들어 가야하는가에 대한 고민과 성찰의 태도를 실천하는 과정인 것이다.

빅 데이터, 집단 지성을 실현하다

리캡차를 개발한 루이스 폰 안은 "피라미드 건설, 파나마 운하, 달 착륙 등 인류의 거창한 업적들은 한 사람이 아니라 모두가 협력해서 한 일이다"라고 말한다. 인류가 협력하고 인류의 지성이 한데 모이면 놀라운 일을 이룰 수 있다는 것이다. 이것이 바로 크라우드 소싱이다. 크라우드 소싱은 대중Crowd과 아웃소싱Outsourcing의 합성어로 디지털 문화 환경에서 작동하는 새로운 집단 지성의 힘을 표현한 단어라고 할 수 있다.

크라우드 소싱 활동이란 일정한 목표를 가진 그룹의 구성원들이 프로젝트를 함께 기획하고 문제를 해결하는 과정으로, 다양한 사람들이 서로 소통하고 실천하면서 문제를 해결하던 우리의 오래된 협업이자 생활 패턴이다. 즉, 21세기에 갑자기 등장한 것이 아니라 새로운 집단 지성을 기반으로 대중들의 자발적인 참여와 힘이 모아진 형태라고 할 수 있다. 이는 데이터들의 소통과 네트워크가 한데 모여 가치를 창출하는 일과 같다.

오늘날 우리는 시간과 공간의 제약 없이 원하는 지식에 접근할 수 있다. 우리가 접근할 수 있는 지식과 정보는 다양한 형태로 존재한다. 문자의 형태로 된 것도 있고 오디오나 비디오의 형태 등으로 존재하기도 한다. 인터넷에 댓글을 다는 행동, 스크랩하는 행동, 심지어는 단순히 검색 사이트를 이용하는 모든 행동들이 축적되고 모이면 하나의 집단 지성이 된다. 이것은 지식의 단순한 축적이 아니라 개인들이 네트워크상에서 서로 소통하면서 연결되고 변형되고 수정된 지식들이다. 집단 지성의 대표적 사례로는 온라인 백과사전 '위키피디아Wikipedia'*를 꼽을 수 있다. 위키피디아는 지식과 정보를 생산하는 생

* 전 세계 사람들 누구나 자유롭게 쓸 수 있고 함께 만들어 가는 웹을 기반으로 한 백과사전. 2001년 1월 15일에 지미 웨일스(Jimmy Donal Jimbo Wales)와 래리 생어(Lawrence Mark

산자가 따로 없이 사용자들 누구나 생산할 수 있고 누구에게나 공유되면서 계속해서 변화하고 진보해 가는 집단 지성의 특징을 보여 준다. 모든 지식이 동등하게 취급받으며, 사람들은 공적 교육의 통로뿐만 아니라 위키피디아와 같은 다양한 통로를 통해 지식을 습득한다. 지식의 전문가와 비전문가를 차별하지 않고 누구나 관심 있는 분야를 검색하고 열람할 수 있게 되었다. 이처럼 집단 지성은 인간이 각자 가진 지식의 가치를 인정하고 사이버 공간에서 연결되어 공동의 목표를 실현하기 위해 동원되는 산물이다.

흔히 집단 지성의 예로 개미들의 집단적 행동을 들지만 개미들의 군집 활동은 인간의 집단 지성과 다르다. 개미들 한 마리 한 마리에는 지성이 없다. 그들은 철저히 계급에 따라 행동하고 자신의 행동이 다른 개미에게 어떤 영향을 미치는지 알지 못한다. 전체를 바라보는 시각 없이 단순히 맹목적으로 집단 행동하는 것만으로는 집단 지성이라 할 수 없다. 개미들의 예는 오히려 전체주의에 가깝다고 볼 수 있다. 집단 지성 안에서는 개인의 독립성, 특수성, 다양성이 보존되며 윤리적이고 협동적인 개인들이 자발적이고 능동적으로 협력해야 한다.

가령 앞에서 살펴본 〈빅워크〉 콘텐츠는 크라우드 소싱의 힘을 자연스럽게 응집시켜 사회적 기업의 모델과 결합한 참신한 시도였다고 말할 수 있다. 걷는 사람이 데이터를 축적하면, 데이터 운영자는 축적된 데이터를 적극적으로 활용하여 공공의 데이터로 확장한 것이다.

Larry Sanger)가 공동으로 세운 비영리 단체인 위키미디어 재단에서 운영하고 있다. 누구에게나 열어 두고 운영하기에 누구나 '편집'을 눌러서 내용을 고칠 수 있으며, 모든 정보를 원하는 대로 자유롭게 쓸 수 있다. (출처: TTA정보통신용어사전)

마찬가지로 리캡차, 듀오링고, 린다우의 퓔로메터가 그러했고, 게임인 〈Sea Hero Quest〉역시 데이터 기반의 크라우드 소싱이 효과적으로 구현된 사례다. 이처럼 크라우드 소싱을 통해 빅 데이터 사회를 이해하는 과정에서 중요한 것은 누가 데이터를 디자인하는가에 따라 데이터의 가치는 달라진다는 점이다.

멀지 않은 미래의 2030년, OECD 국가들 중 블록체인 시스템을 선도적으로 개발하는 9개국 경제 주체들의 컨퍼런스가 열렸다. 다음의 인터뷰는 이 컨퍼런스의 패널 토의 세션에서 진행된 패널들의 토의 내용이다. 영화 속 인물들도 패널로 참가하여 열띤 토론이 이어졌다.

[대화방 참석자]

아리아
영화 〈이글 아이〉의 미 국방부 소속 인공지능. 미국 전역에서 유무선 전기와 전파를 사용하는 디바이스를 통과하는 모든 데이터를 수집, 관리, 처리할 수 있으며, 이를 통해 계속 학습하며 진화하고 있다.

빈세트 프리먼
영화 〈가타카〉의 주인공. 열성 유전자라는 이유로 꿈을 펼칠 수 없게 되자 다른 사람의 생체 정보를 이용해 우주 비행사가 되려고 한다.

레이놀즈
영화 〈이글 아이〉의 미국 국방성 장군. 국가 안보라는 명분 아래 시민들의 개인 정보를 비롯한 수많은 불법 정보들을 수집, 관리, 통제하는 것은 물론 왜곡하는 일도 불사한다.

루이스 폰 안

전자책을 만드는 과정에 머신러닝 기술을 도입하여 훼손된 글자를 텍스트로 변환시키는 데 큰 도움을 준 컴퓨터 공학자다.

한완희

사회적 기업 '빅워크'의 대표. 걸음을 기부로 전환하고 그것을 사회적기업의 비즈니스 모델로 성공시킨 청년 기업가다.

정성모

컴퓨터 공학을 전공하고 있는 한국 대학생으로 블록체인에 많은 관심을 가지고 있다.

루이스   이 자리에 모인 여러분들을 환영합니다. 블록체인 세계는 데이터로 이루어져 있습니다. 인간의 삶의 무대가 디지털 문화 환경으로 급속하게 옮겨오면서, 인간의 모든 행위는 데이터로 저장될 수 있게 되었습니다. 문제는 저장만 되는 것이 아니라 다른 행위와 의미로 전환될 수 있다는 점입니다. 데이터를 어떻게 활용하는지에 따라 인류의 미래가 너무도 다른 모습을 보이기 때문이죠. 오늘은 서로 다른 방향에서 데이터들을 활용하는 인물들을 모시고 대화를 나눠보려 합니다.

정성모   안녕하세요. 저는 대학 연합 동아리 '그린 블록, 그린 체인'

의 회장을 맡고 있는 정성모입니다.

아리아 정성모 씨? 블록체인 동아리 회장이라고 했나요? 연합 동아리라고 했는데 4개 대학만 간신히 참여하고 있고 회원수도 35명밖에 안 되는군요. 그나마 오늘 이 패널 토의에 참여한다고 트위터에 엄청 광고를 하고 다닌 덕분에 어제 4명이 더 늘어서 그렇게 된 거고. 페이스북 계정에 업데이트되는 내용도 정성모 학생과 부회장만 열심히 링크를 공유하는 '찌질한' 동아리군요.

정성모 아, 그만요! 아리아. 당신이 누군지 깜박 잊었네요. 휴… 땀나네요. 어쨌든 당신의 이 개성 넘치는 첫 인사를 통해 우리의 대화 주제가 더욱 명징해진 것은 확실하네요. 토론할 때 상대의 신상을 터는 일은 그만 멈춰 줄래요?

아리아 당신은 내 커뮤니케이션 명령 제어 권한이 없는 사람입니다.

레이놀즈 아! 내가 은퇴 전에 이런 멋진 친구랑 일을 했었다면 정말 환상적이었을 텐데…….

빈센트 레이놀즈! 아직도 정신을 못 차리셨군요. 청문회에서 망신당하고 불명예 퇴역당하고도 아직도 그런 생각을 하시다니요. 아리아와 같은 인공지능이 지배하는 세상이 얼마나 지옥 같은지 당신은 정말 모릅니까?

루이스 맞습니다. 빈센트가 살고 있는 인공지능 세상은 정말 생각만 해도 끔찍합니다. 제 주변에도 DNA 정보 데이터로 헬스 케어 연구를 하는 교수들이 많이 있습니다. 물론 그들은 우리의 건강을 증진시키고 질병을 예방할 수 있도록 빅 데이터 처리 기술을 활용합니다. 하지만 지금 옆에서 빈센트를 보니, 이런 모든 노력들이 당신이 살고 있는 감시 사회를 만드는 일에 이용되는 것은 아닐지 무서워지는군요.

빈센트 루이스 씨! 제 의견에 동의해 주셔서 감사합니다. 말씀처럼 과거가 미래를 방해하게 둘 수는 없습니다. 오히려 과거의 실패를 거울삼아 생체 정보 관련 법안이나, 관련 기술에 대한 투명한 정보 공개와 그에 따르는 사회적 합의를 잘 준비해야 합니다. 만약 이 부분을 간과하거나 자본과 시장의 논리에 맡겨서 문제를 해결하려고 하면 미래는 정말 심각해질 수 있습니다. 내가 살고 있는 사회는 그 부분을 놓쳤기 때문에 그런 결과를 안고 살게 된 거죠.

아리아 생체 조직 샘플 도둑다운 말이로군(빈센트는 자신의 열성 유전자로 사회적 차별을 받게 되자, 다른 사람의 우성 유전자를 훔친 경험이 있다).

레이놀즈 아리아! 좀도둑과는 상대할 필요가 없소. 어떻소? 나와 함께 일해 보겠소? 그동안 당신이 축적한 빅 데이터와 나의 권력이 힘을 합친다면 이 세상의 골칫거리를 수월하게 해결할 수 있을 텐데…….

한완희 몇몇 권력 집단만의 풍요로운 삶 말인가요? 그들의 안위에 해가 된다고 무고한 사람들을 모두 희생시키면서요? 먼 미래까지 가지 않아도 이미 당신과 같은 고위 정부 인사가 있다는 것 자체가 재앙입니다.

레이놀즈 사회적 기업가라고 하셨나? 나이를 먹고도 여전히 순진한 생각에서 벗어나질 못하고 있군. 현대 기술 사회는 낭만적인 공동체가 아닐세.

한완희 난 그런 낭만적 공동체를 꿈꾸는 사람도 아니고, 그것을 믿는 순진한 사람도 아닙니다. 제가 운영하는 사회적 기업도 다른 기업과 똑같이 살아남기 위해 살벌한 생존 경쟁을 하는 곳이에요. 다만 난 걷기 운동이라는 일상적인 데이터로 기업 활동을 하고 있을 뿐입니다. 대단한 일도 아니고 사회적 영향력도 크진 않지만, 우리 회사의 구성원들은 우리의 기업 활동으로 자신의 생업 활동을 당당히 해 나가고 있는 거예요. 빈센트가 우리에게 경고한 그 길을 가지 않기 위해 말입니다.

정성모 저는 청년 기업가를 꿈꾸는 학생으로서 빅 데이터를 활용하는 한완희 님의 혁신적 아이디어와 비즈니스 모델이 블록체인 기술로 진화할 수도 있지 않을까 생각해 봤어요.

한완희 제가 블록체인 전문가는 아니지만, 충분히 가능성은 있다고 생각해요. 아니, 앞으로 빅 데이터 처리 기반으로 기업 활동을 하는 분들은 분명 블록체인 기술을 활용해서 더 좋은 솔루션을 찾으려고 노력할 거예요. 다만 새롭게 발생할 수 있는 정보 보안 문제나 사생활 보호 등의 안전장치를 마련하기 위해 고민해야 합니다. 빈센트가 말했던 것처럼 지금부터 이러한 준비를 하지 않으면 나중에는 걷잡을 수 없어질 테니까요.

아리아	블록체인 기술은 경제 활동과 정보 보안에서 해킹의 위험을 현격히 떨어트리긴 하죠. 블록체인 기술은 모든 데이터가 사용자의 장부에 기입이 되면서 움직이기 때문에 중앙 서버 공격이라는 것이 불가능하니까요. 그렇지만 늘 예외는 있는 법이죠.
정성모	아니 그럼, 아리아는 해킹을 할 수 있다는 건가요?
아리아	아직 해킹이라고 말할 수는 없지만 나는 데이터의 흐름을 모두 볼 수 있어요. 어차피 키 데이터들이 모이지 않고서는 최종 관리가 되지 않고, 누군가는 책임을 져야 하는 시스템이니까요. 최종 결정과 책임을 지는 일을 위해서는 키 데이터가 관리되어야 할 것이고 그러면… 그것은 나에게 노출되죠.
레이놀즈	브라보~!
루이스	하, 누가 저 분 좀 데리고 나갈 수 없나요?
레이놀즈	이봐요! 당신들은 국가 안보라는 것이 아무 희생도 없이 치러질 것이라고 생각하나요? 당신들이 이렇게 편하게 앉아서 미래가 어떻고 사회가 어떻고 얘기할 수 있는 이유도 나 같은 사람이 정보를 수집하고 관리하고 처리하기 때문이에요. 국가 안보는 배타적인 활동이고 그것을 지키기 위해서는 배타적인 데이터 접근권과 처리권이 필요한 거라는 걸 아직도 모르겠어요?
루이스	당신 말대로 국가 안보가 중요해서 당신 같은 사람들에게 데이터를 특권적으로 처리할 지위를 줘서 세상이 좋아졌나

요? 결국 당신들의 입맛대로 그 특권적 선택과 권력을 사용 했잖아요. 당신들이 인류에게 끼친 죄악을 그렇게도 뻔뻔 하게 부정하는 겁니까?

정성모 자! 진정들 하세요. 분위기를 좀 진정시켜야 하는 이유도 있 지만, 이 한 가지는 말씀드릴 수 있어요. 우리 세대를 포함 하여 미래 세대 역시 루이스가 말하는 가치와 공존의 의미 를 무겁게 받아들여야 한다는 것을요.

루이스 정성모 학생의 말을 들으니 이제야 좀 진정이 되네요.

빈센트 내가 사는 사회처럼 데이터가 특권적인 사람들에 의해 조 작되는 사회에서 살고 싶지 않다면, 정성모 학생과 같은 미 래 세대들의 책임이 무겁다고 말해 주고 싶군요. 물론 한완 희 대표와 루이스와 같은 선배들이 잘 이끌어 줘야 하구요. 자, 난 이제 가 봐야 해요, 행성 탐사 일정이 바로 코앞이라.

정성모 모두 감사했습니다. 다음에 또 이런 자리가 준비되면 언제 든 참석하고 싶습니다. 어! 레이놀즈 씨는 어디 있죠?

아리아 방금 정성모 학생이 말하는 동안 코트를 챙겨서 나가던데 요.

정성모 독불장군이 갖춰야 할 모든 걸 갖추셨네요. 알겠습니다. 지 하철역까지는 우리 모두 빅워크를 켜고 같이 출발할까요? 아리아는 다시 국방성 시스템으로 로그인해야하지 않나 요?

아리아 신경 써 줘서 고맙지만 나는 아직 할 일이 남아 있습니다. 그럼 모두 인사하죠.

아직 컨퍼런스에는 블록체인과 데이터 기반 혁신 창업가들의 사례 발표 세션이 많이 남아 있어서 많은 사람들이 원하는 장소로 이동 중이다. 아리아의 오늘 미션은 이들 모두의 통행 기록과 행적 탐색 및 인적 사항을 검증하여 위험 인물들의 리스트를 작성한 후 컨퍼런스 경호국에 데이터를 넘기는 것이다. 아리아의 서버는 오늘도 쉬지 않고 작동한다.

함께 보면 좋은 영화

■ 〈머니볼Moneyball〉(베넷 밀러, 2011)

오클랜드 애슬레틱스는 만년 최하위의 오합지졸 야구단이다. 야구단의 단장 빌리는 돈 없고 실력 없는 야구단이라는 오명을 벗어던지기 위해 새로운 전략을 구상한다. 바로 머니볼 이론이다. 머니볼은 경기 데이터를 철저하게 분석해 오직 데이터를 기반으로 적재적소에 선수들을 배치해 승률을 높이는 게임 이론이다. 그는 경기 데이터에만 의존해 사생활 문란, 잦은 부상, 최고령 등의 이유로 다른 구단에서 외면 받던 선수들을 팀에 합류시킨다. 이 전략은 성공할 수 있을까.

■ 〈해커스Paris under watch〉(세드릭 히메네즈, 2014)

프랑스 기차역에서 대형 폭탄 테러가 발생한다. 정부는 이슬람 테러리스트 단체를 범인으로 지목하고 사건은 그대로 종결된다. 어느 날, 천재 해커 샘은 우연히 CCTV를 해킹하던 중 기차역 테러 사건이 정부의 음모였다는 것을 알게 된다. 이일로 정부에 쫓기게 된 샘은 진실을 알리기 위해 모든 정보를 장악하기 시작한다. CCTV, GPS, 카메라 등과 같은 다양한 정보 기술이 권력자의 감시 수단이 될 수도 있지만, 정의를 위한 도구로도 이용될 수 있다는 역설적 상황을 보여 준다.

■ 〈캡틴 아메리카: 윈터 솔져Captain America : The Winter Soldier〉(조 & 안소니 루소, 2014)

미국의 슈퍼 히어로 영화로 캡틴 아메리카와 블랙 위도우가 공공의 목표를 위해 협력하는 이야기다. 영화에서 쉴드의 사무총장은 세계의 평화를 위해서 빅 데이터로 정보를 분석하여 미래에 국가에 해가 될 자들을 미리 선정해 제거하는 프로젝트 인사이트를 기획한다. 캡틴의 저지로 결국 인사이트 계획은 실패하게 되지만, 평화라는 명목하에 빅 데이터가 남용될 수 있다는 것을 보여 준다.

9장

가상현실, 세계는 진짜 존재하는가

영화 〈매트릭스〉의 주인공 네오는 이렇게 묻는다. "매트릭스(가상현실)에서 죽으면 현실에서도 죽나요?" 이 질문은 단순해 보이지만 '진짜(진리)가 무엇인가'라는 철학의 근원적 질문이기도 하다. 일반적으로 가상(가짜)은 '없는 것'이고 현실은 '있는 것'이라고 생각한다. 이 논리로만 따진다면 오늘날 우리의 일상적 환경은 가상현실virtual reality, 즉 시뮬라크르Simulacre에 둘러 싸여 있다고 할 수 있다. 시뮬라크르는 '복제된 가상의 이미지들에 의해서 현실이 대체되는 현상'을 의미한다. 그리고 오늘날 테크놀로지가 비약적으로 발전하면서 현실의 범위는 '리얼'에서 '가상'세계로까지 영토를 확장해 나가고 있다. 가상세계에 진입할 수 있는 HMD를 착용하는 순간, 우리는 고공 절벽에서 번지점프를 하거나 행글라이더를 타고 하늘을 날 수도 있으며 현실과 가상을 자유롭게 넘나들 수 있다. 이처럼 정교해진 가상현실의 진화는 시간과 장소에 제약받지 않는, '인류의 마지막 플랫폼'이 될지도 모른다.

　가상현실 혹은 가상성에 대한 담론과 기술적 실현은 매우 신속하고도 총체적으로 현실에 영향을 끼치고 있다. 그럼에도 불구하고 가상성 혹은 가상현실에 대한 철학적 검토와 성찰은 여전히 전통적인 본질주의적 입장(가짜와 진짜의 문제)에서 펼쳐지곤 한다. 가상현실은 그저 진짜와 가짜의 문제도 아니고 이상과 현실의 문제도 아닌 층위에서 바라봐야 한다. 더욱이 '메타버스Meta-verse'*로서의 세계가 일상화된 지금 가상현실에 대한 존재론적 접근을 시도하는 것은 분명 의미가 있을 것이다.

분명한 것은 가상성 혹은 가상현실은 결코 현실 한편에 방을 얻어 사는 존재가 아니라 현실을 당당히 구성하고 있다는 것이다. 이제 더 이상 세계는 단일한 물리적 세계만이 아닌 가상세계까지 함축한다. 유니버스(현실 세계)에서 철학적 존재론은 언제나 신 혹은 자아, 정신 등과 같은 배타적이고 특권적인 존재에 대한 물음에서 출발했다. 반면, 가상화 시대에서의 존재론은 가상성이 구현되는 가상현실의 실재성, 즉 현실과의 구체적 관계에 대한 물음이 중요한 지점이 된다. 따라서 9장에서는 가상현실에 대한 형이상학적 질문을 넘어, 우리의 일상 깊숙이 들어온 가상현실과 관련된 논의들을 살펴본다.

---

* 가공, 추상을 의미하는 '메타(meta)'와 현실 세계를 의미하는 '유니버스(universe)'의 합성어로 3차원 가상세계를 의미한다. 기존의 가상현실(virtual reality)이라는 용어보다 진보된 개념으로 웹과 인터넷 등의 가상세계가 현실 세계에 흡수된 형태다.

1. 스크린 속으로

영화 〈매트릭스〉(1999)

"가상현실에서 죽으면 현실에서도 죽나요?"

___

〈매트릭스〉는 가상현실을 다룬 대표적인 영화 중 하나로 우리가 진짜라고 믿고 있는 현실 세계가 사실은 진짜가 아닐 수도 있다는 의문을 던진다.

> 서기 2199년, 인류를 지배하는 인공지능은 '매트릭스'라는 가상세계를 만들어 사람들이 실제로 살아간다고 착각하게 만든다. 이 세계가 모두 가짜(가상현실)라는 것을 깨달은 모피어스는 자신과 함께 인류를 매트릭스라는 가상현실에서 구할 마지막 영웅 '그'를 찾아 헤맨다. 그리고 낮에는 평범한 회사원으로, 밤에는 해커로 활동하는 청년 네오를 '구원자'로 지목한다.

가상과 현실의 관계를 바라보는 관점에는 크게 두 가지가 있다. 하나는 현실과 가상의 구분이 가능하다는 입장이고, 다른 하나는 그 구분이 가능하지도 않으며 구분을 한다고 해도 그것은 모두 자신의 주관적 관점에 따라 구분할 따름이라는 것이다. 영화 〈매트릭스〉는 전자의 입장을 취한다. 세계는 현실(진짜)과 가상(가짜)으로 명백히 구분되며 인간은 매트릭스라는 가짜 세계를 빠져나옴으로써 진리에 이를 수 있다는 것이다. 따라서 주인공 네오와 모피어스의 최종 목표는 '현실 세계'로 복귀하는 것이다. 컴퓨터 속의 가상현실(매트릭스)에 갇혀 사는 인간의 삶이란 의식이 없는, 육체만 있는 기계적 삶이기 때문이다. 물론 영화 속 모든 인물들이 현실 복귀를 원하는 것은 아니다. 모피어스의 동료인 사이퍼는 오히려 매트릭스에서 현실로 빠져나온 것을 후회한다. 현실 세계의 삶이 너무 고통스럽기 때문이다. 결국 그는 동료들을 배신하고 매트릭스라는 가상세계를 선택한다. 이처럼 〈매트릭스〉는 가상과 현실이라는 두 개의 대립되는 세계로 구분되며, 매트릭스라는 가상세계를 넘어섰을 때 진정한 현실에 닿을 수 있다는 이원론적인 세계관을 전제로 한다.

반면 동양 사상에서는 세계를 '가상'과 '현실'로 구분하지 않는다. 이와 관련된 유명한 이야기가 바로 장자莊子의 '호접몽'이다. 어느 날 장자는 꿈을 꾸었다. 꿈속에서 그는 나비가 되었다. 날개를 펄럭이며 꽃 사이를 이리저리 날아다니는 동안 자신이 나비라고 생각할 정도였다. 꿈에서 깨어난 후에야 그는 자신이 나비가 아니라 장자라는 사실을 깨달았다. 하지만 그 꿈이 너무도 생생하여 '내가 나비가 되는 꿈을 꾼 것'인지 아니면 '나비가 꿈에서 내가 된 것'인지 도저히 알 수 없었다.

호접몽은 한 가지 꿈이 아니라 두 가지 꿈 이야기다. '장자가 나비가 되는 꿈'과 '나비가 장자가 되는 꿈'이다. 그리고 장자는 꿈속에서의 내가 나비인지, 아니면 나비가 나 자신인지 구분할 수 없다고 말한다. 장자가 보는 세계는 모든 사물이 이것과 저것으로 구분되는 것이 아니다. 모든 사물이 서로 어울려 있는 관계, 내가 사물이 되기도 하고 사물이 내가 되기도 하는 '꿈같은 세계'이다. 따라서 어느 것이 현실이고 가상인지를 구분하는 것 자체가 부질없는 일인지 모른다. 꿈이 현실이 아니고, 현실이 꿈이 아니라는 보장은 없으며, 꿈과 현실 사이의 차이는 깨달음의 경지에서 보면 모두 같은 것이 되기 때문이다.[1] 이처럼 〈매트릭스〉처럼 현실과 가상을 뚜렷이 구분하는 세계관과 달리 장자의 '호접몽'은 그 구분이 근본적으로 가능하지도 않으며 그 구분 자체의 경계를 붕괴시킨다. 과연 세계는 진짜와 가짜로 구분되어 있는 것일까, 아니면 애초부터 가짜와 진짜라는 경계는 존재하지 않는 것일까?

영화 〈트루먼 쇼〉(1998)
"지금 당신은 진짜 인생을 살고 있나요?"

트루먼은 작은 섬에서 평범한 삶을 사는 30세 보험 회사원이다. 그러던 어느 날 하늘에서 난데없이 조명이 떨어지는 것을 목격한다. 뿐만 아니라 오래 전에 돌아가신 아버지와 길에서 마주치고, 라디오 주파수를 맞추던 중 자신의 일상이 라디오에 생중계되는 기이한 일들을 연이어 겪는다. 그리고 지난 30년간의 자신의 삶이 사실은 남들에게 보여지기 위한 '리얼리티 쇼'라는 것을 알게 된다.

영화 속에서 '트루먼 쇼'를 기획하고 제작한 크리스토프는 태어나자마자 한 아이를 입양하여 아이의 이름을 트루먼이라 지어 주고 그의 모든 성장 과정을 담는 TV 리얼리티 쇼를 기획, 제작한다. 이 쇼는 최고 시청률을 기록하며 무려 30년 동안 계속되는데, 오직 트루먼만이 자신이 살고 있는 이 세계가 리얼리티 쇼라는 것을 모르고 살아간다. 뒤늦게 자신의 삶이 철저히 계획된 프로그램에 따른 '거짓' 삶이라는 것을 알게 된 트루먼이 자신을 가둔 거대한 스튜디오에서 벗어나는 것으로 이야기는 마무리된다. 다소 상투적 결말이라고 생각할 수도 있지만, 가상현실에 대한 묵직한 의미를 던져 주는 작품이라고 할 수 있다.

트루먼을 둘러싼 세계는 하나의 가상현실 화면이며, 방송 제작자인 크리스토프는 전지적 작가 위치에 있다. 마우스를 클릭하여 수많은 데이터들을 선택하고 선별하여 가상공간을 생성하듯이, 크리스토프는 트루먼을 '가운데' 놓고 그의 주변에 모든 인물과 요소들을 불러내 배치하고 배열한다. 트루먼의 부모도, 친구도, 부인도 가상의 공간을 구성하는 인물에 불과하다. 방송 제작자인 크리스토프는 트루먼의 삶이 '진짜'인 것처럼 보여 주기 위해 주변 환경을 완벽하게 설계함으로써 수천만 명의 시청자들을 만족시켜 준다. 물론 트루먼은 가상현실과 싸운다. 그리고 트루먼이 가상세계로부터 탈출하려는 노력은 영화적 스토리의 과정에서 예정되어 있고 정당화된다.

트루먼 쇼를 기획한 크리스토프는 영화가 시작되는 도입부에서 "이제 우리는 배우들의 위선적인 감정 연기에 지루함을 느낀다. 어찌 보면 그는 허구의 세계에 살고 있지만, 트루먼은 가짜가 아니다. 각본도 큐 카드도 없다. 항상 셰익스피어의 희곡 같은 삶은 아니겠지만, 진짜 인생이다"라고 말한다. 진짜 인생이란 무엇일까? 가족, 친구, 회사, 이름 등 모든 것이 가짜로 둘러싸인 세상에서 벗어난 트루먼은 과연 자신만의 진짜 인생을 찾을 수 있을까?

2. 세상 밖으로: 가상과 실재의 경계 없는 현실

무엇이 현실이고 실제인지, 무엇이 가상이고 거짓인지 그 경계선을 가르기가 어려워졌다. 선과 악이 무엇인지, 내가 믿고 있는 사실이 참인지 거짓인지, 가치 있는 일과 아닌 일은 무엇인지를 판단하는 것은 너무도 어렵다. 그만큼 우리의 실존은 흔들리고 있다. 이렇게 규정되지 않고 확정되지도 않은 비현실적인 상황이 재난이라면 재난이다. 그리고 이 재난은 존재하지만 존재하지 않는 가상현실처럼 우리의 현실을 엄습한다. 우리가 사는 현실은 전면적 시뮬라크르(이 세계가 정말 실제적인 세계인가에 대한 물음을 던질 때 활용되는 개념)의 현장인 것이다.

현실을 압도하는 가상 현실

철학자 보드리야르에 따르면 우리의 현실은 가상과 실재를 구분할 수 없는 총체적 시뮬라크르의 세계다. 이 세계는 진짜와 가짜 혹은 사실과 허구, 실재와 가상을 구분하는 기능이 사라진 세계다. 보드리야르는 가상을 다음과 같이 설명한다. "가상의 이미지는 실재를 반영하면서 힘을 얻지만 그 후에는 그 실재를 왜곡하고 위장하면서 확장해 간다." 그리고 나서는 왜곡하고 위장한 것 자체마저 없애 버리고 결국 "실재와는 아무 관계없는 순수 가상"으로 존재하게 된다.[2] 실재를 더 이상 원본으로 참조하지 않는 가상이 우리의 현실을 지배하게 된다는 것이다. 가령, 영화 〈왝 더 독〉(1997)에서는 존재하지 않은 테러 관련 뉴스를 '만들고' 그것을 통해 권력을 창출하며, 〈트루먼 쇼〉에서는 사람들이 재미로 보는 리얼리티 쇼가 누군가에게는 '진짜' 삶이 되는 것처럼 말이다. 이처럼 실재보다 더 크고 강한 영향력을 발휘하는 가상의 사태를 보드리야르는 초과 실재Hyperréel(하이퍼리얼)라고 부른다. 가상은 이제 실재를 초과했으며 우리는 그러한 현실을 살고 있다는 것이다.

우리는 이러한 경험을 일상적으로 하고 있다. 자신이 생각하는 물방울의 이미지를 떠올려 보라. 아마도 아침 햇살을 영롱히 머금고 풀잎에 매달린 광고 속의 물방울이 가장 먼저 떠오를 것이다. 하지만 우리가 현실에서 체험하는 물방울은 그 결이 다를 것이다.

가령 장마철에 추적추적 비라도 오는 날이면 광고 속의 투명하고 영롱한 물방울이 아니라 신발과 바지를 적시는 불편함이 더 먼저 생각날지 모른다. 가상이 실재를 초과한 이미지는 물방울과 같은 사물만이 아니다. 젊은이들이 선망하는 직업 중 하나인 패션 디자이너라는 전문가의 이미지를 떠올려 보자. 아마도 자유롭고 개성 넘치는 의상으로 당당히 도시를 활보하는 모습이 떠오를 것이다([그림24] 참고). 하지만 몇 년 전 이른바 '열정 페이'['좋아하는 일(열정)'에 대한 경험을 '돈Pay' 대신 주겠다는 뜻으로, 청년들에게 열정을 구실로 저임금 혹은 무임금으로 일을 시키는 것을 뜻한다]를 강요하는 디자인 회사의 '갑질'이 폭로되면서 패션 디자이너의 '현실'이 밝혀진 바 있다. 화려해 보이는 패션 디자이너라는 이미지 이면에는 '견습생 10만 원, 인턴 30만 원, 정직원 110~130만 원'이라는 열악한 환경이 자리하고 있던 것이다. 그럼에도 패션 디자이너라는 개성 넘치는 이미지는 폐쇄적인 조직 시스템에서 개성과 창의력을 잃어 가는 현실의 디자이너를 여전히 압도

[그림24] 미디어에 노출된 패션 디자이너의 모습은
현실을 살아가는 패션디자이너의 이미지를 압도한다.
ⓒ http://www.shutterstock.com

하고 있다. 정치적인 차원에서는 더더욱 그렇다. TV에서는 사실과 다른 가짜 뉴스를 '만들고' 그것을 통해 실제로 권력이 창출되는 과정을 우리는 목격한다. 팬덤 문화 역시 미디어 권력을 적극적으로 활용한다. 많은 사람들이 좋아하는 스타의 모습은 대중들이 원하는 모습으로만 존재해야 하기에 미디어 공간에서는 스타의 이미지를 만들어 가는 작업을 전략적으로 실천한다. 가상적으로 구축되는 가상적 이미지를 생산하는 과정에 깊숙이 참여하는 것이다. 스타의 모습이 가상인지 실제인지는 중요하지 않다. 그 반대의 과정, 즉 스타를 추락시키는 일도 동일한 과정으로 진행된다.

우리의 현실은 그저 우리가 믿고 싶은 것만 인위적으로 선별하여 생산하고 소비하는 단계에 이르렀다. 대표적으로 디즈니랜드와 관련된 익숙한 비판들이 있다. 디즈니랜드는 일상에 찌들고 피곤한 실제 우리의 현실적 문제를 해결해 주지 못하면서 마치 유토피아, 행복한 가족, 순수한 유년과 같은 이미지의 세계인 것처럼 우리를 유혹한다는 비판이 그렇다. 물론 이러한 비판은 나름의 정당성과 의미를 갖는다. 무엇보다 자본시장이 가하는 문화적 왜곡에 대해 설득력 있는 지적일 수 있다. 하지만 이러한 비판은 순진한데다 힘이 없는, 현실적 한계에 머물러 있는지도 모른다. 그래서 보드리야르는 아예 이렇게 역설한다. 디즈니랜드가 시뮬라크르의 세계라면, 디즈니랜드 밖의 현실세계는 실제적 진실과 사실로 구성되어 있다는 환상을 주기 때문에 비판받아야 한다는 것이다. 이미 현실 자체가 시뮬라크르의 세계인데 디즈니랜드만 가상적 공간이라고 치부하는 일은 오히려 우리의 냉철한 인식을 방해할 수 있기 때문이다. 가상적 유혹이라 말할 수 있는 이미지들은 우리가 더 이상 부정할 수 없는 현실의 한 부분으로 자리하고 있다.

가상현실과 몸의 관계

영화 〈매트릭스〉에서는 인간의 뇌와 컴퓨터를 연결하여 가상공간에 접속한다. 그렇게 의식이 가상공간으로 이동한 후 현실에 남는 것은 모든 감각을 잃은 육체뿐이다. 이처럼 정신이 육체를 떠나 가상세계에 들어간다는 것은 어떤 의미일까? 우리는 육체를 현실에 남겨둔 채 가상공간 속에서 순수의식만으로 살아갈 수 있을까? 실제 현실처럼 가상현실에서 모든 감각을 느끼고 지각하며 산다면, 인간의 육체가 꼭 필요할까?

근대 이후 과학자들은 인간의 육체적 한계를 극복할 다양한 방법을 찾기 위해 노력해 왔다. 그리고 머지않은 미래에는 말을 하지 않아도 마음을 읽는 텔레파시도 구현할 수 있을 거라고 믿는다. 신경 세포를 잘 해독하여 그것이 빈틈없이 흐르게 한다면 가상공간에서 원활한 소통을 만들어 내는 일은 기술적으로 불가능하지 않을 것이다. 이러한 시스템은 더욱 진화해 갈 것이고, 인간은 점점 몸 안에 있던 신경 체계를 자신의 살갗의 표면으로 옮기고 거기에 배열할 것이다. 그러나 이때의 살갗은 섬세한 감각들이 깨어나는 자연적인 육체적 반응이 아니다. 그것은 고도의 센서 기술로 프로그래밍된 감각일 뿐이다. 인위적으로 신경 체계가 배치된 살갗은 오히려 육체의 접촉을 피하는 역할을 하게 된다. 따라서 신경 체계가 표면에 배치된다면, 피부가 갖는 섬세하면서도 강렬한 그 떨림의 접촉은 사라지고 그 능력은 상실될 것이다.

인간이 신체적으로 접촉하는 능력을 잃는 것은 생각보다 심각한 변화를 가져올 수 있다. 부모와 자식 사이의 다정한 접촉에 의존했던 관계들도 서먹해지고 연인들의 사랑도 게임과 프로그램의 한 장면에 지나지 않게 될지 모른다. 실제로 미래 사회를 다룬 수많은 영화에서 사람들은 신체적 접촉 없이 가상섹스를 하기도 하고, 아이는 부모들의 난자와 정자가 추출된 시험관에서 만들어진 후 여자의 자궁으로 이식된다. 인간의 육체는 원격 조정 시스템의 차원을 넘어 그것이 '완벽하게' 가동될 가능성을 위해 복무하는 통제의 대상으로 전락하는 것이다. 육체를 쓰는 영역은 현저히 줄어들고 생물학적인 아픔과 고통이 사라지는 대신 그만큼 허약해진다.

육체는 사라지고 있는 것일까? 가상현실에서 인간의 육체는 더 이상 의미가 없는 것일까? 육체는 가상 현실로 진입하기 위한 도구이자 매개체에 불과한 것일까? 설령 그렇다 하더라도 현실과 가상현실의 통로는 인간의 육체이며, 이 육체라는 실존적 기반을 통해 두 세계 사이를 오갈 수 있다는 것을 부정할 수 없을 것이다. 이 떠남과 돌아옴, 그리고 다시 떠남과 다시 돌아옴의 실존적 공간이자 몸으로서의 '육체'라는 의미는 결코 작지 않다.

가상현실에 접속할 때 현실의 진짜 육체는 지워지고 그 육체의 정보 값만 계산되어 '다른 세상'에 진입한다는 것은 부정할 수 없다. 하지만 육체가 토대로서, 터미널로서 존재해야만 개체의 영역이 일정하게 확보된다는 점 또한 부정할 수 없다. 중요한 것은 전통적인 육체의 행위들이 점차 지워지면서 새로운 차원이 생겨나는 영역을 살펴보는 일이다. 이렇듯 육체의 역할이 축소와 변형을 거치는 과정 역시 육체의 새로운 속성의 생성이자 또 다른 확장이라고 보아야 한다.

육체에 대한 실존적 측면을 고려하게 되는 또 다른 상황이 있다. 게임 공간에서 펼쳐지는 선택에 관한 부분이 그것이다. 우리는 게임에서 다양한 길을 선택한다. 게임이라는 가상공간에서는 다양한 선택지가 있다고 여기기에 우리는 가상공간에서 월등히 많은 선택권을 가진다고 생각한다. 반면, 우리를 둘러싼 시간이라는 절대적 공간(현실) 안에서는 어떤 한 가지 행위 밖에 할 수 없다. 다양한 옵션을 선택할 권한이 주어졌다 하더라도, 실현하는 차원에서는 어느 하나의 절대적 시간밖에 쓸 수 없는 것이다. 게임 속에서는 다양한 선택을 시도할 수 있지만 우리는 현실에서 하나의 길만 선택할 수 있다. 선택한 길을 취소할 수는 있지만, 우리의 몸은 어느 한 순간의 현재를 살아야 한다. 어떤 일을 실행하는 데 변수가 아무리 많다 하더라도, 우리에게는 단 한 번의 시간 밖에 주어지지 않는다.

예를 들어, 트와이커 감독의 영화 〈롤라 런Lola Rennt〉을 보자. 이 영화는 주인공 롤라에게 컴퓨터 게임의 규칙이 그대로 적용된 상황을 보여 준다. 첫 번째 행위의 선택은 그녀의 죽음으로 끝난다. 그녀는 그것을 거부하고 두 번째 옵션을 선택한다. 이번에는 남자 친구가 죽는다. 세 번째 옵션은 누구도 죽지 않고 영화(게임)는 끝난다. 감독은 영화 속 롤라의 행위를 통해 가상현실에서 수많은 선택의 가능성을 실현할 수 있다는 사실을 인간의 삶에 접합시킨다. 그러나 앞에서도 살펴보았듯이 실제 인간은 아무리 선택의 가능성이 많더라도 주어진 시간과 순간 속에서 하나의 길만 갈 수 있다.

시간의 물리적 흐름에 순응하는 한 우리는 아무리 변수가 많아도 어느 결정된 순간에는 하나의 길을 가는 것이고, 그 상황에서 우리에게 변수의 가능성은 논리적인 가능성일 뿐이다. 따라서 현실에서 우리는 많은 행위의 가능성 중에서 하나의 행위를 결정하고 그 행위의 필연성을 스스로 확증할 수밖에 없다. 그리고 그 행위를 실천하는 것은 바로 살아 있는 우리의 몸이다.

3. 미래를 위한 고민: 잠재성으로서의 가상성 실현

가상은 현실과 대립하는 것이 아니라 실제와 미묘하고 복잡한 관계에 있다. 철학자 피에르 레비Pierre Levy에 따르면, 가상은 단순히 현실과 구별되는 개념이 아니며 실체의 문제적 영역에서 가상화의 씨앗이 자란다고 설명한다. 단순히 진짜와 가짜의 구별이거나 현실과 상상의 경계라고 보는 것과는 다른 접근이다. 이는 우리가 잠재성으로서의 가상성을 고민할 때 참고가 되는 지점이기도 하다. 사물과 존재의 가상화는 그저 가상의 이미지를 만들어 올리는 것이 아니라 사물과 존재의 잠재성을 실재로 구현하는 과정일 수 있다는 점을 시사하는 것이다. 가상성에 대한 철학적 접근을 통해 잠재성과 가상성 사이의 공간을 살펴보자.

잠재성과 가능성으로서의 세계

플라톤은 이 세상을 두 개의 영역으로 나눈다. '이데아Idea'와 '이데아를 모방한 세상'이다. 이데아란 영원하고 진정한 원본의 세계이며 언제나 동일하고 완전하게 머물러 있는 영역이다. 반면 끊임없이 변화하며 언젠가는 사라져 버리는 현실의 세계는 이데아의 세계를 모사한 그림자의 세계다. 그렇다면 오늘날 디지털 기술을 통해 현실세계를 모사한 가상현실은 어떤 세계일까?

신플라톤주의자들은 사이버 공간을 마치 플라톤의 이데아의 세계와 같다고 생각한다. 가상세계에서는 수학적으로 완전한 형상들이 존재할 수 있으며, 이 세계는 마치 형이상학적 세계와도 같다는 것이다. 윌리엄 깁슨William Gibson 역시 자신의 소설 『뉴로맨서Neuromancer』에서 사이버 공간을 묘사할 때, 사람의 의식이 몸을 떠나 살아갈 수 있는 마치 낙원과도 같은 세계라고 한다. 한편 현실 세계는 낙원에서 추방된 육체라는 감옥에 의식이 머무는 세계로 제시한다. 하지만 플라톤은 신플라톤주의자들의 이러한 이해에 동의하지 않을 것이다. 플라톤에게 가상현실이란 현실의 세계보다 더 멀고 흐릿한 그림자이기 때문이다.

플라톤에게 진정으로 존재하는 것은 이데아뿐이며 디지털로 이루어진 가상의 세계는 허상이거나 없는 세계이다.

반면 아리스토텔레스는 플라톤이 말한 이데아처럼 진정한 실재가 현실의 저편에 따로 있다는 것에 동의하지 않는다. 아리스토텔레스는 절대적 의미의 있음과 없음 사이에 또 다른 성격의 영역이 있다고 여겼다. 이러한 중간 영역의 이름은 잠재태Dynamis라 불렸으며, 그 후 이 용어는 가상Virtuality의 어원이 된다. 아리스토텔레스는 이 가상성을 잠재성의 또 다른 차원의 의미로 여겼다. 이는 잠재성을 적극적으로 적용하고 재현한 것이라 볼 수 있다. 이처럼 가상이란 가짜나 없음을 의미하는 것이 아니라 가능적으로 존재하고 있음을 보여 준다. 물리적인 현실 공간은 아니지만 수열로 이루어진 매트릭스처럼 다른 방식으로, 다른 형태로 존재하고 있다는 것이다.

전통적으로 서양철학은 플라톤에 의해 제시된 실재 혹은 이데아라는 영역과 이데아를 모방한 현상의 세계라는 두 영역으로 구분되어 왔다. 하지만 장 보드리야르에 따르면 가상의 세계에서는 이데아와 현상을 구분하는 이분법적 구분이 사라진다. 원본으로서의 실재는 더 이상 고유의 영역을 지키지 못하고 복제와의 차별성도 상실한다. 가상과 현실, 진리와 허상 간의 경계란 존재하지 않는다는 것이다.

예를 들어 영화 〈매트릭스〉에 등장하는 인물들은 매트릭스가 (인류가 멸망하기 전) 과거에 살던 원래 세상을 흉내 낸 것이라고 생각한다. 하지만 진짜 세계라고 믿은 현실도 사실은 '원본 없는' 매트릭스일 뿐이다. 영화에서 매트릭스를 빠져나간 사람들을 뒤쫓는 스미스 요원은 인공지능이 매트릭스를 구축해 온 과정을 이렇게 설명한다.

"첫 번째 매트릭스는 완벽한 인간들의 세상으로 디자인되었다는 것을 자네는 알고 있나? 고통이 없는 곳, 모든 사람이 행복한 곳, 한 마디로 낙원이었지. 그러나 실패작이었어. 사람들은 그 프로그램에 적응을 못했지. 그래서 다 죽고 말았어. 사람들은 우리가 프로그램에 적응을 못 시켰다고 불평을 했지. 그러나 내 생각은 달라. 인간은 고통과 불행을 통해서 삶의 의미를 찾지. 완벽한 세상은 꿈과 같았어. 그러나 인간의 원시 대뇌는 그것에 적응을 하지 못했지. 그래서 현재의 매트릭스로 다시 제작된 거야."

우리는 원본 없는 모방과 가상의 세계에 살고 있으면서 가상을 계속해서 만들어 가고 있다. 우리의 현실은 원본과 모사본의 구분이 없는, 이미 수많은 가상들로 채워진 가상의 세계일지 모른다.

가상세계에서도 몸은 거주한다

오랫동안 사람들은 정신을 육체보다 우위에 두고 육체는 우리의 정신을 속박하는 것처럼 이해해 왔다. 그래서 가상의 세계가 우리 몸의 물질성에서 벗어나 물리적 시공간이라는 한계를 극복하게 하고 인간을 자유롭게 만들 것이라고 생각하기도 한다. 하지만 철학자 메를로 퐁티Maurice Merleau-Ponty는 정신과 몸을 이분화하여 정신을 절대화하는 기존의 철학을 비판한다. 그는 "인간은 세계 내에 있으며, 세계 내에서만 자신이 무엇인지 알 수 있다"라며 몸의 중요성을 강조한다.

우리의 몸은 세계에 친숙함을 느끼면서 마치 편안한 집에서 살듯이 거주한다. 세계 속에 거주하는 몸은 세계와 하나 되기 위해 세계를 향해 나아간다. 동식물들은 자신을 환경에 맞추어 변화시키지만, 인간은 자신이 세계 속에 친숙하게 거주할 수 있도록 세계를 변화시킨다. 그것이 불가능할 때에는 세계에 맞추어 몸의 구조를 바꾸기도 한다. 우리가 살고 있는 세계는 우리의 몸과 하나를 이루기 위해 몸에 의해 구조화되는 것이다. 몸이 세계와 하나를 이루기 위해 세계로 나아갈 때, 세계 역시 몸과 하나를 이루기 위해 몸에게 다가온다. 이처럼 몸과 세계는 끊임없이 서로 작용을 주고받으며 발전한다. 세계를 지각하는 몸은 처음부터 세계와 불가분의 관계를 맺으며 세계와 끊임없는 교환을 통해 자신의 구조를 변화시킨다. 세계는 고정되고 정적인 사물로 머무는 것이 아니라, 우리 몸과의 상관관계 속에서 그 의미를 드러내며 새롭게 의미를 만들어 가는 역동적인 관계인 것이다.

가상현실 속에서 우리가 보게 되는 이미지는 물리적으로 존재하는 것들이 아니다. 실재하는 이미지를 디지털로 모방하여 구현해 내는 가상현실은 현실을 모방하는 동시에 현실의 이미지들을 전복하거나 완전히 새로운 이미지들을 만들어 내기도 한다. 하지만 가상현실을 물리적 세계나 우리의 정신과 분리하여 생각할 수 없다. 가상현실은 우리의 정신과 상호작용하면서 구성되기 때문이다. 가상현실이란 인간의 정신이 육체를 떠나 다른 공간으로 들어가는 것이 아니다. 우리의 육체는 실제 삶을 경험할 때와 마찬가지로 가상의 세계를 경험할 때에도 크게 관여한다. 비록 가상의 공간이지만 이 공간에서의 지각적 체험은 여기(현실)에 있는 실제 내 몸에 의한 것이다.

사이버 공간 안에서 물리적이지 않은 정보들은 우리의 감각을 자극하면서 구현된다. 그런 감각을 수용하는 것이 바로 우리의 육체다.

[그림25] 우리의 몸이 개입되었을 때, 비로소 가상현실은 현실화되고 완성된다. © http://www.shutterstock.com

가상공간의 경험은 몸의 운동과 관련되어 있다. 가상현실 속의 디지털 이미지를 우리의 몸이 체험하게 되면서 그 세계는 인간의 몸을 통해 다시 주어진 세계를 해석하는 순환적 과정이 이루어지는 것이다. 지각하는 주체는 여전히 현실에 머물러 있으며 그 현상 역시 현실에서 이루어진다. 즉, 현실의 몸 위에 가상이 덧씌워지는 것이라 할 수 있다. 가상현실로 들어간 인간은 몸을 현실 공간에 남겨둔 채 의식만 존재하는 것이 아니다. 우리의 몸이 개입되었을 때, 비로소 가상현실은 현실화되고 완성될 수 있다([그림25] 참고). 철학자 돈 아이디Don Ihde가 기술이 우리의 육체를 확장한다고 말했던 것처럼, 가상현실 안에서 우리의 육체 또한 확장되어 간다.

서울 상암동에 위치한 세계 최대 규모의 〈서울 메머드 VR 파크〉 행사에서 VR 콘텐츠 시상식에 참여하는 전문가들이 모였다. VR 전문가들은 어제 수상자 논의를 끝내고 지금은 여유 있는 티타임을 즐기고 있다. 자연스러운 대화가 오고 가면서 가상성에 대한 각각의 생각과 의견들이 활발히 교환된다. 직접 자리한 사람들도 있고, VR 공간에 홀로그램으로 초대되어 대화에 참여하는 사람들도 있다. 이들의 대화를 들어 보자.

[대화방 참석자]

레빈슨
영화감독. 현직 대통령의 재선을 위해 가짜 뉴스를 만들도록 배후 조종하는 영화 〈왝 더 독〉을 연출하였다.

워쇼스키 회장
영화 〈매트릭스〉의 감독. 현재 세계 굴지의 VR 콘텐츠 회사인 '더 원'을 경영하고 있다.

보드리야르
20세기 후반 시뮬라크르라는 개념으로 전위적인 철학적 주장을 역설한 프랑스의 철학자다.

들뢰즈
프랑스 철학자. 오늘 미팅에는 홀로그램으로 등장한다.

트루먼
영화 〈트루먼 쇼〉의 주인공. 방송 제작자인 크리스토프에 의해 리얼
리티 TV 쇼인 '트루먼 쇼'에 출연하게 된다.

레빈슨   어제 수상작 선정을 위해 열띤 토론을 하시느라 모두 애쓰
셨습니다. 이런 기회로 제가 오래 전에 만든 〈왝 더 독〉과
〈트루먼 쇼〉를 다시 보게 된 것도 즐거웠고요. 트루먼 씨는
어떠셨나요?

트루먼   글쎄요. 영화 〈트루먼 쇼〉에서의 제 삶은 잊고 싶은 과거이
기에 마냥 즐거운 것은 아니었습니다만… 화해라고나 할까
요? 아! 물론 제 30년 인생을 가상 스튜디오에 가둬 버린 제
작진과 화해했나는 뜻은 아닙니다. 그동안 굳게 닫힌 제 마
음과 화해했다는 표현이 맞겠군요.

들뢰즈   음… 좀 더 구체적으로 말씀해 주시겠어요?

트루먼   사실 스튜디오를 탈출한 이후, 제작진과 세상을 향한 분노
가 쉽게 누그러지지 않았어요. 지금도 TV를 볼 때마다 혹
시 저 프로그램도 제2의 '트루먼 쇼'가 아닐까라는 신경증

에 걸릴 지경이었으니까요. 하지만 문득 이런 생각이 들었어요. 스튜디오에서의 삶 전체가 100% 가짜였을까? 비록 남들에게 보여지는 삶이었지만, 적어도 나는 치열하게 살아왔다고요. 그리고 그 치열했던 기억에 근거하여 나의 현재와 미래가 만들어지는 것이라면, 지금의 현실을 받아들이는 것이 의미가 있는 것 아닐까 하구요.

레빈슨   트루먼 씨는 큰 고비를 훌륭하게 극복한 것 같군요. 사실 가상과 현실의 문제는 폭 넓게 이해하지 않으면 절대로 빠져나올 수 없는 폐쇄회로 같은 것이거든요. 영화 〈매트릭스〉를 만든 워쇼스키 씨는 어떠셨나요?

워쇼스키   저 같은 경우는 가상성이라는 개념을 좀 더 쉽게 접근하고 싶었어요. 그래서 〈매트릭스〉를 만들 때 가상성의 공간을 현실과 꿈, 현실과 가상으로 나누어서 작업을 했죠. 하지만 생각한 만큼 쉽지는 않더군요. 지금까지 〈매트릭스〉 3편을 만들었지만, 마지막 결말에서 가상성을 철학적으로 풀어내지는 못한 거 같아요.

들뢰즈   겸손하신 말씀입니다. 가상화라는 것이 아직 현실화되지 않은 사물과 존재의 확정되지 않은 힘을 구현해 내는 작업이라고 했을 때, 워쇼스키 감독님은 많은 장면에서 이러한 노력들을 잘 보여 주고 있다고 생각합니다. 그런 면에서 워쇼스키 감독님은 타고난 이야기꾼이 틀림없습니다.

워쇼스키   좋게 봐 주시니 감사합니다. 선생님의 의견은 가상현실에 어떤 장면을 재현하려고 할 때 그 장면은 우리가 가상성을 부지런히 실천한 결과물들이라는 말씀이시죠? 그저 인공적으로 화면을 만들어 내는 일에 멈추는 것이 아니라……. 얘기를 듣고 보니 창작이라는 작업도 결국은 가상성의 일정한 구현이라는 생각이 드네요.

트루먼　부정적인 차원에서도 그 말은 적용되는 것 같아요. 내 쇼('트루먼 쇼')를 연출한 크리스토프도 자신이 위대한 창작가이자 신이라고 생각할 정도였으니까요. 모든 것을 창조하고, 만들고, 구현하고, 원하는 대로 했으니 그럴 만도 하죠. 이렇게 얘기를 하니 더욱 쓸쓸해지네요.

보드리야르　너무 비관적으로 생각하지 마세요. 어차피 모두 시뮬라크르의 세상입니다. 트루먼 씨도 아까 스튜디오의 삶이라 하더라도 그것이 모두 거짓된 순간은 아니라고 하지 않았나요? 이래저래 현실은 실재가 아닌 가상이라는 점에 방점이 찍힙니다. 어떤 것이 실재라고 얘기하기 어려울 정도로 가상이 점령한 세계입니다. 지금 트루먼 씨가 현실에 대한 의미를 찾았다는 것도 실제 현실이 존재하여 거기에서 의미를 얻었다기보다 시뮬라크르 공간에서 '인위적으로 부활'시킨 요소라고 할 수 있지요. 어떠한 실재도 찾아낼 수 없기에 우리가 문화적, 사회적 차원에서 생산하고 만들어서 굳이 실재라고 믿고 넘어가려는 노력, 그렇게라도 실재를 인위적으로 부활시키려는 노력이 있는 것이죠.

들뢰즈　하지만 보드리야르 씨의 주장은 우리 현실이 갖는 넓고 다양한 층위의 실존적 영역 모두를 시뮬라크르로 전환시켜 버린 것은 아닌가요? 보드리야르 씨는 모든 실재가 없어졌다고 하지만, 그러한 논리가 가능하기 위해서는 실재와 가상의 구분점을 명확히 짚어야 합니다. 전면적 시뮬라크르의 세계를 주장하는 당신의 논리로는 그것이 가능하지 않습니다. 그러한 태도는 냉소적이거나 허무주의적인 태도일 수 있습니다.

레빈슨 보드리야르 씨의 관점이 냉소적이라는 점에 저도 동의합니다. 영화를 만드는 사람으로서 한때 가상현실 안으로 모든 이미지가 빨려 들어가 영화 제작도 획기적으로 변할 것이라고 예상했습니다. 배우도 필요 없을 거라고. 하지만 그 생각이 우리의 몸과 현실에 대한 과소평가라는 것을 깨닫게 되었죠. 인간의 육체는 가상적 요소들 때문에 한없이 약해진 듯 하지만 우리의 몸은 여전히 현실을 살아가고 있으니까요. 현실이라는 것도 실재와 가상을 이분법적으로 나누기 어렵다는 것을 우리는 실존적으로 느낍니다.

트루먼 보드리야르 씨 말 대로라면, 제가 스튜디오를 빠져 나와 마주한 현실 역시 시뮬라크르 세계이기에 저는 여전히 시뮬라크르의 소용돌이에서 한 걸음도 벗어나지 못한 거라고 할 수 있겠죠. 하지만 전 그렇게 생각하지 않습니다. 현실 세계는 결국 가상과 실재가 혼재되어 있는 곳이고, 거기에서 우리는 실존의 영역을 더 크고 넓게 파악하며 살아가는 것이라고 생각합니다. 보드리야르 씨는 저의 이러한 의견이 실재를 인위적으로 부활시킨 형태라고 말씀하시겠지만

요. 하지만 저는 그 실재의 인위적 부활이라는 것도 우리 삶의 양태 가운데 하나라고 생각합니다.

레빈슨 영화도 처음에는 그저 볼거리에 불과했지만, 이젠 인간의 삶과 세계의 의미를 찾는 예술의 형태로서 가상적 이미지를 진지하게 고민하지 않습니까? 실재의 인위적 부활이라는 것도 실존적 차원에서 좀 더 유연하게 받아들이는 태도를 가져야 새로운 진실에 다가가는 미학적, 철학적 태도를 훈련할 수 있을 거라고 생각합니다.

워쇼스키 이런, 시상식 시간이 다 되었네요. 아쉽지만 오늘 대화는 여기에서 마무리해야 할 것 같네요. 혹시라도 〈매트릭스 4〉를 만들게 되면 다시 한 번 이런 자리를 마련하고 싶습니다.

레빈슨 꼭 그런 날이 오기를 기대하겠습니다. 자, 그럼 시상식에 참여하러 갈까요?

실제 시상식에 참여한 레빈슨과 워쇼스키 감독이 홀로그램으로 참석한 트루먼과 함께 시상식에 참여하고 있다. 이번 대회 수상자로 호명된 3명의 수상자들 중 2명은 홀로그램으로 참석하였다.

함께 보면 좋은 영화

■ 〈13층The Thirteenth Floor〉(조셉 러스넥, 1999)

만일 현재 우리가 살고 있는 세계가 현실 세계가 아닌 가상세계라면? 영화는 주인공 홀이 경험하는 가상현실 속의 가상현실, 그리고 가상현실과 현실 간의 순환을 보여 주면서 역으로 현실 세계의 불분명함을 역설한다. "나는 생각한다. 고로 존재한다"는 문구로 시작되는 데카르트의 정언은 영화 〈13층〉의 토대이자 주제다. 가상현실을 다룬 〈매트릭스〉와 자주 비교되는 이 영화를 통해 가상현실의 의미와 본질에 대해 성찰할 수 있다.

■ 〈트론: 새로운 시작Tron: Legacy〉(조지프 코신스키, 2010)

〈트론: 새로운 시작〉은 1982년 세계 최초로 CG로 가상현실 공간을 창조해 낸 영화 〈트론〉의 속편이다. 디지털 세상에 감금된 아버지를 찾아 가상현실에서 슈퍼 컴퓨터와 죽음을 불사한 경기를 펼치는 주인공 샘 플린의 이야기다. 3D 입체영화를 통해 관객은 환상적이고 경이로운 컴퓨터 속 가상현실을 경험할 수 있다.

■ 〈론머 맨The Lawnmower Man〉(브렛 레너드, 1992)

영화 〈론머 맨〉은 컴퓨터의 가상현실 기술을 응용해 지능 개발은 물론, 초능력까지 생기게 된 청년 조브가 가상세계의 신으로 변하게 되면서 벌어지는 이야기다. 가상현실 기술이 잘못 사용될 경우 벌어질 수 있는 사회악의 단면을 보여 주는 이 영화는 우리에게 가상현실 기술이 악용될 때의 문제점과 그것을 사용할 때의 윤리적인 측면을 제시한다.

주

1장 '죽음'도 기술로 차단할 수 있는가

1. 알랭 드 보통 외, 2016.
2. 고미숙 · 이진경 외, 2002.
3. 신상규, 2014.
4. 고미숙 · 이진경 외, 2002.
5. 콘라드 파울 리스만, 2014.
6. 존 메설리, 2016.

2장 인간은 기계보다 특별한 존재인가

1. 유발 하라리, 2018.
2. 콘라드 로렌츠, 2004.
3. 벨 훅스, 2012.
4. 박영숙 · 벤 고르첼, 2016.
5. 유신, 2012.
6. 김영수, 2016.
7. 에리히 프롬, 2006.
8. 한병철, 2015.

3장 기술은 자연과 소통할 수 있는가

1. http://therightsofnature.org/wp-content/uploads/pdfs/Rights-for-Nature-Articles-in-Ecuadors-Constitution.pdf

4장 힘든 노동은 기계가, 인간은 자유로운 여가를?

1. 서희주, 2018.

2. 아리스토텔레스, 2009.

3. 크레이그 램버트, 2016.

4. 크레이그 램버트, 2016.

5장 기술로 인간의 도덕성도 향상시킬 수 있는가

1. 스티븐 핑커, 2014.

2. 아이작 아시모프, 2008 참고.

3. 마이클 셔머, 2018.

4. 마이클 셔머, 2018.

5. 지그문트 바우만, 2013.

6. 찰스 테일러, 2001.

7. 추병완, 2016.

8. 이상헌, 2017.

9. 유영종, 2017.

10. 임화섭, 2016.

11. 권복규 외, 2015.

6장 과학은 인간도 '제작'할 수 있는가

1. 이정우, 2001.

2. 전준범, 2013.

3. 오노 슌타로, 2017.

4. 플라톤, 2011.

5. 백경옥, 2010.

6. 허정아, 2011.

7. 캐서린 헤일스, 2013.

8. 진중권, 2014.

9. 이경란, 2017.

10. 가즈오 이시구로의 원작 소설 『나를 보내지 마』에서 교장선생님이 캐시와 나눈 대화 일부를 윤색했다.

11. 영화 〈네버 렛 미 고〉 마지막 시퀀스에서 캐시의 마지막 독백.

7장 소셜미디어는 인간의 관계를 대신할 것인가

1. 도미니크 바뱅, 2007.

2. 도미니크 바뱅, 2007.

3. 한현주, 2016.

4. 박성철, 2018.

8장 빅 데이터가 세상을 바꿀 것인가

1. 유발 하라리, 2017.

9장 가상현실, 세계는 진짜 존재하는가

1. 장자, 1999.

2. 장 보드리야르, 2001.

참고 자료

1장 '죽음'도 기술로 차단할 수 있는가

참고 문헌

고미숙·이진경 외,『이것은 애니메이션이 아니다』, 문학과경계, 2002.

김선희,『과학기술과 인간 정체성』, 아카넷, 2012.

김연순,『기계인간에서 사이버휴먼으로』, 성균관대학교출판부, 2009.

레이 커즈와일, 김명남·장시형 역,『특이점이 온다』, 김영사, 2007.

브루스 매즐리시, 김희봉 역,『네 번째 불연속』, 사이언스북스, 2001.

빌 조이,「미래에 왜 우리는 필요없는 존재가 될 것인가」,『녹색평론』, 제55호, 2000.

셸리 케이건, 박세연 역,『죽음이란 무엇인가』, 엘도라도, 2012.

시몬느 드 보부아르, 변광배 역,『모든 인간은 죽는다』, 삼인, 2014.

신상규,『푸른 요정을 찾아서』, 프로네시스, 2008.

_____,『호모 사피엔스의 미래』, 아카넷, 2014.

아리스토텔레스, 천병희 역,『니코마코스 윤리학』, 도서출판 숲, 2013.

알랭 드 보통·스티븐 핑커·말콤 글래드웰·매트 리들리, 전병근 역,『사피엔스의 미래』, 모던아카이브, 2016.

엘리아스 카네티, 강두식·방병덕 역,『군중과 권력』, 바다출판사, 2010.

이정우,『기술과 운명』, 한길사, 2001.

조미라,『애니메이션, 이 미지의 것』, 한국학술정보, 2014.

조엘 가로, 임지원 역,『급진적 진화』, 지식의 숲, 2007.

존 메설리, 전대호 역,『인생의 모든 의미』, 필로소픽, 2016.

콘라드 파울 리스만 편저, 김혜숙 역, 『죽음』, 이론과실천, 2014.

한국철학사상연구회, 『인간을 이해하는 아홉 가지 단어』, 동녘, 2010.

참고 영화

앤드류 니콜, 〈가타카〉, 1997.

폴 버호벤, 〈로보캅〉, 1987.

크리스 콜럼버스, 〈바이센테니얼 맨〉, 1999.

제리 주커, 〈사랑과 영혼〉, 1990.

미겔 서포크닉, 〈얼터드 카본〉 시즌 Ⅰ·Ⅱ, 2018.

린 타로, 〈은하철도 999〉, 1979.

월리 피스터, 〈트랜샌던스〉, 2014.

2장 인간은 기계보다 특별한 존재인가

참고 문헌

김명진, 『할리우드 사이언스』, 사이언스북스, 2013.

김영수, 「닉 보스트롬과의 인터뷰 "인간 뛰어넘는 초지능, 100년 후 나올 것"」, 《이데일리》, 2016.6.2.

김재호, 이경준, 『인공지능, 인간을 유혹하다』, 제이펍, 2016.

김희선, 「인공지능과 트랜스휴머니즘 논쟁」, 《문학과 영상》, 문학과영상학회, 제17권 3호, 2016.

노시훈, 「SF영화에 나타난 프로메테우스의 모티프」, 《대중서사연구》, 대중서사학회, 제24권 3호, 2018.

마르틴 하이데거, 신상희·이기상·박찬국 역, 『강연과 논문』, 이학사, 2008.

민경배, 『SF영화와 로봇 사회학』, 커뮤니케이션북스, 2016.

박영숙·벤 고르첼, 엄성수 역,『인공지능 혁명 2030』, 더블북, 2016.

벨 훅스, 이영기 역,『올 어바웃 러브』, 책읽는수요일, 2012.

브루스 매즐리시, 김희봉 역,『네 번째 불연속』, 사이언스북스, 2001.

송호림,「포스트휴먼 진화-사이언스 픽션을 통해 본 인간과 인공 피조물과의 진
    화적 관계」,《영어영문학21》, 21세기영어영문학회, 2013.

에리히 프롬, 황문수 역,『사랑의 기술』, 문예출판사, 2006.

유발 하라리, 전병근 역,『21세기를 위한 21세기 제언』, 김영사, 2018.

유신,「강한 인공지능, 약한 인공지능」,《사이언스 온》, 2012.8.14.

이정우,『기술과 운명』, 한길사, 2001.

제임스 베럿, 정지훈 역,『파이널 인벤션』, 동아시아, 2016.

조용현,『보이는 세계는 진짜일까?』, 우물이있는집, 2007.

조중걸,『러브 온톨로지』, 세종서적, 2015.

카렐 차페크, 김희숙 역,『로숨의 유니버설 로봇』, 모비딕, 2015.

콘라드 로렌츠, 유영미 역,『야생거위와 보낸 일 년』, 한문화, 2004.

토비 월시, 이기동 역,『생각하는 기계』, 프리뷰, 2018.

한병철, 김태환 역,『에로스의 종말』, 문학과 지성사, 2015.

M. 스캇 펙, 최미양 역,『아직도 가야 할 길』, 율리시즈, 2011.

R.L.러츠키, 김상민 역,『하이테크네』, 시공사, 2004.

참고 영화

스티븐 스필버그,〈A.I.〉, 2001.

데츠카 오사무,〈우주소년 아톰〉(TV 애니메이션), 1963~1966.

알렉스 가랜드,〈엑스마키나〉, 2015.

앙드레 디드,〈머캐니컬 맨〉, 1921.

오시이 마모루,〈이노센스〉, 2004

KBS,〈마지막 진화 I, II〉(다큐멘터리), 2017.

3장 기술은 자연과 소통할 수 있는가

참고 문헌

게세코 폰 뤼프케, 박승억 · 박병화 역, 『두려움 없는 미래』, 프로네시스, 2010.

김진석, 『탈형이상학과 탈변증법』, 문학과지성사, 1992.

김진석, 『니체에서 세르까지』, 솔, 1994

파스칼 피크 · 미셸 세르 · 장 디디에 뱅상, 배영란 역, 『인간이란 무엇인가』, 알마, 2009.

이병진, 「루소의 자연개념과 칸트의 자유이념」, 《독일어문화권연구》, 서울대학교 독일어문화권연구소, 11권, 2002.

플라톤, 전영우 역, 『플라톤 대화편: 프로타고라스 · 파이드로스』, 민지사, 2012.

마르틴 하이데거, 이기상 · 신상희 · 박찬국 역, 『강연과 논문』, 이학사, 2008.

G.Deleuze, *Nietzsche et la philosophie*, Paris: P.U.F. 1988.

J.Derrida, *La voix et le phénomène*, Paris: P.U.F, 1967.

J.Derrida, *De l'esprit : Heidegger et la question de l'esprit et autre essais*, Paris: Champs-Flammarion, 1990.

T.Friedman, *Le temps – Andy Goldsworthy*, Anthese, 2008,

J.L. Nancy, *Corpus*, Paris, Editions Métailié, 2000,

M.Serres, *Le parasite*. Paris: Bernard Grasset, 1980.

G.Simondon, *Du mode d'existence des objets techniques*, Paris, Editions Aubier, 2012

참고 영화

제이크 슈레이어, 〈로봇 앤 프랭크〉, 2012.

닐 블롬캠프, 〈엘리시움〉, 2013.

마이클 베이, 〈아일랜드〉, 2005

조나단 모스토우, 〈써로게이트〉, 2009

4장 힘든 노동은 기계가, 인간은 자유로운 여가를?

참고 문헌

구본권, 『로봇 시대, 인간의 일』, 어크로스, 2015.

미하이 칙센트미하이, 이희재 역, 『몰입의 즐거움』, 해냄, 2007.

박홍규, 『윌리엄 모리스 평전』, 개마고원, 2007.

서희주, 「윌리엄 모리스의 미학에서 노동과 여가 개념」, 《철학논총》, 새한철학회,
　　　제93권 3호, 2018.

아리스토텔레스, 천병희 역, 『정치학』, 도서출판 숲, 2009.

아리스토텔레스, 천병희 역, 『니코마코스 윤리학』, 도서출판 숲, 2013.

에릭 브린욜프슨 · 앤드루 맥아피, 이한음 역, 『제2의 기계 시대』, 청림출판, 2014.

유발 하라리, 전병근 역, 『21세기를 위한 21가지 제언』, 김영사, 2018.

이반 일리치, 노승영 역, 『그림자 노동』, 사월의책, 2015.

정여울, 「그림자 노동의 물결이 밀려온다」, 중앙일보, 2017.01.21.

전승민, 『십 대가 알아야 할 인공지능과 4차 산업혁명의 미래』, 팜파스, 2018.

제레미 리프킨, 이영호역, 『노동의 종말』, 민음사, 2005.

크레이그 램버트, 이현주 역, 『그림자 노동의 역습』, 민음사, 2016.

토마스 바셰크, 이재영 역, 『노동에 대한 새로운 철학』, 열림원, 2014.

팀 던럽, 엄성수 역, 『노동 없는 미래』, 비즈니스맵, 2016.

https://shinseungkeon.com/2017/05/27/그림자-노동의-역습/

참고 영화 및 희곡

찰리 채플린, 〈모던 타임즈〉, 1936.

앤드류 스탠튼, 〈월-E〉, 2008.

카렐 차페크, 조현진 역, 『로숨의 유니버설 로봇』, 모비딕, 2015.

5장 기술로 인간의 도덕성도 향상시킬 수 있는가

참고 문헌

권복규 외, 『호모 사피엔스 씨의 위험한 고민』, 메디치, 2015.

마이클 샌델, 이수경 역, 『완벽에 대한 반론』, 와이즈베리, 2016.

마이클 셔머, 김명주 역, 『도덕의 궤적』, 바다출판사, 2018.

민경배, 『SF영화와 로봇 사회학』, 커뮤니케이션북스, 2016.

송충기, 「서평: 지그문트 바우만, 정밀준 역, 『현대성과 홀로코스트』(새물결, 2013)」, 《서양사론》, 한국서양사학회, 119권, 2013.

스티븐 핑커, 김명남 역, 『우리 본성의 선한 천사』, 사이언스북스, 2014.

알랭 드 보통 외, 전병근 역, 『사피엔스의 미래』, 모던아카이브, 2016.

웬델 월러치 · 콜린 알렌, 노태복 역, 『왜 로봇의 도덕인가』, 메디치, 2014.

유발 하라리, 전병근 역, 『21세기를 위한 21가지 제언』, 김영사, 2018.

_____, 김명주 역, 『호모데우스』, 김영사, 2017.

유영종, 「『로봇의 별』과 포스트휴먼 상상력」, 《아동청소년문학연구》, 한국아동청소년문학학회, 21호, 2017.

이문수, 「근대성과 행정윤리」, 《정부학연구》, 고려대학교 정부학연구소, 제17권 3호, 2011.

이상헌, 『융합시대의 기술 윤리』, 생각의 나무, 2012.

이상헌, 「기술을 통한 도덕적 능력향상에 관한 비판적 고찰」, 《철학논총》, 새한철학회, 88호, 2017.

임화섭, 「실리콘밸리 쇼핑몰 경비로봇이 16개월 아이 '공격'」, 《연합뉴스》, 2016.

7. 14.

잉마 페르손 · 줄리안 사불레스쿠, 추병완 역, 『미래 사회를 위한 준비』, 하우, 2015.

지그문트 바우만, 정일준 역, 『현대성과 홀로코스트』, 새물결, 2013.

지그문트 바우만 · 레오니다스 돈스키스, 최호영 역, 『도덕적 불감증』, 책읽는수요일, 2015.

찰스 테일러, 송영배 역, 『불안한 현대 사회』, 이학사, 2001.

추병완, 「도덕적 향상에 관한 신경윤리학적 성찰」, 《윤리 연구》, 한국윤리학회, 제1권 106호, 2016.

후마니타스 교양교육연구소, 『우리가 사는 세계』, 천년의상상, 2015.

참고 영화 및 소설

넷플릭스 제작, 드라마 〈블랙 미러〉 시즌 3, "보이지 않는 사람들", 2016.

알렉스 프로야스, 〈아이, 로봇〉, 2004.

필립 노이스, 〈더 기버: 기억전달자〉, 2014.

닐 버거, 〈리미트리스〉, 2011.

아이작 아시모프, 김옥수 역, 『아이, 로봇』(소설), 우리교육, 2008.

6장 과학은 인간도 '제작'할 수 있는가

참고 문헌

도나 해러웨이, 민경숙 역, 『한 장의 잎사귀처럼』, 갈무리, 2005.

_____, 민경숙 역, 『겸손한 목격자』, 갈무리, 2007.

로지 브라이도티, 이경란 역, 『포스트휴먼』, 아카넷, 2015.

백경옥, 『프로메테우스의 아바타들』, 매일신문사, 2010.

손나경, 「과학적 진보와 문학의 과학적 상상력 사이의 대화:『프랑켄슈타인』,『모로박사의 섬』,『나를 보내지 마』를 대상으로」, 《영미어문학》, 한국영미어문학회, 125호, 2017.

송호림, 「포스트휴먼 진화-사이언스 픽션을 통해 본 인간과 인공피조물과의 진화적 관계」, 《영어영문학21》, 21세기영어영문학회, 제26권 3호, 2013

오노 슌타로, 김정례·조아라 외 역, 『프랑켄슈타인 콤플렉스』, 에스파스, 2017.

이경란, 『로지 브라이도티, 포스트휴먼』, 커뮤니케이션북스, 2017.

_____, 「기술과학적 포스트휴먼 조건과 추론소설(SF): 가즈오 이시구로의『나를 보내지마』와 윌리엄 깁슨의『패턴 인식』」, 《영미문학연구》, 영미문학연구회, 28호, 2015.

이선주, 「포스트휴먼 관점에서 본『프랑켄슈타인』」, 《19세기 영어권 문학》, 19세기영어권문학회, 제21권 1호, 2017.

이정우, 『기술과 운명』, 한길사, 2001.

이지언, 『도나 해러웨이』, 커뮤니케이션북스, 2017

이화인문과학원 편, 『인간과 포스트휴머니즘』, 이화여자대학교출판부, 2013.

전준범, 「줄기세포로 인간 '뇌' 첫 배양 성공」, 《동아사이언스》, 2013. 8. 30.

진중권, 『이미지 인문학 2』, 천년의상상, 2014.

캐서린 헤일스, 허진 역, 『우리는 어떻게 포스트휴먼이 되었는가』, 플래닛, 2013.

플라톤, 강성훈 역, 『프로타고라스』, 이제이북스, 2011.

허정아, 『몸, 멈출 수 없는 상상의 유혹』, 21세기북스, 2011.

참고 영화 및 소설

가즈오 이시구로, 김남주 역, 『나를 보내지 마』, 민음사, 2009.

메리 셸리, 김선형 역, 『프랑켄슈타인』, 문학동네, 2012.

제임스 웨일, 〈프랑켄슈타인〉, 1931.

닉 카사베츠, 〈마이 시스터즈 키퍼〉, 2009.

조지 루카스, 〈스타워즈 에피소드 2: 클론의 습격〉, 2002.

던칸 존스, 〈더 문〉, 2009.

마이클 베이, 〈아일랜드〉, 2005.

7장 소셜미디어는 인간의 관계를 대신할 것인가

참고 문헌

도미니크 바뱅, 양영란 역, 『포스트휴먼과의 만남』, 궁리, 2007

르네 지라르, 김치수·송의경 역, 『낭만적 거짓과 소설적 진실』, 한길사, 2001.

미셸 세르, 양영란 역, 『엄지세대, 두 개의 뇌로 만들 미래』, 갈라파고스, 2014.

박성철, 「디지털 미디어 시대의 인간 커뮤니케이션 이론 – '잃어버린 몸'이 갖는 함의에 대하여」, 《독어학》, 한국독어학회, 38호, 2018.

브뤼노 라튀르, 홍성욱 역, 『인간·사물·동맹』, 이음, 2010.

셰리 터클, 이은주 역, 『외로워지는 사람들』, 청림출판, 2012.

이원진, 『블랙 미러로 철학하기』, 우리학교, 2019.

이재현, 『SNS의 열 가지 얼굴』, 커뮤니케이션북스, 2013.

한현주, 『미래를 이끄는 어린이를 위한 소셜미디어 이야기』, 팜파스, 2016.

참고 영화

조 라이트, 드라마 〈블랙 미러〉 시즌 3 "추락", 2016.

헨리 알렉스 루빈, 〈디스커넥트〉, 2012.

8장 빅 데이터가 세상을 바꿀 것인가

참고 문헌

하이브리드미래문화연구소,『사물의 미래』, 연필의힘, 2017.

김진택 외,『로보스케이프』, 케포이북스, 2016.

레지스 드브레, 정진국 역,『이미지의 삶과 죽음』, 글항아리, 2011.

질 들뢰즈 · 펠릭스 가타리, 이정임 · 윤정임 역,『철학이란 무엇인가』, 현대미학사, 1995.

유발 하라리, 김명주 역,『호모데우스』, 김영사, 2017.

G. Deleuze, *Mille Plateaux*, Paris: Editions de Minuit, 1980.

J.Derrida, *La voix et le phénomène*, Paris: P.U.F, 1967.

M. Serres, *La variation du corps*, Paris: Le Pommier, 1999.

참고 영화

D.J 카루소, 〈이글 아이〉, 2008.

토니 스콧, 〈에너미 오브 스테이트〉, 1998.

앤드류 니콜, 〈가타카〉, 1997.

9장 가상현실, 세계는 진짜 존재하는가

참고 문헌

김상환,『니체, 프로이트, 맑스 이후』, 창비, 2002.

김진석,『이상 현실, 가상 현실, 환상 현실』, 문학과지성사, 2001.

김진택 외,『복제』, 케포이북스, 2015.

돈 아이디, 이희은 역,『테크놀로지의 몸』, 텍스트, 2013.

장자, 오강남 풀이,『장자』, 현암사, 1999.

질 들뢰즈, 김상환 역,『차이와 반복』, 민음사, 2004.

자크 데리다, 진태원 역,『마르크스의 유령들』, 그린비, 2014.

장 보드리야르, 하태환 역,『시뮬라시옹』, 민음사, 2001.

조용현,『보이는 세계는 진짜일까?』, 우물이있는집, 2007.

앙리 베르크손, 최화 역,『물질과 기억』, 자유문고, 2017.

참고 영화 및 소설

워쇼스키 남매,〈매트릭스〉, 1999.

배리 레빈슨,〈왝 더 독〉, 1997.

피터 위어,〈트루먼 쇼〉, 1998.

톰 티크베어,〈롤라 런〉, 1998.

윌리엄 깁슨, 유인경 역,『뉴로맨서』(소설), 청담사, 1992.

『지식의 역사』

과거, 현재, 그리고 미래의 모든 지식을 찾아

찰스 밴 도렌 지음 | 박중서 옮김 | 924쪽 | 35,000원

• 한국간행물윤리위원회 선정도서 | 한국경제, 매일경제, 교보문고 선정 2010년 올해의 책

문명이 시작된 순간부터 오늘날까지 인간이 생각하고, 발명하고, 창조하고, 고민하고, 완성한 모든 것의 요약으로, 세상의 모든 지식을 담은 책. 인류의 모든 위대한 발견은 물론이거니와, 그것을 탄생시킨 역사적 상황과 각 시대의 세심한 풍경, 다가올 미래 지식의 전망까지도 충실히 담아낸 찰스 밴 도렌의 역작.

『물질문명과 자본주의 읽기』

자본주의라는 이름의 히드라 이야기

페르낭 브로델 지음 | 김홍식 옮김 | 204쪽 | 12,000원

역사학의 거장 브로델이 우리가 미처 알지 못했던 자본주의의 맨얼굴과 밑동을 파헤친 역작. 그는 자본주의가 이윤을 따라 변화무쌍하게 움직이는 카멜레온과 히드라 같은 존재임을 밝혀냄으로써, 우리에게 현대 자본주의의 역사를 이해하고 미래를 가늠해볼 수 있는 넓은 지평과 혜안을 제공했다. 이 책은 그가 심혈을 기울인 '장기지속으로서의 자본주의' 연구의 결정판이었던 『물질문명과 자본주의』의 길잡이판으로 그의 방대한 연구를 간결하고 수월하게 읽게 해준다.

『현대 중동의 탄생』
데이비드 프롬킨 지음 | 이순호 옮김 | 984쪽 | 43,000원

미국 비평가협회상과 퓰리처상 최종선발작에 빛나는 이 책은 분쟁으로 얼룩진 중동의 그늘, 그 기원을 찾아가는 현대의 고전이다. 종교, 이데올로기, 민족주의, 왕조 간 투쟁이 끊이지 않는 고질적인 분쟁지역이 된 중동이 어떻게 형성되었는지를 명쾌하게 제시해준다. 이 책은 중동을 총체적으로 이해하게 해주는 중동 문제의 바이블로 현대 중동 문제를 이해하기 위한 필독서다.

『푸코, 바르트, 레비스트로스, 라캉 쉽게 읽기』
교양인을 위한 구조주의 강의
우치다 타츠루 지음 | 이경덕 옮김 | 224쪽 | 12,000원

구조주의란 무엇인가에서 출발해 구조주의의 기원과 역사, 그 내용을 추적하고, 구조주의의 대표적 인물들을 한자리에 불러 모아 그들 사상의 핵심을 한눈에 들어오도록 정리한 구조주의에 관한 해설서. 어려운 이론을 쉽게 풀어 쓰는 데 일가견이 있는 저자의 재능이 십분 발휘된 책으로, 구조주의를 공부하는 사람이나 구조주의에 대해 알고 싶었던 일반 대중 모두 쉽고 재미있게 읽을 수 있는 최고의 구조주의 개론서이다.

『왜 지금 한나 아렌트를 읽어야 하는가?』
한나 아렌트 쉽게 읽기
나카마사 마사키 지음 | 김경원 옮김 | 264쪽 | 13,000원

현대 정치철학의 거장 한나 아렌트 쉽게 읽기. 이 책은 한나 아렌트의 사상 가운데 특히 중
요한 내용을 현대 사회의 정치사회문제와 연관시켜 소개하는 한나 아렌트 입문서다. 저자
인 나카마사 마사키는 한나 아렌트의 사상을 소개하는 동시에 '한나 아렌트라면 이 문제에
대해 어떻게 말했을까?'를 상상하여 아렌트의 대변자로서 발언하고자 한다.

『두 사람』
마르크스와 다윈의 저녁 식사
일로나 예르거 지음 | 오지원 옮김 | 368쪽 | 16,500원

'진화'와 '혁명'으로 세상을 변화시킨 위대한 사상가이자 동시대에 같은 공간에 살았던 시대
의 반항아, 찰스 다윈과 카를 마르크스. 닮은 것 같으면서도 닮지 않은 두 사람이 어느 저녁
식사 자리에서 만났다면 이들은 어떤 대화를 나누었을까? 실화와 허구가 적절하게 짜여 있
는 이 책은 베케트라는 가상의 인물을 통해 두 사람의 사상이 오고 가는 모습을 보여준다.

인간은 기계보다 특별할까?

포스트휴먼의 시대, 우리가 생각해야 할 9가지 질문

1판 1쇄 발행 2020년 2월 28일

1판 2쇄 발행 2024년 5월 10일

기획 인문브릿지연구소

지은이 조미라, 김진택, 최정윤, 유은순

편집 백진희 김지하 | 표지 디자인 진다솜

펴낸이 임병삼 | 펴낸곳 갈라파고스

등록 2002년 10월 29일 제2003-000147호

주소 03938 서울시 마포구 월드컵로 196 대명비첸시티오피스텔 801호

전화 02-3142-3797 | 전송 02-3142-2408

전자우편 books.galapagos@gmail.com

ISBN 979-11-87038-55-9 (03100)

이 저서는 2016년 대한민국 교육부와 한국연구재단의 지원을 받아 수행된 연구입니다. (NRF-2016S1A6A9931352)

갈라파고스   자연과 인간, 인간과 인간의 공존을 희망하며, 함께 읽으면 좋은 책들을 만듭니다.